국제화시대
법학개론

이석용 저

사마출판
booksama.com

서 문

국제법 학자로서 국제법 특히 국제해양법 연구에 천착해 온 은퇴교수가 법학개론 책을 쓰기로 결정하는 것은 쉬운 일은 아니었다. 재직시 법학개론 강의를 몇 번은 하였지만, 책을 쓰고자 준비하지는 않았었다. 그러나 2020년 법학개론 강의를 맡게되고 코로나 사태로 비대면수업을 진행하면서 교재의 필요성을 느껴서 과감하게(?) 도전하게 되었다.

법학개론을 쓰게된 또 하나의 나름 합당한 이유는 우리나라에도 과학기술의 발달과 국제화 등으로 초래된 생활관계의 변화를 반영하는 법학개론 책이 있으면 좋겠다는 생각이었다. 우리는 이미 투자와 무역 등 경제구조, 인적교류와 인권보호, 환경보호, 전염병 퇴치 등 여러 분야가 국제화된 환경 가운데 살아가고 있는바, 이를 반영한 법학개론 책을 소개하고자 하였다. 물론 법학의 역사와 법학의 일반적인 문제에 대한 고찰을 소홀히 하지 않았으며, 기본 3법인 헌법, 민법, 형법의 주요 원칙과 내용을 분석하여 설명하는 등 법학개론서에 필수적인 부분은 모두 포함하였다.

법학개론 책을 쓰는 일은, 그 책의 학문적 깊이나 완성도를 떠나서, 현직에서 이미 은퇴한 국제법학자에게는 결코 쉬운 일은 아니었다. 작지 않은 시간과 노력이 투입되었어야 하므로 그간 주변을 둘러볼 여유는 대부분 희생되었다. 이 책의 저술을 마치면서 주변 사람들 특히 사랑하는 가족들에게 미안하고 감사한다.

2020년 9월
저자 이석용

목 차

제1장 법학개론의 목적과 범위 ··· 1

제2장 법의 역사와 법철학 ··· 5
제1절 법의 역사와 법철학 Ⅰ : 고대 ·· 6
1. 서 론 ··· 6
2. 고대 이집트와 오리엔트 ·· 6
3. 고대 그리스 ··· 7
4. 로마의 법과 법철학 ··· 11
제2절 법의 역사와 법철학 Ⅱ : 중세 ··· 13
1. 중세 전기 ··· 13
2. 중세 후기 ··· 14
제3절 법의 역사와 법철학Ⅲ : 근대 ··· 16
1. 근 대 ··· 16
2. 종교개혁 ··· 16
3. 주권국가의 탄생 ·· 17
4. 로마법의 계수(Reception) ·· 18
5. 그로티우스 ··· 18
7. 사회계약론 ··· 20
8. 독일 관념철학 ··· 20
제4절 법과 법철학의 역사 Ⅳ: 현대 ··· 22
1. 배 경 ··· 22
2. 19세기 이후의 법철학 ·· 23
3. 현대의 법철학 ··· 24
4. 국제화시대의 법 ·· 24

제3장 법의 기본개념과 원리 ·· 27
제1절 법의 정의 ·· 28
1. 서 론 ··· 28
2. 법의 일반적 정의 ·· 28

3. 법의 목적은 정의와 공동선의 실현 …………………………………… 29
　　4. 법은 사회규범 ………………………………………………………… 30
　　5. 법은 강제성이 있는 규범 ……………………………………………… 31
　　6. 국제법의 법적성격(강제성) 문제 ……………………………………… 32
　제2절 법과 도덕 …………………………………………………………… 34
　　1. 서 론 …………………………………………………………………… 34
　　2. 법과 도덕의 구분 ……………………………………………………… 35
　　3. 법과 도덕의 상호관계 ………………………………………………… 36
　　4. 결 론 …………………………………………………………………… 36
　제3절 법의 분류 …………………………………………………………… 38
　　1. 의의와 방법 …………………………………………………………… 38
　　2. 국내법과 국제법 ……………………………………………………… 39
　　3. 공법과 사법 …………………………………………………………… 41
　제4절 법 원(법의 연원) …………………………………………………… 43
　　1. 서 론 …………………………………………………………………… 43
　　2. 성문법원 ………………………………………………………………… 43
　　3. 불문법원 ………………………………………………………………… 45
　제5절 법의 해석 …………………………………………………………… 46
　　1. 서 론 …………………………………………………………………… 46
　　2. 해석주체에 따른 분류 ………………………………………………… 47
　　3. 법의 해석방법 ………………………………………………………… 47
　　4. 결 론 …………………………………………………………………… 49

제4장 헌 법 …………………………………………………………… 51

　제1절 헌법서론 …………………………………………………………… 52
　　1. 헌법이란 무엇인가? …………………………………………………… 52
　　2. 우리 헌법의 기본원리 ………………………………………………… 52
　　3. 헌법의 기본제도 ……………………………………………………… 53
　　4. 헌법의 제정과 개정 …………………………………………………… 56
　　5. 대한민국의 구성요소(헌법의 적용범위) ……………………………… 56
　제2절 기본권론 …………………………………………………………… 62
　　1. 기본권 서론 …………………………………………………………… 62
　　2. 기본권의 제한과 한계 ………………………………………………… 63
　　3. 포괄적 기본권 ………………………………………………………… 65

4. 자유권적 기본권 ·· 66
　5. 정치적 기본권(참정권) ·· 68
　6. 청구권적 기본권 ·· 69
　7. 사회적 기본권 ·· 71
　8. 국민의 기본적 의무 ··· 73
　9. 국제인권보호 ·· 73
제3절 통치구조 ·· 76
　1. 통치구조 기본원리 ··· 76
　2. 국 회 ··· 77
　3. 대통령 ··· 81
　4. 행정부 ··· 82
　5. 사법부 ··· 84
　6. 헌법재판소 ··· 86

제5장 국제법 ·· 89
제1절 국제법의 의의와 법원 ·· 90
　1. 국제법의 정의 ·· 90
　2. 국제법의 역사 ·· 91
　3. 국제법과 국내법의 관계 ··· 95
　4. 국제법의 법원과 조약 ··· 95
제2절 국제법의 주체 ·· 99
　1. 서 론 ··· 99
　2. 국 가 ··· 100
　3. 국제기구 ··· 106
　4. 개 인 ··· 107
제3절 국가의 대외관계와 분쟁해결 ·· 110
　1. 외교관계 ··· 110
　2. 분쟁의 평화적 해결 ·· 112
제4절 무력충돌 ·· 115
　1. 무력행사금지 ·· 116
　2. 집단안전보장 ·· 119
　3. 전쟁과 인도법 ·· 121
제5절 국제법각론 ·· 126
　1. 국제해양법 ··· 126

    2. 국제환경법 ··· 130
    3. 국제경제법 ··· 133

제6장 형 법 ·· 139
  제1절 형법서론 ·· 140
    1. 형법의 의의와 기능 ··· 140
    2. 형법의 적용범위 ·· 140
    3. 죄형법정주의 ··· 142
  제2절 범죄론 ··· 144
    1. 범죄의 성립 ··· 144
    2. 범죄의 종류 ··· 144
    3. 구성요건 ·· 145
    4. 위법성 ··· 148
    5. 책 임 ··· 151
  제3절 미수범과 공범 ··· 153
    1. 미수범 ··· 153
    2. 공 범 ··· 154
  제4절 형벌론 ··· 157
    1. 형벌의 의미 ··· 157
    2. 형벌의 종류 ··· 157
    3. 형의 양정 ·· 159
    4. 형의 가중과 감경 ·· 159
    5. 선고유예, 집행유예, 가석방 ·· 160
  제5절 형법각론 ·· 161
    1. 총 설 ··· 161
    2. 국가적 법익에 대한 죄 ·· 162
    3. 사회적 법익에 대한 죄 ·· 164
    4. 개인적 법익에 대한 죄 ·· 168

제7장 민 법 ·· 179
  제1절 민법총칙 ·· 180
    1. 민법서론 ·· 180
    2. 권리의 주체 ··· 181
    3. 권리의 객체 ··· 187

         4. 법률행위 ·· 188
제2절 물권법 ·· 191
    1. 물권법 서론 ·· 191
    2. 점유권과 소유권 ·· 192
    3. 용익물권 ·· 194
    4. 담보물권 ·· 196
제3절 채권법 ·· 197
    1. 채권법총론 ·· 197
    2. 계약총론 ·· 202
    3. 계약각론 ·· 206
제4절 친족상속법 ·· 212
    1. 친족법 ·· 212
    2. 상속법 ·· 217

제1장
법학개론의 목적과 범위

법학개론의 목적과 범위

법이란 무엇인가?

　법을 정의하는 데에는 다양한 입장이 있다. 특히 자연법론자와 법실증주의 간에는 법을 바라보는 시각에서부터 근본적인 차이가 있다. 법의 목적이 정의 또는 공동선의 실현에 있어야 한다는 자연법적 입장과 실정법규 즉 black letter law만을 법이라는 입장 간에는 커다란 차이가 있는 것이다.
　하지만 가장 일반적으로 인정되는 법의 속성 즉 모든 사람이 지켜야 하는 사회규범이란 측면에서 보더라도, 법은 오늘날 사회를 이해하고 그 가운데에서 모범적으로 그리고 손해를 보지 아니하며 살아가기 위해 꼭 알아 두어야 하는 규칙이다. 오늘날 법은 침투적(pervasive)이어서 법은 어느 곳에나 존재하는(ubiquitous) 규범이기 때문이다. 우리는 법 가운데 법과 함께 살아가고 있다. 법은 가정, 학교, 기업, 정부, 국가, 국제사회 모든 곳에 존재하며, 오늘날 우리들의 일거수 일투족이 모두 법과 연관되어 있다고 할 수 있다.

법학은 빵과 권력을 위한 학문인가?

　법은 자연질서와 마찬가지로 개인에게는 외부로부터 주어진 것이다. 개인은 법을 창설하거나 바꿀 수 없고 그저 그것을 알고 이용하는 수밖에 없는데, 법은 난해한 개념의 조각들로 구성되어 있어서 이를 아무나 쉽게 이해할 수 없다. 따라서 법을 잘 아는 사람은 사회생활을 영위해 가는 방법을 쉽게 체득하게 되고, 법에 대한 지식을 활용하여 다른 사람과의 경쟁에서 우위를 차지하게 되며, 권력에도 가까이 가게 되는 경우가 많다. 그러나 법을 공부하는 이유가 다른 사람과의 경쟁에서 이기고 자기의 이익을 취하는 데에만 있다고 한다면, 그것은 너무 허망한 이야기이다. 법은 사회에서의 정의와 공동선의 실현은 물론 사회변화를 견인하는 도구가 되어야 할 것이다.
　오늘날 우리는 참으로 복잡한 법망 가운데 살아가고 있는바, 법의 가장 현실적인 기능 가운데 하나는 사회구성원 간의 분쟁을 예방하고 분쟁의 발생 시 이를 평화적으로 해결하는 것이다. 법은 복잡한 사회생활을 영위해 가고 있는 사람들이 어느 정도는 알아 두어야 하는 규칙인 것이다. 법이란 형이상학적으로는 정의와 형평을 목적으로 하지만, 보다 세속적으로는 세상을 편안하게 살아가는 방법과 분쟁의 예방 및 해결에 관한 기술을 알려주기도 하기 때문이다.

올바른 법을 위하여

　법은 정의롭고 사회의 공동선을 추구해야 한다는 자연법적 사고에서 바라보면 법은 올바른 것이어야 한다. 그러면 법은 항상 올바르고 정의로울까? 정부나 국회가 제안해서 국회에서의 결의하여 제정되는 법률과 명령이 항상 정의로운 것은 아니다. 잘 만들어진 법과 좋은 사법절차가 마련되어 있어도 정의의 구현 여부는 이를 운용하는 사람들에 의해 달라지기도 한다. 프랑스에서는 드레퓌스 사건이란 유명한 사건이 있었다. 프랑스 육군 대위 드레퓌스는 독일에 군사정보를 넘겼다는 이유로 체포되어 1894년 재판에서 종신형에 처해졌는데, 그 과정에서 증거는 조작되고 재판은 비공개로 진행되었으며 피의자 진술의 기회도 제대로 주어지지 않았다는 사실이 밝혀졌다. 이에 에밀졸라 등 프랑스의 지식인 등 진실을 요구하는 사람들과 진실을 외면하고 거부하는 자들 간에 길고 지루한 싸움이 전개되었다. 그 결과 1906년 드레퓌스는 무죄판결을 받고 석방되었으나, 사법재판 특히 문명국에서의 재판은 정의로울 것이라는 사람들의 믿음은 크게 동요되었다. 백년전쟁 당시 프랑스의 영웅 잔다르크가 귀족들에 의해 마녀사냥으로 화형당하고, 많은 국가에서 자유와 민주주의를 외쳤던 사람들이 가혹한 형벌을 받게 된 것도 비슷한 현상이다.
　우리 사회에서 유행하는 "유전무죄, 무전유죄"라는 현상은 물론 가난해서 강도짓을 한 것이니 용서되어야 한다는 소위 '레미제라블 콤플렉스'도 정의를 세우는 데 긍정적인 영향을 미치지는 않을 것이다.

「국제화시대의 법학입문」에서 공부하는 것

　법학은 가장 오랜 역사를 가진 학문 중의 하나이다. 법은 사회에서의 질서유지를 중시하다 보니, 법학은 보수적·퇴영적이라는 평가가 많았다. 하지만 법은 기본적으로 사람들의 생활관계를 반영하는 것이므로 그간의 사회변화를 반영하여 법에도 많은 변화가 있었다. 사회가 복잡해지고 다양해지면서 법규칙이 양적으로 폭발적으로 증대되었고, 질적으로도 많은 발전이 있었다. 특히 정보기술 등 과학기술의 발달과 WTO 협정 체결로 본격화된 국제화 시대를 반영하여 법학에서도 관련 법 분야가 각광을 받고 있다. 헌법, 민법, 형법 위주의 전통적인 법 분야 이외에 국제법, 사회법, 환경법, 지적재산권법, 인터넷법, 세법 등 새로운 법 분야들이 주목을 받는 것이다.
　이러한 환경에서, 「법학입문」, 「법학개론」 또는 「생활법률」에서 공부하는 것은 다양한 여러 가지 법의 구체적인 원칙과 내용보다는 법학에 공통으로 적용되는 기본 원칙과 규칙을 찾아내고 이를 현실에 적용해보는 것이다. 어떤 법학자의 비유대로, 법이라 부르는 지역에 마을들이 산재해 있는 곳에서 즉 헌법, 민법, 형법, 국제법, 상법, 사회법, 환경법, 지적재산권법, 인터넷법, 세법이라 부르는 마을들이 이곳저곳에 흩어져 있는 곳에서, 「법학입문」 또는 「법학개론」은 그러한 마을들을 연결하는 고속도로인 중요한 법학의 원리와 원칙들을 찾아서 분석하고 적용해 보는 것이다.

　본서에서는 법의 역사와 일부 철학자와 법사상가들의 법사상을 알아보고, 법학의 일반적인 문제와 원칙들을 분석·검토하며, 헌법·민법·형법 등 기본 3법과 국제법의 원칙과 중요한 규칙들을 관련 사례를 참조하여 살펴보고자 한다.

제2장
법의 역사와 법철학

제1절 법의 역사와 법철학 Ⅰ : 고대
제2절 법의 역사와 법철학 Ⅱ : 중세
제3절 법의 역사와 법철학 Ⅲ : 근대
제4절 법과 법철학의 역사 Ⅳ : 현대

제1절 법의 역사와 법철학 I : 고대

1. 서 론

사회가 있는 곳에는 법이 있다고 한다. 인간은 그 사회성으로 인하여 사회 가운데 살아가고 사회는 평화와 질서를 위해 최소한의 법규범이 필요하다. 따라서 법은 형태와 내용은 다르나 사람들이 사회 가운데 함께 살아가기 시작한 때부터 존재하였다. 법은 물론 법과 유사한 제도의 역사와 주요 철학자들의 법에 대한 철학적 사고를 개괄적으로 검토한다. 먼저 고대 그리스와 로마시대의 법 상황과 법사상부터 검토한다.

2. 고대 이집트와 오리엔트

고대 사람들도 나름대로 관념이 있었다. 그들은 식량과 같은 필요한 것을 얻기 위해서는 노동을 해야 했으므로 일종의 유물론적인 사고와 행동을 하였고, 천둥과 비바람과 같은 자연현상을 보면서 관념론적 사고도 하였을 것이다. 시간이 가면서 사유재산제와 노예제도가 발달하였으며, 고대국가도 성립되었다. 그 지배층은 자연의 힘에 대한 일반인들의 두려움을 이용하여 지상에서 그 권력을 강화하여 신정정치를 펼치기도 하였다.

이집트는 나일강의 범람 등에 대처하기 위하여 파라오에 의한 강력한 전제정치를 실시하였으며, 기원전 3000년 전부터 3000년 동안 신정정치가 이루어졌다. 파라오는 독수리 또는 황소로 상징되는 최고의 신관이자 권력자이었으며, 서민과 노예들은 태양신과 함께 그를 숭배하였다. 왕은 정의의 구현자로 입법을 하였으며 재판을 통제하였다.

함무라비(Hammurabi) 법전은 기원전 1700년부터 약 300년간 존속하였던 함무라비 왕조의 법전으로 이를 통해 당시 사회제도와 법을 알 수 있다. 함무라비 왕조도 법은 태양신에게서 왕에게 수여된 것이라는 관념에 기초해 있었으며, 신정정치의 면모를 보였다. 함무라비 법전은 눈에는 눈, 이에는 이라는 동형복수 원칙, 가부장제, 단체책임의 원칙, 토지의 소유와 양도를 허용하는 사유재산의 원칙을 담고 있었다.

몽테스키외(Montesquieu)는 유명한 「법의 정신」(Esprit des Lois)에서 모든 국민들은 국가 간의 법을 가지며, 미개한 이로쿠아인(Iroquois)들도 국가 간의 법을 가지고 있었다고 하였다. 몽테스키외가 이렇게 말한 것은 아주 옛날에도 국가들은 일종의 사절을 주고받고 전쟁처리를 위해 합의하는 관행이 있었음을 설명하고자 했던 것으로 보인다. 고대국가들도 전쟁이 끝나면 이를 수습하기 위해 강화조약을 체결하였는데, 그러한 조약들은 오늘날의 강화조약들과 유사한 모습을 보였다.

3. 고대 그리스

고대 그리스의 철학적 사유는 기원전 5세기 제정일치 관행에서 독립하면서 시작되었다. 다른 고대 사회와 마찬가지로 초기 그리스 역시 법과 종교의 구분이 없었고, 종교의식 속에서 입법과 사법과정이 이루어졌다. 그러던 그리스가 수공업과 무역이 발달하면서 바뀌기 시작했으며 도시국가 즉 폴리스가 등장하면서 달라졌다. 그리고 폴리스의 정치체제는 세속적인 왕에 의한 전제에서 귀족제로 그리고 상공인 중심의 민주제로 이행되어 갔다.

고대 그리스의 철학은 처음에는 자연철학 위주였으나 점차 인간에 대한 관심이 높아졌으며, 위대한 고대 철학자들의 등장을 보게 되었다.

1) 고대 그리스의 자연철학

(1) 배 경

고대 그리스의 판도는 동으로는 소아시아에서 서로는 시칠리와 이탈리아에 이르는 광범위한 것이었다. 그리스에서 철학이 먼저 발달한 곳은 이오니아 지방(밀레토스학파) 이었으며, 그리스 본토에서 철학이 본격적으로 발달하기 시작한 것은 BC 482년부터 BC 470년까지 계속된 페르시아전쟁 이후 소피스트와 소크라테스에 의해서 이었다.

(2) 이오니아의 철학(밀레토스학파)

이오니아족의 거주지인 소아시아 서해안은 교통의 요충지로서 일찍부터 경제적 번영을 누렸는데, 그 중심지는 밀레토스였다. 아리스토텔레스가 철학의 시조라 불렀던 탈레스 등의 철학자들을 밀레토스학파라고 부르기도 하는데, 이들은 기존의 신화 대신에 '불변의 실체' 또는 '만물의 기초요소'를 찾아내고자 노력하였다.

만물의 근원에 대하여 탈레스(Thales, BC 624-546)는 물, 아낙시만드로스(Anaximander)는 물도 불도 아닌 불특정요소인 아페이론(Aperion), 아낙시메네스(Anaximenes)는 공기라고 하였다. 에베소 출신의 '우는 철학자' 헤라클레이토스(Herakleitos, BC 540-475)는 변화에 주목하여 그 근원을 '불'에서 찾았으며, '판타레이'(Panta rhei) 즉 만물은 흐른다고 하고 우리는 같은 강에 다시 들어갈 수 없다고도 하였다.

(3) 다원론적 자연철학

엠페도클레스(Empedocles)는 흙, 공기, 불, 물이 기초요소이며 사물은 배합비율에 따라서 생성·소멸한다고 하였고. 아낙사고라스(Anaxagoras, BC 500-428)는 사물은 본원적 입자들로 구성되어 있다고 하였으며, 데모클리토스(Democlitos, BC470-361)는 원자론을 주장하였다.

2) 소피스트와 소크라테스

(1) 소피스트(Sophists)

페르샤전쟁(BC 492-479) 이후 소피스트들의 등장으로 그리스 본토에서 철학이 시작되었다. 프로타고라스(Protagoras), Kalikles, Gorgias 등 소피스트 철학자들의 관심대상은 자연이 아닌 노모스(nomos) 즉 법 등의 사회현상이었다. 이들은 "인간은 만물의 척도"라고 하면서 극단적인 주관주의 입장에 섰으며, 진리와 정의 등 보편타당한 객관적 원리의 존재를 부인하였다. 그들은 자신들의 지식을 팔아 정치에 필요한 수사학을 가르쳤는데, 자신들을 '시민의 기술'을 가르치는 교사라고 하였다. 그들이 목적은 진리가 아니라 돈과 명예이었다.

(2) 소크라테스(Socrates)

소크라테스는 한때 소피스트로 오해받기도 하였으나, 오히려 그들의 적으로써 소피스트들에 의하여 파괴된 철학을 객관적인 진리 위에 세우고자 하였다. 그는 이전의 자연철학자의 주장에 관심을 기울이지 않았다. 그는 소피스트들처럼 인간문제 또는 사회현상(Nomos)에 관심을 가졌으나, 그들과는 달리 절대적인 진리를 추구하였다.

그는 도덕을 중시하였으며, 사람이 악한 것은 무지함 때문이라고 하였다. 그는 영혼의 선량함을 믿고 질문과 대답으로 이어지는 문답법 즉 '정신의 산파술'을 사용하여 진리에 도달하도록 하였다. 그는 도덕을 중시하고 초월적인 신이 정한 불문법을 인정하였으나 법실증주의자는 아니었다. 하지만 그는 실정법을 무시하지는 않았다.

3) 플라톤(Platon, BC 427-347)

귀족 출신인 플라톤은 그의 스승 소크라테스의 죽음 후 아테네를 떠났다가 돌아와 Academy를 세웠다. 그는 모든 사회적인 변화는 타락을 의미하는 것으로 보았고, 이를 막으려면 이상국가를 세워야 한다고 하였다. 그는 민중정치에 대해 반감을 가지고 있었다.

그의 세계관은 2분법에 기초해 있다. 즉 불변하는 세계로서 개념으로 인식해야 하는 '이데아(Idea)의 세계'와 변화하는 현상계인 '감각적 세계'이다. 인간은 영적인 존재로서 이데아의 세계에 속하였다. 그러나 인간이 육체 가운데 들어오면서 인간은 갖가지 우상에 막혀서 현세에서는 이를 제대로 인식할 수 없게 되었다. 따라서 오직 철인(哲人)만이 인간의 궁극의 목표인 이데아를 볼 수 있는바 철인이 통치하여야 한다고 하여 철인정치를 주장하였다.

「이상국가론」에서 플라톤은 귀족주의적 색채를 보이는 이상국가에 대하여 설명하였다. 개인의 정의가 내면의 균형에 의해서 달성되듯이, 국가의 정의도 계층 간의 분업과 종속에 의한 균형에 의하여 달성된다고 하였다.

개인의 덕(정의)	이성 - 지혜 기개 - 용기 물욕 - 절제	국가의 덕(정의)	철인 군인 생산계급

이상국가를 위해서 사람들은 각자 자신의 직분을 충실히 지키고 자기 계급의 덕을 실현하여야 한다는 것이다.

플라톤에 의하면 법의 목적은 정의를 추구하는 것이고, 정의는 사회관계는 물론 개인의 내면도 대상으로 한다. 플라톤에 의하면 '올바른 법'은 경험보다는 자연의 관찰과 사변적 방법(speculative method)을 통해서 발견되는데, 철인만이 이를 할 수 있다. 그런데 그는 국가에서 철인이 항상 권력을 장악하는 것은 아니며 시민의 배척을 받을 수도 있다고 하였다. 따라서 의사가 처방을 남겨두고 가듯이 철인은 국가에 법을 남긴다고 하였다. 실정법은 민중이 아닌 철인의 의사에서 나오는데, 철인을 판별하는 객관적인 기준은 존재하지 않는다. 결국 자칭 철인인 군주의 의사에서 실정법이 나오게 되는 것이다. 플라톤은 이데아의 세계를 추구하는 매우 고상한 것에서 출발하였으나, 철인정치를 주장하면서 결국 법실증주의의 수렁에 빠지게 되었다는 평가를 받는다.

4) 아리스토텔레스(Aristoteles)

아리스토텔레스는 마케도니아의 Stageira에서 태어나 플라톤의 Academia에서 수학하였으며, 3년 동안 알렉산더 대왕의 교사를 지냈고, 아테네에 리케이온(Lyceum)이란 학교를 설립하였다.

(1) 논리학

그는 논리학에서 지식을 취득하는 방법으로 3단논법을 연구하고 사용하였다. 예를들면 다음과 같다.

모든 인간은 죽는다(대전제)
A는 인간이다.(소전제)
따라서 A는 죽는다.(결론)

이는 보편적인 지식을 이미 알고 있는 경우에만 사용될 수 있다는 단점이 있다. 반면에 베이컨(Roger Bacon)이 고안한 귀납법은 특수한 것을 종합하여 보편적인 지식을 이끌어 내는 논법으로 근대 과학의 발달에 기여하였다.

(2) 목적적 자연과 자연법

아리스토텔레스 철학의 특징은 플라톤이 주장한 이데아의 세계를 현실로 끌어 내려서 현실세계의 '사물의 존재성'은 인정하되 그 실체 즉 '사물의 본성'이 사물 자체에 내재한다고 본 것이다. 아리스토텔레스는 사물의 실체는 질료(hule)와 형상(eidos)의 결합으로 성립되는데, 질료는 미발상태에서 완성상태인 형상을 목적으로 나아간다고 하였다(예, 목재에서 책상으로). 이처럼 모든 사물은 현상인 질료와 목적인 형상으로 되어 있고 형상을 향하여 진행하므로, 아리스토텔레스가 인식한 자연은 중립적인 것이 아니다. 이처럼 모든 사물이 각자의 목적을 향해 나아가고 우주가 그렇게 움직인다면 거기에는 어떤 질서가 존재할 것이다. 이것이 그의 유명한 목적적 자연관과 질서에 대한 관념이다.

아리스토텔레스의 자연법은 자연에 대한 관찰을 통해서 얻을 수 있는 변화하는 자연법이다. 그의 자연법은 자연의 질서이며 이는 자연에 대한 관찰을 통해서 알 수 있다는 것이다. 그리고 그의 자연법은 사람들의 의사에 따라 달라지는 것이 아니므로 보편적이지만, 자연의 변화에 따라서 시간과 공간에 따라 달라질 수 있다.

(3) 실정법

아리스토텔레스는 "인간은 사회적 동물"이라고 하여 인간의 사회성을 인정한다. 인간도 실현해야 할 형상을 가지는 데, 인간에게 내재하는 목적 또는 본성은 이성의 완성 또는 덕의 완성이고, 그러한 목적의 완성을 위하여 인간은 사회 또는 국가를 필요로 하는 것이다.

한편, 자연의 관찰을 통해서 얻어지는 자연법은 불완전하며, 자연 자체의 변화에 따라서 자연법도 달라진다. 이러한 자연법으로는 국가기능을 수행하고 국가 내에서 질서를 유지할 수가 없는바, 실정법의 제정이 필요하다. 자연법은 실정법의 골격을 정해 주지만, 실정법을 위해서는 어느 정도는 입법자의 개입이 필요하다.

실정법의 내용은 입법자가 아닌 자연의 관찰을 통해 얻어지는 자연적 정의로부터 나오며, 입법자의 입법행위는 그러한 자연의 정의의 범위에서 그의 권한을 사용하여 이루어진다.

(4) 정의(justice)와 형평(equity)

아리스토텔레스는 재산과 명예를 다투는 사람들로 구성된 국가사회에서 정치적인 올바름을 실현하는 것을 정의라고 보았다. 그는 정의란 "각 사람에게 그의 몫을 주는 것"이라고 하였다.

그는 법 즉 정의(jus)의 원리는 평등에 있다고 보았는데, 이는 2가지로 나눌 수 있다. 평균적 정의 또는 교환적 정의(communicative justice)는 절대적 평등을 추구하며 "모든 사람을 같게 하라"고 한다. 반면에 배분적 정의(distributive justice)에서는 상대적 평등을 추구하며, "같은 것은 같게, 다른 것은 다르게" 다룰 것을 요구한다. 이는 국가가 개인의 가치에 따라서 배분하는 것이다.

법은 개별적인 사안을 보편적인 규범에 비추어 규율한다. 그리하여 법은 딱딱한 쇠로된 자에 비유되곤 한다. 법 앞에 평등은 법 적용에 있어서 거의 예외를 허용하지 않으므로 그로 인해 불공평한 결과를 보게 되기도 한다. 이에 비해 형평은 보편은 물론 사안의 특수성에 착안한다. 형평은 법적용의 결과 비형평이 초래될 때 이를 교정하고 치유하는 역할을 한다. 형평은 보편적인 법을 무시하지 않으나 동시에 관련 사실과 판결의 결과의 형평성을 고려할 것을 요구한다.

> **<국제법에서의 형평>**
>
> 법에서 형평에 관한 이론의 뿌리는 아리스토텔레스(Aristotle)까지 거슬러 올라간다. 아리스토텔레스는 아무리 훌륭한 법규칙도 모든 상황에 적합할 수는 없으므로 법의 조정을 위해 형평이 필요하다고 하여 재판상 재량으로서의 형평의 필요성을 제기하였다. 그 후 그로티우스(Grotius)는 「전쟁과 평화의 법」에서 법관들에게 법규칙에 대한 예외를 인정할 수 있는 재량이 인정되어야 한다고 하여 유사한 주장을 하였다.
>
> 국제법에서 형평에 관한 논의는 1969년 북해대륙붕사건에 대한 ICJ 판결과 1970년대 들어 구체화 된 신국제경제질서(New International Economic Order: NIEO) 운동에 의해 재연되었다. 북해대륙붕 사건에서 재판소는 인접국의 대륙붕이 서로 겹치는 경우 경계획정은 1958년 대륙붕협약이 규정한 등거리선이 아니라 가능한 한 각국에게 육지영토의 자연적 연장을 구성하는 대륙붕을 주도록 형평의 원칙에 따라 이루어져야 한다고 하였다. 이 판결의 취지는 그 후 일련의 해양경계획정 사건에 관한 판결에서 계승되었으며, 1982년 유엔해양법협약도 형평에 맞는 해결을 대륙붕과 경제수역 경계획정의 목표로 삼았다.
>
> 국제법상 형평의 문제가 제기된 또 하나의 분야는 국제경제법이었다. 1974년 유엔은 「국가의 경제적 권리와 의무에 관한 헌장」(Charter of Economic Rights and Duties of States)을 위시한 신국제경제질서에 관한 결의들을 채택하였는데, 개발도상국들은 이러한 결의를 통해 국제경제질서를 형평에 맞게 재편할 것을 주장하였다. 여기에서 말하는 형평은 각자에게 그의 몫을 주자고 주장하였던 아리스토텔레스의 분배적 정의(distributive justice)에서 그 원천을 찾을 수 있으며, 과거 형평이 주로 재판상 재량의 의미로 사용되었던 것과는 대조된다.
>
> 법의 일반원칙과 형평은 모두 이성에 대한 호소이지만, 법의 일반원칙은 사안을 일반화(generalization)하는 방법에 의해, 형평은 이를 특수화(particularization)하는 방법에 의해 문제 해결을 시도한다는 데 차이가 있다.

4. 로마의 법과 법철학

(1) 로마의 법

고대 로마인들은 그리스인들보다 법학에 소질이 있었다는 평가를 받는다. 특히 유스티니아누스 황제 때 편찬된 법전은 불멸의 업적으로 평가된다. 로마는 대략 2세기부터 그리스로부터 철학적 개념들을 받아들였는데, 거기에는 보편적 정의의 원칙에 관한 사상이 포함되어 있었다. 이러한 사상은 아리스토텔레스에 의하여 시작되어 스토아학파 사람들에게 영향을 주었으니, 이들은 세계를 자연법의 지배를 받는 세계도시국가, 즉 코스모폴리스로 보았다.

제정로마시대에는 사상의 자유가 상실되고 로마는 사교와 미신의 나라가 되었다. 철학적으로는 플라톤의 신비주의 철학이 주류를 이루었다. 기독교는 전파된 이후 많은 박해를 받았으나, 313년 콘스탄티누스 황제에 의해 공인되고, 392년 테오도시우스 황제에 의해 국교가 되었다.

로마의 시민법은 매우 훌륭한 체계를 갖추어, 후일 로마법의 계수를 통해서 근대 서구의 사법체계가 형성되는 데 큰 영향을 주었다. 로마법의 우수성은 이법지역 간의 법적인 문제의 해결을 위해서 등장한 '만민법'(jus gentium)에서도 드러나는데, 오늘날의 국제법과는 다른 것이다. 만민법은 오늘날의 준국제사법과 유사한 것으로 국내법에 속하는 것이지 국가 간의 관계를 규율하는 규범은 아니기 때문이다. 로마법의 국제법에 대한 영향은 오히려 간접적인 것이었다. 16, 17세기 국제관계에 관한 법적인 연구가 시작될 때 학자들은 우선 로마법을 찾아보게 되었다. 당시 로마법은 신성로마제국의 '커먼로'로서 서구 어디에서나 권위를 가지고 있었기 때문이다. 그렇지만 로마법은 사법 중심이어서 국제관계에 관한 규칙은 별로 없었다. 따라서 로마법의 일부 제도들이 국제법에 도입되어, 영토주권 문제에는 그 소유권에 관한 규칙이 그리고 조약에는 그 계약에 관한 규칙들이 일부 영향을 주었다.

(2) 아우구스티누스(Augustinus, 354)

북부 아프리카 Tagaste 출신으로 카르타고에서 수학하였다. 아리스토텔레스, 플라톤, 마니교를 연구하였으며, 후일 기독교에 귀의하여 Hippo의 주교. 교부철학의 완성자로 플라톤주의를 비롯한 동시대의 모든 철학사상을 신의 은총 안에 끌어들였다는 평가를 받는다.

그는 역사는 신의나라와 지상의나라 간의 투쟁의 역사라고 하였다. 그는 현실의 국가는 그것이 신의 국가를 이상으로 하는 한 가치가 있다고 하였다. 그리하여 중세의 봉건국가를 승인하고 그것을 교회에 종속시키는 이데올로기를 수립하였다.

그는 사물의 주인인 하나님에게 영광을 돌리지 아니하는 것은 정의가 아니라고 하였으며, 정의에 기초하지 아니한 국가의 법질서는 법이 아니라고 하였다. 그러나 그도 이교법규의 준수를 요구하였으니, 그것도 정의의 맹아를 담고 있기 때문이라고 하였다.

그는 법에는 영원법(성경을 통해 계시된 하나님의 법), 자연법(자연의 빛에 의해 인식), 인정법이 있다고 하였다. 그는 인간은 본래 일정한 정의의 빛을 가지고 있어서 그것을 통해 하나님이 부여한 자연의 질서를 보고 정의의 규칙을 발견할 수 있으나 원죄 이후 이를 볼 수 없게 되었다고 하였다. 따라서 진정한 정의는 하나님의 은총을 통해 볼 수 있을 뿐이라고 하였다.

(3) 스토아(Stoa) 학파

이들은 정의를 도덕적인 것으로 파악하여 사회 또는 정치 문제보다는 개인의 문제로 인식하였다. 키케로는 "진정한 법규가 있으니 그것은 이성이다. 이것은 자연에 합치하며 만물에 침투되어 있고 불변이며 영원하다."고 하였다. 그는 자연법은 하나님이 심어 준 이성에서 나오는 것으로 모든 사람의 영혼에 심어진 것이며 시공을 초월하는 법규라고 보았다. 그러나 그는 그러한 이성이 모든 사람에게 똑 같이 존재하지는 아니하므로, 법규는 보다 완전한 이성의 소유자인 현인들에 의하여 제정되어야 한다고 하여 법실증주의 경향을 보였다.

제2절 법의 역사와 법철학Ⅱ: 중세

1. 중세 전기

유럽에서 중세(middle ages)란 서로마 제국이 멸망한 5세기부터 15, 16세기까지를 말한다. 중세에서도 전반기에는 게르만 민족의 대이동에 따른 정치적·사회적 혼란, 자급자족 경제체제 수립, 강력한 교황권 등으로 인하여 국가 간 교류가 매우 적었으며 문화적으로는 암흑기이었다고 한다.

강력한 교황권과 신성로마제국 황제의 권위는 일반법과 국제법의 발달을 저해하는 요인이었다. 로마제국의 붕괴에 이은 암흑기 이후 교회는 법과 문명을 다시 세우는 일을 맡게 되었는데, 교회는 수 세기에 걸쳐 '교회법'(cannon law)이란 포괄적인 법체계를 수립하였다. 당시의 교회법은 엄격히 말해서 국내법(national law)도 국제법(international law)도 아닌 초국가적(supranational) 법이자 보편적(universal) 법이었다. 교회법은 일차적으로 정신적·도덕적 문제와 교회문제에 관여하지만 군주들의 세속적인 영역에도 간섭하였다. 당시 교회는 파문으로 군주들을 제재하는 등 오늘날의 어떠한 법보다 훨씬 강제성 있는 조치를 취할 수 있었다. 이러한 막강한 권력을 바탕으로 교황은 모든 기독교 국가들의 '공정한 중재자'(impartial arbiter)의 역할을 담당하기도 하였다.

중세에 유행한 이론으로 '2검이론'이 있다. 이는 중세의 세계관을 표현한 것으로, 국가 상위에 교회의 권위가 존재하고, 지상의 국가는 천상의 교회의 질서를 보호하는 데에 의미가 있다고 보았다(오거스틴). 따라서 중세 사람들은 세속적인 것을 다루는 국가의 법과 함께 교회의 법인 교회법에 종속되었다.

당시 유행한 스콜라철학은 교회나 수도원에서 가르치는 철학 즉 학승의 철학이다. 교부철학이 쇠퇴한 후에도 유럽 각지에 세워진 Benedictus 수도원을 비롯한 수도원은 많은 서적을 보관하고 있었으며 학승들을 교육하는 기능을 수행하였다. 더구나 11세기부터는 볼로냐(bologna) 대학을 비롯한 대학들이 유럽대륙에 등장하기 시작하여 계약과 사유재산제를 중심으로 로마법 연구가 시작되었다.

2. 중세 후기

1) 중세 후기 상황과 철학

　중세 후기 유럽에서는 교황권과 신성로마제국의 영향력이 점차 약해지면서 국가 간의 교류가 점차 활기를 띠게 되어 외교 및 영사관계, 조약, 전쟁에 관한 국제법 규범들이 서서히 나타나기 시작하였다. 신성로마제국의 영향권 밖에 있었던 영국·프랑스·카스티야·아라곤·포르투갈·스웨덴 같은 국가들은 이전에도 조약을 체결하는 등 교류를 가져왔으나, 신성로마제국의 힘이 약해지면서 이들과 신성로마제국 내 군주 간에 교류가 이루어지고 이어서 제국 내 군주들 간에도 교류가 시작되었다. 특히 13세기부터 나타나기 시작하여 15세기에는 150개 이상에 달하였던 독일과 북유럽의 한자동맹(Hanseatic League) 도시국가들과 북부 이태리 도시국가들 사이에서는 상주사절을 파견·접수하고 상사관계 조약들도 체결되었다.

　중세의 유럽인들은 플라톤 철학의 체계를 계승한 아우구스티누스 학설을 중시하였으나, 십자군 운동을 통해 아라비아 문물이 들어왔다. 거기에는 발달된 자연과학 지식과 함께 아리스토텔레스의 철학사상이 포함되어 있었다. 그러나 유럽에서 아리스토텔레스 철학사상의 수용이 본격화된 것은 Albert Magnus와 Thomas Aquinas에 의해서이었다.

　오거스틴의 사상이 지배하던 유럽에 아리스토텔레스 철학의 수입은 많은 반발을 불러일으켰으며 특히 프란시스코 수도원 파의 반발이 심하여 아리스토텔레스의 강독을 금지하기도 하였다. 그러나 결국 교회의 방침은 수정되어 가톨릭 철학과 이교 철학 간의 조화를 시도하게 되었으며, 특히 아리스토텔레스 철학 사상 중에서 목적론적 자연관이 기독교의 교의와 일치할 수 있음을 알게 되면서 결합을 시도하게 되었다. 철학의 중심도 오거스틴에서 아퀴나스로 바뀌었다.

2) 토마스 아퀴나스

(1) 생 애
　토마스 아퀴나스(Thomas Aquinas)는 1225년 나폴리 근처 Roccasecca에서 출생하여 수도원 생활을 하였으며, 스콜라철학의 완성자가 되었다. 기독교의 교리는 교부들 특히 어거스틴에 의하여 완성되었으나 학문적으로 체계를 갖추게 된 것은 아퀴나스에 의해서이다. 그는 플라톤의 신비주의 철학을 계승한 오거스틴의 철학에 아리스토텔레스의 철학을 가미하여 기독교 철학을 이론화·체계화하였다. 그는 '중세철학의 완성자' 또는 '중세사상의 저수지'라 불린다.

(2) 4가지 법

아퀴나스는 두 가지 진리가 존재한다고 하였다. 하나는 성서와 기독교의 전통에 있는 하나님의 은총의 빛에 의한 계시의 진리이고, 다른 하나는 철학이 가르치는 자연의 빛에 의한 논리적 진리이다. 따라서 그는 신학과 철학은 다르지만 결코 모순되는 것은 아니라고 하였다.

그는 다음과 같은 4가지 법이 있다고 하였다.

영원의 법 : 하나님의 이성, 신이 계획한 질서
자연법 : 신의 이성이 피조물에 반영된 것으로, 인간의 이성에 의해 발견
신법 : 성서의 신의 계시에 나타난 법으로 인간의 이성은 발견할 수 없음
실정법 : 사회질서 유지를 위해 사람이 제정하는 법

(3) 자연법과 실정법

아퀴나스는 아리스토텔레스의 목적적자연관에서 출발하여 자연법을 이끌어 냈다. 아리스토텔레스는 질료에서 형상으로 발전해 간다고 하였는데, 이와 유사하게 아퀴나스는 가능태(potentia)에서 현실태(actus)로 나아간다고 하였다. 다만 각종의 사물에 본성을 부여하는 이는 하나님이고 각 사물은 그 본성에 따라서 자신의 목적을 향하여 움직이므로 그곳에 질서가 있고 그것이 곧 자연법이라는 것이다.

그는 동물의 본성에 따른 생활은 본능에 따른 것이지만, 사람은 본능 이외에 이성을 가지고 있는바 본능에 따른 생활에서 벗어날 수 있다고 하였다. 특히 사람은 자신의 본성의 실현을 위하여 사회를 필요로 한다고 하여 인간의 사회성을 인정하였다.

결국 아퀴나스의 자연법은 인간이 자신의 본성을 실현하기 위하여 따라야 하는 규칙 또는 질서이다. 그런데 이 자연법은 결국 신의 이성에서 나오는 것이며, 인간이 이성에 의해서 발견하는 자연법은 하나님의 법인 영원법에 참여하는 것이다. 그러나 자연법은 자연의 변화에 따라서 변하는 가변적인 것이라고 하였다.

이처럼 자연법은 불분명하고 유동적이며 골격적이어서 인간의 사회생활을 규제하는 데 한계가 있는바 실정법이 필요하다. 아퀴나스는 실정법규는 사회의 책임을 맡은 사람이나 그룹이 제정하는데, 공동체의 공동선을 위하여 자연법에 근거하여 그 한계 내에서 제정한 규칙이어야 한다. 실정법규의 제정은 이성(자연법에 근거)과 의지(공동선에 따르는 입법권자의 결정)의 작업인 것이다.

(4) 공동선

우주의 질서는 하나님이 부여한 사물의 본성에 따른 생활에 의해 유지되며, 각 사물과 인간은 자신의 본성을 실현하는 것을 목적으로 한다. 인간이 자신의 본성을 실현하고자 하는 것이 곧 선이다.

그런데 선에는 개인의 개별적 선과 사회 전체 또는 사회구성원 공동의 목적이라고 할 수 있는 공동선이 있다. 인간은 그 사회성으로 인하여 사회를 필요로 하는바, 개별적 선 보다는 공동선이 우선한다.

공동선 이론은 법적으로 여러 가지 의미를 갖는다. 첫째, 개인의 법적의무의 기초가 된다. 개별적 선 보다는 공동선이 우선하므로 개인은 사회의 규칙을 준수할 의

무가 있다. 둘째, 저항권의 근거가 된다. 실정법이 구속력을 가지는 것은 그것이 사회의 공동선의 실현을 위하여 자연법의 한계에서 제정되는 규칙이기 때문이다. 국가권력은 공동선의 실현을 위한 경우에만 사용되어야 하며, 개별적 선을 위한 권력의 행사에 대해서는 저항권이 인정된다.

제3절 법의 역사와 법철학Ⅲ : 근대

1. 근 대

일반적으로 중세는 15세기까지를 의미하며, 그 이후를 근대라고 한다. 로마 교황청과 신성로마제국의 약화와 몰락은 정신적·정치적으로 새로운 시대의 서막을 여는 역할을 하였으며, 도시국가와 근대 절대주의 국가의 탄생, 장원을 중심으로 한 자급자족적 경제구조의 타파도 근대라는 새로운 시대의 도래를 촉진하였다.

법학자들을 중심으로 근대는 3개의 R로 시작되었다고 말하기도 한다. 즉 르네상스, 종교개혁, 로마법의 계수이다. 특히 르네상스는 14~16세기 유럽에서 일어난 문화 운동으로, 고대 그리스·로마의 학문과 지식을 부흥시키고자 하는 움직임이었다. 이 시기를 통해 고전 학문에 대한 관심이 고조되었으며, 이어서 신대륙의 발견, 지동설의 등장, 봉건제 몰락, 상업의 성장, 종이·인쇄술·항해술·화약과 같은 신기술의 발명이 이어졌다.

르네상스 시대의 사상가 마키아벨리(Nicolo Machiavelli, 1469-1527)는 통일을 위한 군주의 절대적인 권력을 옹호하였으며 국가이성을 지지하였다. 국가는 다른 정치조직과 마찬가지로 자신의 존재와 확대를 위하여 모든 수단을 동원하며, 자기목적적 존재인 국가는 자신을 유지·강화하기 위하여 모든 규범을 수단화할 수 있다고 하였다.

2. 종교개혁

마르틴 루터(Martin Ruther, 1483-1546)는 인간은 자신의 공로가 아닌 신앙에 의하여 구원을 받는다고 하면서, 가톨릭의 Indulgence(면죄부) 판매를 비판하는 95개조를 발표하면서 종교개혁을 시작하였다. 루터는 인간은 신앙을 통해서만 구원을 받는다는 내면적 신앙 제일주의를 취하였기 때문에, 그에게 정의나 법은 주요 관심사가 아니었다. 그는 고전적인 자연법에서 주장되는 '자연의 질서'를 배격하였고, 인간은 원죄이후 타락하였고, 인간의 본성은 악하다고 하였으며, 인간의 이성도 불신

하였다. 따라서 루터는 아리스토텔레스나 아퀴나스의 자연관과 이성에 대한 신뢰에서 나오는 자연법사상을 배격하였다.

캘빈(Calvin)은 원죄 이후 인간은 자연법의 인식능력과 하나님의 법을 볼 수 있는 능력을 상실한 것으로 보았으며, 예정설을 주장하였다.

가톨릭은 종교개혁 이후 개최된 트리엔트 종교회의에서 개혁운동을 시작하였고 예수회가 조직되었다. 스페인의 Salamanca 대학을 중심으로 Thomism 연구가 부활하였다. 가톨릭에서는, 하나님의 계율만을 인정하는 프로테스탄트에 대하여, 법이란 사물의 본성에서 나오는 것이라고 주장하여 결국 법의 비종교화를 주장하게 되었다.

3. 주권국가의 탄생

종교개혁, 르네상스, 로마법계수 또는 미주대륙의 발견으로 시작된 근대(modern times)로 접어들면서 법학에는 커다란 변화가 있었다. 법학에 영향을 미친 가장 큰 사건은 교황권과 신성로마제국의 약화와 민족주의적 주권국가의 탄생이었다. 유럽에서 교황권 우위의 질서가 무너지고 주권국가가 명실상부한 주역으로 등장하는 과정을 상징적으로 보여주는 두 개의 조약이 있다. 하나는 30년에 걸친 기나긴 종교전쟁을 종결지은 웨스트팔리아 강화조약(The Peace of Westphalia)이고, 다른 하나는 11년간 진행된 스페인 왕위계승전쟁의 결과 체결된 유트레히트 강화조약(The Peace of Utrecht)이다.

1618년 시작된 30년 전쟁은 본래 가톨릭국가와 개신교국가 간의 종교적 갈등에서 비롯되었다. 그렇지만 그 전쟁은 이내 유럽의 군사적·정치적 패권 쟁탈전으로 변모되어 엄청난 참화를 불러왔다. 1648년 뮌스터와 오스나브뤼크에서 서명된 웨스트팔리아조약은 근대 역사에 비추어 볼 때 다음과 같이 중요한 의미를 갖는다. 첫째, 종교의 선택에 영토의 절대성을 인정하고 신앙문제를 정당한 전쟁사유에서 제외하였다. 이를 통해 개신교 국가가 국제적으로 인정받게 되면서 국가들은 교황의 영향력에서 벗어나게 되었다. 교황은 이제 국가 간 분쟁의 '공정한 중재자' 역할을 수행할 수 없게 된 것이다. 둘째, 신성로마제국의 잔해 위에 세워진 300개에 달하는 정치적 실체들은 그것이 신성로마제국에 대항하는 것이 아닌 한 외국과 동맹조약을 맺고 전쟁을 할 수 있는 권리를 획득하게 되었다. 이로써 수많은 소국들이 준주권적 권리(quasi-sovereign rights)를 소유한 국제사회의 구성원으로 등장하게 되었다. 셋째, 30년 전쟁은 종교개혁 이전 신성로마제국과 교황 사이에 존재하였던 세속적·정신적 유대를 복원하려는 합스부르크가(Hapsburg)의 시도를 무산시켰다.

웨스트팔리아 조약은 유럽 내 정치권력이 신성로마 황제와 교황으로부터 영토에 기초한 민족국가로 이동한 것을 보여주었다. 이러한 과정을 보면서 보댕(Jean Bodin)은 군주주권론을 주장하였다. 주권이란 입법·행정·사법을 포함하는 절대적이고 항구적인 권력인데, 그는 교황권의 위세에서 벗어난 군주가 비로소 주권자가 되었다고 선언한 것이다.

4. 로마법의 계수(Reception)

고대 로마법의 등장 배경과 우수성에 대해서는 여러 가지 분석과 평가가 있다. 로마는 오늘날 유럽의 주요 부분과 중동 및 북아프리카를 지배하는 대제국이었다. 로마는 국가의 사회질서 유지를 위해 법에 크게 의존하였다. 특히 로마는 제국을 경영하면서 오늘날의 연방국가처럼 다양한 법질서 간의 공존을 모색하였다. 로마시민 사이에는 시민법이 적용되지만 이법지역 주민 간의 관계에 적용되는 규범으로 만민법(jus gentium)이 필요하였다. 결국 로마법의 발달과정은 만민법이 창조되는 과정이었다고 할 수 있다.

로마제국은 5세기 동로마와 서로마로 분열되었고, 서로마는 476년에 멸망하였다. 그 후 동로마에는 527년 유스티아누스라는 황제가 등장하여 로마의 중흥을 도모하였다. 그는 영토확장을 위해서 노력하는 동시에 로마 전성기 때의 법을 복원하고자 하였다. 그리하여 그는 로마법을 집대성하는 작업에 착수하였는데, 그 결과 50권에 이르는 『학설집』(Digesta), 이것을 요약한 『법학제요』(Institutiones), 황제칙령을 모은 『칙령집』(Codex), 새로운 칙령을 모은 『신칙법』(Novellae)이 완성되었다. 이들을 총칭하여 『로마법대전』(Corpus Luris Civilis) 또는 유스티아누스 법전이라고 부른다.

오랫동안 잊혀 있었던 유스티아누스 법전은 11세기경 우연히 발견되어 이탈리아로 옮겨졌다. 그 후 이탈리아 지식인들 사이에는 이 법전을 읽고 공부하는 것이 대유행이 되었으며 법전에 주석을 달기도 하면서 연구하는 소위 주석학파가 등장하였다. 나아가 주해학파가 등장하였는데, 그들은 로마법에 대한 이해를 넘어서 이를 현실에 적용하고자 시도하였다. 이러한 과정을 거쳐서 로마법은 유럽 전체에 적용되는 커먼로의 면모를 갖추게 되었다. 이처럼 상당한 시차를 두고 로마법이 영국을 제외한 유럽대륙을 지배하는 법체계가 되었는바, 이를 로마법의 계수라고 한다.

5. 그로티우스

(1) 생애

교황권이 약해지고 주권국가들이 국제사회의 주역으로 등장하면서 30년 전쟁을 겪고 나서 사람들은 국가 간의 관계를 규율하는 법규범이 필요하다고 생각하게 되었다. 16세기 스페인에서는 미주대륙 인디안 정벌과 관련하여 열띤 토론이 전개되었는데, 비토리아(Francisco de Vitoria)는 살라만카 대학에서의 강의에서 토착민들이 불법적으로 무역을 방해함으로써 자연법에 어긋나는 행동을 하였다고 하여 스페인의 정복을 정당화하였다. 그는 아퀴나스의 스콜라철학과 자연법론에 공감하면서도, 이교도 군주들도 기독교 군주들과 동등한 권리를 갖는다는 전제하에 정전론을 전개하였다. 수아레즈(Suarez)는 군주의 주권을 강조하여 '만민법'(*jus gentium*) 즉 국제법을 인정하되 그것은 주권의 절대성에 의해 제한된다고 하였다.

17, 18세기에는 국제법에 새로운 사조가 등장하게 되는데, 그 선구자는 국제법의 시조라 불리는 그로티우스(Hugo Grotius, 1583-1645)였다. 그는 네덜란드 Delft 출신으로 Leiden 대학을 졸업하였으며, 변호사, 검찰총장, 외교관 등을 역임하였다. 캘빈파 기독교인으로 법을 도덕규칙위에 세우고자 하였으며, 스토아학파의 영향으로 철저한 이성주의 경향을 보였다. 그는 근대 자연법의 시조라 불리기도 하지만 근대 법철학이 자연법 중심에서 법실증주의로 이행해가는 시기를 대표하는 법철학자이었고 국제법을 체계화하였다.

(2) 자연법과 실정법

중세 자연법론은 신 중심의 자연법론이었다. 그러나 그로티우스는 스토아 철학의 영향을 받아서 신과 단절된 이성의 자연법사상을 주장하여 법의 비종교화에 기여하였다. 이전에 토마스 아퀴나스는 신의 의사와는 약간 떨어져 있는 자연질서에 기초한 자연법을 추구하였으며, 스페인 철학자들도 법의 비종교화를 주장한 바 있다. 그로티우스는 신앙이 상이한 국가들이 공존하는 새로운 국제환경에 적용될 수 있는 자연법을 추구하다가 보니 보다 철저한 비종교적 자연법사상을 주장하게 되었다.

그로티우스는 법의 실질적인 연원으로 스토아학파처럼 '인간의 이성'을 중시하였으며, 인간의 본성으로서의 사회성을 인정하였다. 따라서 그의 자연법론은 인간의 사회성과 인간본성의 특징인 이성으로부터 출발하였다. 그의 자연법은 신이 인간이성에 새겨준 규칙으로 인간의 사회적 본성에 부합하는 것으로 인식되는 공동생활 규칙인 것이다.

그는 자연법의 3가지 공리를 제시하였다. 그것은 사유재산권 보호, 손해배상책임, '약속은 지켜야 한다'(Pacta Sunt Servanda)는 공리이다. 그로티우스는 자연법 특히 공리를 기초로 하는 '의사의 합의'에 따라서 특히 '약속은 지켜야 한다'는 공리에 근거하여 실정법규가 등장한다고 하였다. 그는 실정법은 이성에서 나오는 자연법 규칙에 입각하여 인간의 사회성 충족을 위해서 제정된다고 하였다.

그는 법의 목적과 관련하여 정의의 실현보다 중요한 것은 인간의 사회성에 반하는 것을 억제하는 것 즉 사회에서의 평화와 질서의 유지라고 하였다. 올바른 몫의 추구보다 인간의 사회성 유지를 위한 질서유지가 중요하다는 것이다. 이러한 입장은 자연법과 함께 실정법을 중요시하는 것으로 그의 법실증주의자로서의 면모를 보여주었다.

(3) 국제법

그로티우스는 종교개혁이후 신·구교 간 무력충돌이 빈발하는 가운데 보편적으로 적용가능한 국제법을 주장하였다. 그는 국제법을 자연법의 하위개념이나 적용수단으로 보지 아니하고 자연법에서 독립된 법규범으로 인식하였다. 스페인의 스콜라 철학자 Vitoria와 Suarez는 '인류의 공동선을 지켜가기 위한 자연질서'라는 개념의 자연법으로서의 국제법을 주장하였었다. 반면에 그로티우스는 자연법으로서의 국제법 이외에 국가간 '의사의 합의'를 통해서 나타나는 의사법으로서의 국제법의 존재를 주장하였다. 조약이나 관습법을 국제법의 법원으로 인정해야 한다는 현실적인 주장으로 이를 통해 국제법 발달에 크게 기여하였다.

그로티우스는 정전론(just war)을 주장하였다. 그가 주장한 해양자유론은 오늘날 해양질서가 '좁은 영해, 넓은 공해'란 패러다임 위에 형성되는데 결정적으로 기여하여 근대 국제해양질서의 기초를 수립하였다.

7. 사회계약론

(1) 홉스(Thomas Hobbes, 1588-1679)
홉스는 자연상태에 있을 때 인간은 만인의 만인에 대한 투쟁 상태에 있었다고 하여 인간의 사회성을 부정하였다. 또한 사람들은 자연상태에서 개인이 가진 자연권의 충돌로 공포 속에서 생활하는바, 사회계약을 통하여 국가를 창설하는데, 사회계약으로 개인은 자연권을 포기하고 국가에게 모든 권력을 이양한다고 하였다.

(2) 로크(John Locke, 1632-1704)
로크는 자연상태는 자유롭고 평등한 자연적 도덕법규가 지배하는 평화로운 사회이었으며, 이성의 법칙인 자연법은 상호간의 안전을 위하여 인간의 행동을 규율하는 규칙이라고 하였다. 그리고 사람들은 이러한 자연상태에서의 자유와 평등이 침해되는 것을 방지하기 위하여 사회계약을 통하여 국가를 창설하였는데, 그 권리와 자유를 지키기 위하여 국가의 권력은 분립되어야 한다고 하였다.

(3) 루소(J. J. Rousseau, 1712-1778)
루소도 인간은 사회계약을 통하여 자연상태에서 문명상태로 들어간다고 하였다. 그는 자연상태에서 인간은 자유와 평등을 누렸으나, 문명상태에서 인간은 부자유하고 불평등한 상태로 들어간다고 하였다.

8. 독일 관념철학

(1) 배 경
독일 관념주의는 18세기 말부터 19세기 초 사이에 칸트, 피히테, 헤겔 등에 의하여 전개된 철학사상이다. 당시 독일은 영국과 프랑스에 비하여 후진적이었으며 양국에서처럼 혁명이 일어날 조건도 갖추지 못하였다. 따라서 독일의 지식인들은 프랑스 혁명의 영향을 받았지만 이를 준비하지 못하고 '사상의 혁명'을 추구하였다.

자연법론이 법과 정치를 군주와 종교의 구속으로부터 해방시켜 시민사회 형성에 기여한데 비하여, 독일의 관념론은 국가와 법을 윤리적 기초위에 세움으로써 법과 국가를 도덕적 의미를 지니는 존재로 만들었다.

(2) 칸트(Immanuel Kant, 1724-1804)
① 도덕론

칸트의 법사상은 도덕론에서 출발하며, 그의 법이론은 도덕론의 일부이다.

그는 순수이성은 인식기능적 측면(학문)이며, 실천이성은 도덕적 판단기능(의지의 결정)이라고 하면서, 인식론에서 도덕적 행위의 최고원리에 도달하려면 모든 감성적인 요소를 배제하고 이성에 입각해야 한다고 하였다. 그리고 그러한 도덕적 행위 즉 의지의 결정에 관계하는 이성을 실천이성이라고 하였다.

그는 주관적 욕구원칙인 maxim이 실천이성에 기초를 둔 보편적 도덕법규인 Principle에 따르게 될 때 도덕적 가치가 있다고 하였다.

② 자연법과 실정법

칸트는 자연법이란 자유로운 인격체들이 공존을 위한 조건을 마련하기 위하여 이성에 의하여 선험적으로 인식하는 규칙들이라고 하였다. 칸트의 자연법은 일체의 감성을 배제하고 실천이성에 의하여 인식하는 규칙 즉 이성법이며 불변의 것이다. 그는 실정법은 이성이 선험적으로 인식하는 자연법의 테두리 안에서 권력자가 제정하며, 사람들은 실정법을 지켜야 하며 위반 시에는 제재가 따른다고 하였다.

③ 영구평화론

칸트는 국제관계에서 국가들은 본질적으로 무법상태 즉 전쟁상태에 있다고 하였다. 그리고 이러한 상태를 벗어나서 국가의 자유, 평화, 독립성을 보장받으려면 국가간의 평등조약에 의하여 탄생하는 국제연맹과 같은 국제적인 조직이 필요하다고 하였다. 그는 세계평화는 국가들이 자연상태를 벗어나 세계국가가 등장하면 달성된다고 하였다. 그러나 현실적으로 그것은 불가능하므로 국제연맹의 설립을 주장한 것이다.

(3) 헤겔(Georg Wilhelm Friedrich Hegel, 1770-1831)
① 국가주의

헤겔에 의하면 합리적 질서는 국가에 이르러 완성되며, 보편과 개체가 통합된다. 개인은 국가생활에 참여함으로써 개체성을 극복하고 통일성을 이룬다. 국가는 개인 안에 존재하는 보편이고, 국가 내 개인들은 구별되면서도 동시에 하나다.

그는 국가는 객관정신의 최고의 실현이며 완성된 윤리적 실체라고 하였다. 국가에서 법은 보편적인 의사의 표현이므로, 비로소 이성적인 것과 현실적인 것이 일치하게 된다.

② 전체주의

"이성적인 것은 현실적이고 현실적인 것은 이성적"이란 헤겔의 주장은 자연법과 개인의 기본적 권리와 자유를 부인하는 것이다. 현실적인 것이 이성적이라면 이성법으로의 자연법은 부인된다. 이성적·현실적으로 최고의 단계인 국가에서 개인의 개별성은 국가의 전체성에 함몰되므로, 개인의 권리와 자유는 존재할 수 없다. 그의 이론은 전체주의를 정당화하는 것이었다.

③ 국제관계

헤겔은 국제관계는 조약과 같은 국제법에 의해 규율되기도 하지만, 기본적으로 국제법은 법적성격이 없으며, 국가 간의 분쟁은 최종적으로 전쟁에 의해 해결된다고 하였다. 헤겔은 전쟁의 참혹함을 인정하면서도 전쟁은 필연적이라고 하였으며, 전쟁은 정체를 예방하여 민족정신에 활력소를 제공한다고도 하였다.

제4절 법과 법철학의 역사 Ⅳ: 현대

1. 배 경

근대 이후 수 세기 동안 국제사회의 중요한 행위자들은 주로 기독교 국가인 유럽국가이었으며 미국이 나중에 가세하였다. 나머지 다른 지역의 국가들은 오랫동안 국제사회의 주변부에 머물러 있었으며, 특히 18세기 후반 유럽에서 산업혁명이 일어난 이후로는 유럽국가들과의 격차가 더욱 커져서 정복을 당하거나 그 영향력 아래에 놓이게 되었다. 실제로 19세기는 유럽의 영국, 프랑스, 프러시아, 러시아, 오스트리아, 스페인, 스웨덴, 네덜란드와 미국 등 구미국가들이 세계를 지배했던 시기이었다.

1880년경이 되면 유럽국가들은 세계의 상당한 부분을 장악하게 되는데, 영국, 네덜란드, 프랑스는 동인도회사와 같은 무자비한 조직을 통하여 이익을 추구하였으며, 유럽국가 이외의 국가들은 오직 제한된 권리만을 행사하였다. 유럽국가들은 터키, 인도의 무굴제국, 페르샤, 중국, 일본, 미얀마, 샴, 에티오피아 등을 독립된 정치적 실체로 인정하였지만, 이들의 국제사회에서의 역할은 제한적이었다. 이러한 지역에서 유럽국가들은 자국인에게 통상에 있어서 특권을 부여하고 영토국가의 관할권을 배제하는 굴복체제(capitulation system)를 수립하여 이익을 취하였다. 한편 대부분의 아프리카 지역처럼 중앙집권적 권력이 존재하지 아니하는 지역은 유럽국가들의 정복대상이 되어 그 식민지가 되었다.

1842년 중국은 영국과 남경조약을 체결하여 자국의 5개 항구를 대외무역에 개방하였다. 일본의 고립정책도 1853년과 1854년 미국의 페리(Perry) 제독에 의해 종식되었다. 일본이 서방국가들과 체결한 조약들 역시 불평등조약이었으며 이는 1867년 메이지유신 이후에야 시정되었다. 우리나라도 병자수호조약 이후 서방국가들과 잇달아 조약을 체결하면서 국제무대에 등장하였다. 아시아 국가들은 다소 시차는 있으나 서양 특히 독일과 프랑스 등의 근대 법체계를 도입하여 법제도를 정비하였다.

19세기 학자들은 법의 근본문제에 대해서는 별 관심이 없었다. 그러나 세기말부터 이러한 근본적인 문제들에 대한 새로운 연구가 시작되었고, 이러한 연구들은 제 1차 대전 이후 꾸준히 증가하였다. 특히 법의 근본문제 연구는 한때 사망선고를 받았던 자연법의 부활을 가져왔다. 이 당시 자연법연구에는 두 가지 방향이 있었다. 하나는 가톨릭의 이론을 따르는 것이고 다른 하나는 철학적이고 형이상학적인 측면을 강조하는 입장이었다.

2. 19세기 이후의 법철학

(1) 법실증주의
19세기는 실로 법실증주의의 전성기였다. 법실증주의가 이처럼 전성기를 맞이하게 된 이유 가운데 하나는 자연법론의 약화로 인한 것인데, 프랑스 혁명에 이론적인 무기를 제공하였던 자연법론은 혁명이 실패로 돌아가면서 반혁명 분자들의 손쉬운 공격대상이 되었다. 자연과학의 발달에 따라 사람들이 관찰과 탐구를 통하여 검증되는 지식만을 신뢰하는 경향을 보이게 되면서 자연법이 신뢰를 상실한 것도 또 하나의 중요한 이유이었다.

(2) 개념법학파
꽁뜨의 실증주의의 영향으로 법실증주의가 유행하면서, 독일에서는 개념법학파라는 새로운 법이론가들이 등장하였다. 이들은 법전화된 법 즉 black-letter law 만을 법으로 보아야 한다고 주장하면서, 법전화된 법체계의 개념들을 확립해야 한다고 하였다. 특히 푸흐타는 법전체 개념을 피라미드식으로 체계화하여 최고의 개념-일반개념-개별개념들을 나열하는 방식으로 지도를 만들기도 하였다.

(3) 오스틴의 분석법학
독일의 개념법학과 비슷한 시기에 영국에서는 분석법학이 등장하였다. 분석법학은 20세기 영미법학의 원류인데, 공리주의의 영향을 받아서 정부의 정당한 목적이나 목표는 인간의 행복을 가능한 최대로 증진하는 것이라고 하였다. 특히 법학과 윤리학을 구분하여 법학을 자율적이고 자족적인 실정법이론으로 설명하였다.

영국의 법학자 오스틴(John Austin: 1790-1859)은 「*Province of Jurisprudence*」를 저술한 분석법학의 대표적인 인물인데, 그의 사상은 19세기 커먼로의 법사상을 지배하였다. 그의 명령적 법개념은 매우 유명한 데, 홉스의 영향을 받아 법이란 주권자의 명령이라고 하면서 이를 위반하는 경우에는 제재가 따른다고 하였다. 오스틴은 국제법은 주권자의 명령에 의해 만들어지는 규범이 아니므로 법이 아닌 '실증도덕'(positive morality)이라고 하였다.

(4) 자연법이론
법실증주의가 극성을 부리는 가운데에서도 전통적인 자연법이론을 주장한 사람은 로리머(James Lorimer)였다. 그의 법사상은 자연법 이론, 특히 아우구스티누스와 아퀴나스에 밀접하게 연결되어 있었다. 그는 법이란 신의 명령, 즉 자연법이므로 우리는 법을 발견할 뿐이라고 하면서, 국제법도 자연법이라고 하였다.

3. 현대의 법철학

실정법 중심의 법실증주의는 실체법과 절차법의 체계를 확립하였다는 점에서 평가할 만하다. 그러나 법실증주의가 극성을 부리면서 법학에서 '정의'와 '평화' 등 가치 개념들이 사라지는 모순을 초래하였고 제1,2차 세계대전이라는 참혹한 결과가 있었다. 그리하여 양차대전 후 자연스럽게 자연법 경향과 가치지향적 사고가 재생되었다. 이러한 자연법 사상으로의 복귀에는 메스너와 같은 신스콜라 학자들이 중심이 되었는데, 이들은 형식적 관념론에서 벗어나 실증적으로 정의로운 법의 확립을 위하여 노력하였다.

한편 1960년대에 이르러 영국의 하트(H.L.A. Hart)는 '법의 개념'이라는 책을 저술하였는데, 이를 통해서 영미법학계에서 분석법철학이 다시금 조명을 받게 되었다.

순수법이론으로 유명한 비인학파의 창시자 켈젠(Hans Kelsen: 1881-1973)은 법학연구는 도덕적·심리적·사회적·정치적 요소를 배제하고 오직 법규범 간 논리를 엄격한 법적인 용어로 설명하는 것이어야 한다고 하였다. 켈젠은 국제법과 국내법의 동질성 주장에서 더 나아가 모든 국내법이 국제법이란 공통의 근거를 가진다고 하는 등 세계의 법의 통일을 상정하였다는 점에서 특징적이다. 켈젠의 순수법이론을 국제관계에 도입한 베어드로스(Alfred Verdross)는 국제법우위의 일원론을 주장하였으며 '약속은 지켜야 한다'(pacta sunt servanda)는 근본규범을 중요시하였다.

20세기 초에는 마르크스(Karl Marx)와 엥겔스(Engels)의 철학에 뿌리를 둔 사회주의 법이론이 등장하여 주목을 끌었었다. 특히 사회주의 국제법은 이론 자체가 독창적이고 내용이 독특하였으며 냉전기간 동안 사회주의 노선을 따랐던 국가들의 지지를 받았다.

4. 국제화시대의 법

국제사회는 두 번의 세계대전을 경험하면서 크게 변모하였다. 특히 유럽은 제2차 세계대전 이후 모습이 크게 달라졌으니 소련은 동구권 국가들과 함께 사회주의 그룹을 형성하였다. 국제법의 구조에 근본적인 변화를 가져온 또 하나의 요인은 탈식민화 과정에서 등장한 아시아와 아프리카의 수많은 신생국이었다. 이제 국제사회는 이전처럼 동질적인 국가들의 모임이 아니라 상이한 경제적·정치적 구조를 가진 국가들로 구성되게 되었으며, 국제법도 서구 기독교 국가 간의 관계를 규율하는 규범에서 지구상에 존재하는 다양한 국가 간의 관계를 규율하는 보편적 규범으로 변모되었다.

제2차 대전 이후 국제법 발달에 있어서 가장 특징적인 부분은 유엔을 비롯한 국제기구의 발달이다. 유엔은 세계의 경제·사회·문화·인권 등 거의 모든 문제에 관여하고 있다. 유엔과 같은 보편적 국제기구들의 이러한 활동과 각종 지역기구들의 활발한 활동에 힘입어 국제법은 국가 간 외교규범의 차원을 넘어 국가생활의 경제적·사회적 구조에까지 깊이 침투하게 되었다. 유엔의 목적 가운데 가장 중요한 것은 국제평화와 안전의 유지이다. 유엔은 전쟁개념의 상대화에 따라 헌장에서 전쟁의 금지를 넘어 무력행사를 일반적으로 금지하게 되었다. 유엔헌장은 제2조 4항에서 전쟁(war) 대신에 무력(force)의 사용과 위협을 금지하였으니, 유엔은 전통적인 의미에서의 전쟁은 물론이고 '전쟁에 이르지 아니하는 적대행위'(hostilities falling short of war)까지 모두 금지한 것이다.

제2차 세계대전 이후 등장한 학설 가운데 눈에 띄는 것은 행태주의적 경향이다. 금세기 들어 정부의 역할이 다양한 인간활동과 사회복지 문제로 확대되면서 이러한 변화 속에서 법의 역할을 설명하기 위한 시도들이 있었다. 특히 법을 사회변화를 위한 도구로 인식해 온 미국에서는 법의 성격과 법관의 역할을 결정하는 것은 집단의 가치와 정책이라는 인식이 하나의 조류를 이루게 되었다.

프리드만(Wolfgang Friedmann)은 「국제법의 구조변화」(*The Changing Structure of International Law*)에서 국가를 중심으로 하는 국제사회의 분권화된 체제는 수평적으로 확대되어 가는 질서와, 자원부족 및 핵무기의 등장으로 타당성을 상실하였다고 하였다. 국제사회에서 국가는 계속 중요한 주체로 남겠지만, 다국적기업과 비정부간기구들이 상대적으로 중요해질 것이라고 하였다. 따라서 국제법도 국가간 외교관계 중심의 '공존의 법'(law of coexistence)에서 '협력의 법'(law of cooperation)으로 발전해 갈 것이라고 하였다.

제2차 대전 이후 국제사회에 등장한 신생국들은 수적인 우위를 바탕으로 상당한 영향력을 행사하게 되었다. 그들은 대부분의 기존의 국제법 규칙들은 그대로 수용하였지만, 일부 국제법 규칙에 대해서는 이를 비판하고 수정을 요구하였다. 특히 선진국과 개도국 간 경제적 차이가 점점 벌어져가던 1970년대에는 국제경제질서를 과거 선진국 위주의 질서에서 형평에 기초한 '신국제경제질서'(New International Economic Order)로 교체해야 한다고 주장하였었다. 정치적으로는 비동맹그룹에 속하였던 이들은 유엔 총회에서는 물론이고 기타 국제기구에서도 다수를 차지하여 국제법의 구조변화에 있어서 중요한 역할을 맡게 되었다.

국제법의 객체에 머물러온 개인들도 제2차 대전 이후 중요한 국제법의 주체로 등장하였다. 전후 전승국들이 뉘른베르크재판소와 동경재판소를 설립하여 전범들을 처벌한 것은 국제법의 개인에 대한 관심을 높여가는 계기가 되었으며 이는 결국 개인의 기본권 보호로 확대되었다. 유엔은 1948년 세계인권선언에 이어 1966년에는 국제인권규약을 채택하는 등 인권의 국제적인 보호를 위해 노력하고 있으며, 유럽연합 등 지역기구들도 이에 가세하고 있다.

오늘날 국제법의 발전과 관련해서는 국제경제법의 등장을 주목할 필요가 있다.

2차 대전 이후 미국 등 시장경제 국가들은 자유무역이 모든 국가에게 이익을 준다는 신념에 따라 소위 브레튼우즈체제를 구축하였다. 통화에서는 국제통화기금(IMF), 금융에서는 국제부흥개발은행(IBRD), 무역에서는 가트(GATT)와 같은 국제조직들이 자유무역에 의한 인류의 복지증진을 도모하는 국제적인 임무를 부여받았다. 특히 1994년에는 가트의 8번째 다자간협상인 우루과이라운드가 타결되어 GATT 대신에 세계무역기구(WTO)가 세계무역의 관리자가 되었으며, 과거 주로 공산품 분야에 국한되었던 무역자유화는 농산물·서비스·지적재산권 등 거의 모든 경제 분야로 확대되어 무역의 자유화에 커다란 진전이 있었다.

환경보호를 위한 국제법에도 많은 발전이 있었다. 20세기 후반 지구의 환경은 양적·질적으로 더욱 악화되어 인류의 유일한 생활터전인 지구의 운명을 걱정해야 하는 지경에 이르렀다. 더구나 환경파괴가 광역화되면서 환경문제가 국제적인 이슈로 등장하였는데, 1972년 스톡홀름 인간환경회의(UNCHE)와 1992년 리우 환경개발회의(UNCED)는 국제환경법 발달에 중요한 전환점이 되었다. 국제법에서는 현재 지구가 직면해 있는 지구온난화나 오존층파괴와 같은 대기오염, 생물다양성파괴, 해양오염과 같은 범지구적 문제들에 대처하기 위하여 각종 협약을 마련하는 등 국제협력을 강화해가고 있다. 최근에는 중국 우한에서 발생한 '코로나 19'가 전세계적으로 유행하면서, 상호의존이 강화된 상황에서 국제적인 협력과 조정 역할을 해야 하는 WHO의 역할에 대해 실망과 기대가 엇갈리는 상황이다.

제3장
법의 기본개념과 원리

제1절 법의 정의
제2절 법과 도덕
제3절 법의 분류
제4절 법 원
제5절 법의 해석

제1절 법의 정의

1. 서 론

　법은 사회의 구석구석에 스며들어 우리의 행위를 통제하므로 매우 중요한 규범이다. 우리는 매우 자주 "법대로 합시다" 또는 "그런 법이 어디 있냐"는 말을 듣는데, 이는 법이 그만큼 현대사회를 살아가는 우리에게 중요하고 강제성 있는 규범이기 때문이다.
　그러면 법이란 무엇인가? '법'이란 추상적인 개념이어서 사람들은 각자의 주관에 따라서 각자의 입장을 반영하여 법을 정의하였는바, 법의 정의와 관련하여 다양한 학설들이 등장하였다. 여기에서는 '법'의 특성을 잘 반영하면서도 보편적으로 수용가능한 법의 정의를 찾아본다.

2. 법의 일반적 정의

　플라톤은 자연법의 존재를 부인하지는 않았으나, 법이란 기본적으로 철인이 제정하는 실정법을 의미하는 것으로 보았고, 아리스토텔레스는 자연의 질서에 대한 관찰을 통해 발견해내는 자연법을 강조하면서도 인간의 사회성 유지와 정의의 실현을 목적으로 제정되는 실정법도 중시하였다.
　스토아학파는 이성의 자연법을 주장하였고, 중세철학의 완성자 토마스 아퀴나스는 신의 이성에서 나오는 것으로서 인간이 이성에 의해서 발견하는 자연법을 중시하되, 그러한 자연법에 근거하여 공동선을 추구하고자 하는 입법권자의 의지로 정해지는 실정법도 중요하게 보았다.
　그 외에 근대 자연법론자들은 인간이성의 규칙인 자연법을 중시하였으며, 분석학파의 오스틴은 법은 기본적으로 주권자의 명령이라고 하여 소위 '명령적 법' 개념을 확립하였다. 법역사학파에서는 법은 민족정신의 소산이라고 하며, 법사회학파에서는 사회속에 살아있는 법을 강조하였으며, 공리주의에서는 최대다수의 최다행복을 위한 법제정을 중시하였다.
　이처럼 법에 대해서는 매우 다양한 정의들이 제시되었지만, 보편적으로 합의가 가능한 법의 정의는 존재하지 않는다. 특히 자연법론과 법실증주의의 대립을 해소할 수 있는 완벽한 길을 찾기는 쉽지가 않다. 그리하여 상식적 수준에서 많은 사람이 동의할 수 있도록 보편타당하게 법을 정의하면, "법이란 어떤 사회에서의 정의의(공동선의) 실현을 위해서 정치적으로 조직된 사회가 마련한 강제성이 있는 사회규범"이라고 정의할 수 있다.

3. 법의 목적은 정의와 공동선의 실현

(1) 정의란 무엇인가?

법의 목적에 대해서는 앞에 인용된 대로 다양한 주장들이 제기되었다. 그러나 법은 Jus(법 또는 정의)라는 말에서 유래하였는바, 법은 사회에서 정의 또는 공동선의 실현을 목적으로 해야 한다. 정의가 무엇인가 하는데 관해서는 많은 법철학자들의 다양한 주장들이 있었다. 그렇지만 그 큰 줄기는 아리스토텔레스의 정의론에서 크게 벗어나지 않았다.

플라톤은 불완전한 이 세상과는 다른 곳에 존재하는 이데아의 세계를 지향해야 한다고 하지만, 대부분 사람은 이를 인식할 능력이 제한되게 되었다고 하였다. 그리하여 이를 제대로 인식할 수 있는 철인이 국가를 통치해야 한다고 하였다. 그리고 그러한 맥락에서 각자가 자신의 직분에 따라 살아가는 것이 정의라고 하였다. 동양에서 君君臣臣父父子子 즉 임금 신하 아버지 아들 모두 각자의 도리를 다하면 된다고 말하는 것과 같다. 사회 속에서 각 개인에게 직분이 있다는 것은 맞지만, 플라톤의 접근은 엘리트주의적이고 억압적인 것이라고 할 수 있다.

아리스토텔레스는 경험주의자로서 다양한 인간을 연구하였다. 그는 다양한 인간들을 만나면서 사회에서 정의라는 말이 사용되는 어법을 연구하여 정의의 본질에 도달하고자 하였다. 아리스토텔레스는 수많은 경험적 연구를 통해서 정의란 매우 복잡하고 다의적인 것이지만 결국에는 '옳은 것' '옳은 품덕'이라는 결론을 얻었다. 그는 정의란 공정하고 좋은 것이며 선하고 나쁘지 않은 것이라고 하였다. 나아가 그는 정의란 고립되어 존재하는 선이 아니고 다른 사람과의 관계에서 활용되는 선이라고 하였으니, 아리스토텔레스에게 있어서 정의란 사회에서 올바름을 추구하는 것이다.

아리스토텔레스가 두 가지 정의를 언급한 것은 이미 앞에서 설명한 바 있다. 하나는 평균적 정의 또는 교환적 정의라 부르는 것으로 사람들 사이의 거래나 교류에서 발생하며 이득과 손실의 균형을 맞추는 것이다. 반면에 분배적 정의는 주로 공공재의 분배 시 요구되는 것으로, "같은 것은 같게, 다른 것은 다르게"를 기준으로 삼고, 많은 기여를 한 사람에게는 많이 그리고 적게 기여한 사람에게는 적게 분배해야 한다는 것이다. 아리스토텔레스는 이 중에서 후자인 분배적 정의를 본원적 정의라고 하여 중요하다고 하였다.

(2) 악법도 법?

민주국가에서 법을 준수하는 것은 대개 정의에 부합하는 일이라 간주된다. 그렇지만 이는 실제로 존재하는 법이 항상 정당하거나 정의에 이바지하는 것이라는 의미는 아니다. 어떤 법은 사회구성원의 정의감에 배치되기도 하는데, 이런 경우에 "악법도 법인가?" 하는 의문이 생긴다. 악법은 대개 사회에서 어떤 개인이나 특정한 집단의 이익을 위해 마련된 것이므로 아리스토텔레스나 아퀴나스가 말하는 사회에서의 정의나 공동선의 실현과는 거리가 멀다고 할 것이다.

물론 어떤 사회에 법이 없는 것보다는 악법이라도 있는 것이 낫다는 판단에서 "악법도 법"이라는 입장을 수용할 수 있다. 현실적으로 사회에서는 국가가 제정한 법을 법이라 생각하므로 이러한 입장이 이해되기도 한다. 그러나 법 발전의 역사는 어떤 의미에서 악법과의 투쟁의 역사이었다. 정의롭고 형평에 맞는 사회를 위해서도 악법도 법이라는 말에 쉽게 동의할 수는 없으며, 때로는 저항권의 사용이 정당화될 것이다.

▶ 아리스토텔레스는 법을 엄격히 준수하는 것이 반드시 정의로운 것은 아니라고 하였다. 법이란 보편적인 적용을 위해서 포괄적으로 규정할수 밖에 없는데, 사건은 구체적이고 특수한 것이어서 법규정의 기계적인 적용으로는 정의로운 판단을 기대할 수 없기 때문이다. 형평의 교정적 역할은 재판관의 재판상의 재량을 통해 부분적으로 구현된다.

4. 법은 사회규범

사람은 혼자서는 인간다운 삶을 영위할 수 없다. 따라서 사람은 사회 가운데 살아가게 된다. 이처럼 인간의 사회성이 인정된다면, 사회의 질서를 유지하기 위한 여러 가지 사회규범들이 필요해진다. 법과 도덕, 윤리 등 사회규범은 사회구성원 간의 대립과 갈등을 예방하고 분쟁의 발생 시 이를 평화적으로 해결하여 사회의 연대성을 유지하는데 기여한다.

세상에는 2가지 법칙이 있다고 한다. 자연법칙은 존재의 법칙이며 인과관계의 법칙 또는 필연성의 법칙이어서 그로부터의 이탈은 있을 수 없다. 반면에 규범법칙은 사람에 의해 만들어진 당위의 법칙으로 거기에는 예외와 위반이 있을 수 있다. 즉 도둑질 하지 마라, 약속을 지켜라, 부모를 공경하라는 규칙이 거기에 해당되며, 법도 그러한 규범법칙에 해당된다.

사회규범에는 법, 도덕, 윤리, 관습, 종교 등이 있다. 그러나 도덕, 윤리, 관습, 종교규범은 비정치적 사회에도 존재하는 데 비해, 법은 국가와 같이 정치적으로 조직된 사회에 존재하며 강제성이 있다는 점에서 다르다. 법은 도덕과는 달리 사회의 최소한의 질서유지를 목적으로 하며 위반시 제재가 따른다. 따라서 법은 사회에서의 질서유지, 분쟁의 해결, 구성원의 권리와 이익의 보호 같은 기능을 수행한다.

<지적재산권법의 형성과 등장>
오늘날 법규범은 매우 다양해지고 있다. 과거에 법은 헌법, 민법, 형법, 행정

법, 상법, 소송법 중심이었으나, 오늘날에는 지적재산권법, 환경법, 국제법(경제법, 환경법), 원자력법, 사이버법 등이 등장하여 중요한 역할을 하고 있다. 지적재산권법의 등장배경을 살펴본다. 요즈음 지적재산권법이 각광을 받게 된 것은 오늘날 지적재산권이 가지게 된 막대한 경제적 가치 때문이다. 영미법에서 '재산'(property)이란 개념이 처음 정립된 것은 1066년 Hastings 전투에서 승리한 정복왕 윌리암(William the Conqueror)에 의해서인데, 그는 재산은 정치권력의 기반이며 가족의 부의 근거인 토지라고 인식하였다. 그러나 산업혁명 이후 이러한 재산개념은 바뀌어 서구에서는 토지는 물론 생산된 물건들도 재산에 포함되었다. 그리고 20세기 후반에 접어들면서 재산의 중요한 부분은 생산된 물건으로부터 아이디어, 정보, 이미지와 같은 지적재산권의 관심 분야로 확대되었다.

문학작품이라든가 특허등록된 발명품과 같은 지적재산의 국경이동이란 측면에서 보면 지적재산권의 국제화 역사는 결코 짧지않다. 이미 1883년에 특허와 상표, 의장을 국제적으로 보호하기 위한 '파리협약'이 체결되었고, 그로부터 6년 후인 1889년에는 예술 및 어문저작물의 보호를 위하여 '베른협약'이 체결되었다. 그렇지만 이러한 조약들에는 지적재산권에 관한 실질적이고 보편적인 규칙들이 포함되어 있지 않았다.

1980년대 초부터 GATT에서는 지적재산권 침해상품의 거래 문제를 다자간협상에 포함시키고자 논의하였다. 개발도상국들은 지적재산권 문제는 GATT의 권한을 벗어나는 주제라고 하면서 이 문제를 다자간무역협상에 포함하는 데 반대하였다. 그렇지만 미국 등 선진공업국들의 노력으로 무역관련지적재산권 문제는 우루과이라운드의 의제에 포함되었다. 특히 세계의 기술개발을 선도하고 있는 미국은 지적재산권으로 등록된 상품과 하이테크 상품의 최대 생산기지이자 수출국으로서 우루과이라운드를 통해 '무역관련지적재산권협정'(TRIPs)이 타결되는 데 결정적인 역할을 하였다.

5. 법은 강제성이 있는 규범

법과 도덕이나 윤리와 같은 다른 사회규범 간의 분명한 차이는 법규범이 강제성을 갖는데 있다. 법은 일반적으로 사회구성원 모두가 꼭 지켜야 할 최소한의 의무와 기준을 규정하므로, 이에 어긋나는 행위를 한 자에게는 그에 상응하는 제재(sanction)가 따른다. 그리하여 Jhering은 "강제는 법의 절대적 기준"이라고 하였으며, Pound는 "법의 본질은 강제성에 있다."고 하였다.

법과 다른 사회규범 간에는 규범위반시 제재라는 면에서 큰 차이가 있다. 부모에게 불효한다든지 곤궁한 상태의 형제자매를 돌보지 않는 것은 양심의 가책을 느끼게 하거나 도덕적 비난에 직면하게 하지만, 다른 사람의 물건을 훔치거나 다른 사람에게 폭력을 행사하여 다치게 한 자는 그에 따른 형벌을 받는 등 제재를 받기 때문이다.

법의 강제성은 법위반에 대해서는 제재가 따르기 때문에 인정되는 것인데, 제재는 법위반 행위를 한 자에게 규범위반에 따른 불이익과 처벌 등 유해한 결과를 발생시킨다. 제재에는 원상회복(불법이 없었더라면 있을 상태로 환원), 손해배상(민사상 채무불이행, 불법행위)과 강제집행, 형사처벌 등 여러 가지 형태가 있다.

하지만, 법의 강제성과 효율성 문제를 혼동해서는 아니 된다는 주장도 있다. 잘 지켜지지 아니하는 법도 법이라고 할 수 있는가 하는 의문이 제기될 수 있기 때문이다. 그렇지만 어떤 법이 잘 지켜지지 아니한다고 해서 법이 아니라고 할 수는 없을 것이다. 법의 효율성의 문제를 법의 존재의 문제와 직접 연결시킬 필요는 없는 것이다.

<준법정신에 관하여>

법대로 하자는 이야기는 약자들보다는 강자들이 자주 사용한다. 일반병사는 장군과 비교하여 질투심을 느끼지만 그보다는 병사들끼리 질투심을 느낀다고 한다. 사람들은 일반적으로 불이익을 받을 때는 평등함을 원하지만, 이익을 받을 때에는 특별함을 원한다.

법은 평등하게 집행되어야 한다. 불평등한 법집행은 다른 사람들에게 위법의 동기를 부여한다. 고속도로에서 통행이 금지된 노견도로를 달리는 자동차는 다른 자동차 운전자들로 하여금 노견도로를 달리도록 유인한다. 사람들은 제재가 약해서 법을 무시하는 것일까? 그러면 반대로 제재가 가해지면 즉 범칙금이 무거워지면 법위반이 줄어들까?

법 앞의 평등을 실천하고 제재를 강화하는 것도 중요하지만, 학교에서 시민교육을 강화하여 준법정신을 제고하는 것 즉 국민들의 준법정신 함양이 보다 근본적인 처방이 될 것이다.

---

6. 국제법의 법적성격(강제성) 문제

1) 문제의 제기

국제법이 현실적으로 존재하는 규범인 것은 오늘날 국제사회의 관행과 각종 조약에 비추어 볼 때 의문의 여지가 없다. 유엔은 회원국들에게 국제법 준수를 요구하고 있으며, 각국은 헌법에 국제법에 관한 규정들을 두고 있다. 국제분쟁의 발생 시 분쟁당사국은 국제법에 근거하여 자신들의 주장을 전개하고 다툰다. 남은 문제는 국제법이 강제성이 있는 법규범인가 하는 것이다. 국제법을 진정한 법이 아니라고 주장하는 사람들은 국제법이 법의 속성인 강제성을 가지지 못하는데 주목하였다.

국제법부인론과 그에 대한 반론을 검토한다.

국제법이 하나의 법인가 하는 의문은 국제법이 다른 국내법과 무엇인가 다르다는 인식에서부터 오는 것이지만, 기본적으로는 주권국가를 구속하는 법은 있을 수 없다는 전제에서 나온다. 더구나 국제사회에는 법을 제정, 집행, 적용하는 통일된 입법부, 행정부, 사법부가 존재하지 않으므로 무엇이 국제법인지 제대로 알 수 없으며, 국가를 강제할 수 있는 상위기관이 존재하지 않으므로 국제법은 강제성이 없고 따라서 그 법적인 성격이 부인되어야 한다는 것이다.

2) 국제법의 강제성 부인의 근거와 비판

첫째, 상위권력의 부재이다. 국제법의 강제성을 부인하는 가장 중요한 근거는 국제사회에는 국가를 강제하는 상위기관이 존재하지 않는다는 사실이다. 법이란 상위권력에 의해 제정되어 제재를 무기로 강제되는데, 국제사회에는 이러한 '초국가기구'(supernational authority)가 존재하지 않으므로 국제법은 법적인 성격을 가지지 못한다는 것이다. 그러나 법의 강제성은 사회구성원의 지위와 권력에 차이가 없는 경우에도 존재할 수 있으므로 법의 존재를 위한 조건으로 상위기관이 꼭 필요한 것은 아니다.

둘째, 주권국가가 국제법에 종속될 수 없다는 것이다. 영국의 오스틴(J. Austin)은 법이란 주권자의 명령이므로 주권자의 명령이 아닌 세론에 의해 설정되고 강요되는 국제법은 법이 아니라 실증도덕(positive morality)이라고 하였다. 국제정치학자들은 대부분 국제법부인론자다. 하지만 오늘날 국가들은 국제법 준수의무를 부담한다. 국가들은 자신이 동의한 조약을 지켜야 하며, 유엔 안보리의 결의를 따라야 할 의무도 있다.

셋째는 잦은 국제법 위반과 미흡한 제재이다. 사람들은 국제법에 대한 위반은 매우 빈번하며 그러한 위반에 대해 국제사회는 속수무책이라고 한다. 그러나 국제법에 대한 위반이 많다는 주장은 편견이다. 샥터(Schachter) 교수는 국가들의 국제법 위반 사례에 주목하기 이전에 대부분 국가들이 국제법을 준수하고 있는 현실을 직시하라고 하였다.

3) 국제법의 강제성

(1) 이론적 근거

국제법이 강제성을 가진 법규범으로 인정되어야 하는 이론적 논거로는 다음과 같은 주장들이 원용된다. 첫째, 국제법 강제성의 근거를 국가의사에서 찾는 의사주의에 의하면, 국제법이 준수되어야 하는 것은 바로 국가들이 그것을 원하였기 때문이라고 한다. 둘째, 켈젠(Kelsen)은 법의 피라미드의 최첨단에는 근본규범(Grundnorm)이 있다고 하면서, '약속은 지켜야 한다.'(pacta sunt servanda)는 공리는 모든 법규범의 강제력의 근거가 된다고 하였다. 셋째, 자연법 이론에서는 국제사회에서의 정의 또는 공동선 실현을 위해서 국제법이 강제력을 가져야 한다고 한다.

(2) 국제사회의 현실

국제법의 강제성을 담보하는 방법으로는 우선 자력구제(self-help)가 있다. 모든 법의 초기단계에서 가장 유용한 제재수단이었던 자력구제는 오늘날 다른 법에서는 예외적인 제도가 되었으나, 국제법에서는 아직 유용한 제도이다. 자력구제에 속하는 제도 중에서 보복(retorsion)은 국제법을 위반한 국가에 대한 경제원조 중단이나 최혜국대우(MFN) 철회와 같이 법적인 의무가 없는 조치를 통하여 이루어진다.

다음으로는 유엔에 의한 경제적 제재와 무력적 제재 등 집단적 제재가 있다. 과거 유엔 안전보장이사회는 상임이사국들의 거부권 남용으로 국제법 위반에 효율적으로 대처하지 못했었다. 그러나 냉전체제 붕괴 이후 국제연합의 국제평화와 안전의 유지 기능에 대한 기대가 커지고 있으며, 1990-1991년 걸프사태 당시 유엔은 쿠웨이트를 침략한 이라크를 응징하기 위해 결성된 연합국에게 무제한한 권리를 부여함으로써 그러한 기대에 부응하였다. 유엔 안보리는 이라크, 남아공, 로디지아에 대한 경제제재 조치와 최근 북한에 대한 조치에서 보듯이 회원국들이 의무적으로 법으로 지켜야 하는 무역규제 조치를 취하였다. 이러한 비무력적 제재조치는 실제로 상당한 효과를 발휘하고 있다.

오늘날처럼 국제화되고 국가 간 상호의존도가 높아진 현실에서 군사적 조치는 물론이고 경제적·정치적 제재조치는 국제사회에서 '법의 지배'(rule of law)를 강화하고 국가들의 국제법 준수 의무를 강화해 가는 역할을 수행하고 있다.

제2절 법과 도덕

1. 서 론

사회규범 가운데 법과 가장 가깝고 밀접하게 상호 침투되어 있는 것이 도덕이다. 예컨대 "남을 해치면 안된다." 또는 "남의 물건을 훔치면 아니된다."는 규칙은 도덕인 동시에 법이다. 그런데 법과 도덕 간의 관계를 명확히 밝히는 일은 매우 어렵지만 필요하다. 그리하여 예링(Jheirng)은 "법과 도덕의 문제는 법철학의 Cape Horn"이라고 하였다.

법과 도덕은 모두 사회질서 유지에 관련된 사회규범이다. 양자는 그 내용이 중복되어 있고, 사람들의 행위기준이 되며, 효력에 있어서도 상호보완적인 관계에 있다. 따라서 법과 도덕을 구분하는 것은 매우 어렵지만, 법의 개념을 명확히 하여 법의 한계를 분명히 하고 책임의 성격과 범위를 보다 명확히 하려면 양자 간의 유사점과 차이점을 명확히 해 두어야 한다.

우리 사회에는 실제로 법과 도덕의 상위로 인하여 발생하는 문제들이 존재한다. 존엄사 또는 안락사, 간통, 선한 사마리아인 법 같은 문제들이 그러한 주제들이다.

2. 법과 도덕의 구분

고대에서 중세에 이르기까지의 자연법이 지배하던 시대에는 법과 도덕사이에 구분이 없었다. 즉 아리스토텔레스, 스토아학파, 아퀴나스에게 있어서는 양자 사이에 명확한 구분이 없었다. 근대 자연법사상에서도 자연법은 시공을 초월하는 불변의 원칙이므로 법과 도덕 간의 구분은 필요하지 않다고 보았다.

법과 도덕 간의 구분은 근대국가의 성립이후 성문법발달과 함께 법치주의가 확산하면서 널리 행하여 졌다. 즉 법실증주의의 확산과 관계가 있는 것이다. 근대 법실증주의자들은 자연법(정의)을 부정하며 오직 실정법을 중시하였으므로 도덕적 가치

법과 도덕을 구분하는 기준에 대해서는 다음과 같이 많은 학자들이 다양한 방법을 제시해 왔다.

첫째, 도덕은 내면성을 그리고 법은 외면성을 갖는다고 한다. 이는 규범의 관심방향을 기준으로 한 것이다. Kant와 Thomasius가 주장한 것으로, 도덕에서는 내적 행태 또는 내면적 동기를 중시하므로 도덕성이 중요하나(생각만으로는 처벌불가), 법은 사람들의 외적 행위 또는 외면적 결과를 중요시하므로 합법성이 중요하다. 하지만 법에서도 내면적 사항들이 중요한 경우가 있다. 즉 법에서 고의와 과실, 선의와 악의의 문제는 중요하다. 또한 선한 생각은 외부적으로 표시되어야 하므로, 도덕에서도 외면적 결과를 무시할 수는 없다.

둘째, 도덕에서는 자율을 법에서는 타율을 특징으로 한다고 한다. 이는 규범을 따르는 행위와 위반으로 인한 문제와 분쟁의 해결이 타율적으로 또는 자율적으로 이루어지는가 하는데 따른 구분이다. 법은 그 규범 자체가 정부 등에 의하여 만들어지며 그러한 규범의 적용 역시 법원과 같은 제3자기관에 의하여 이루어지므로 타율적이라고 할 수 있다. 반면에, 도덕은 대개 인륜에 바탕을 두고 있고 각 사람에게 요구되는 사회규범으로 대개는 개인의 마음 가운데에서 벌어지는 갈등이 주요 관심사이며, 스스로의 결단이 중요하다.

셋째, 도덕은 일면성을 법을 양면성 갖는다. 베키오(del Vecchio)가 주장한 것인데, 법은 대립된 이해관계 또는 대립적인 권리와 의무관계에 관한 것이 많으므로 사람들의 행위의 한계를 규정하는 데 비해, 도덕은 개인의 무조건적 의무이행을 요구하는 개인생활규범인 경우가 많다.

넷째, 도덕은 비강제성을 법은 강제성을 특징으로 한다. 이는 규범의 관철방법을 기준으로 하는 것인데, 법은 국가권력을 동원하여 강제로 실현되는 데 반해, 도덕은 그러한 강제력이 없다. 자율적인 규범인 도덕에 위반하면 양심의 가책을 받거나 다

른 사람의 비난을 받는다. 반면에 법은 타율적인 규범이므로 이에 위반하는 경우에는 물리적 제재가 따른다. 그 결과 행위의 효력이 상실되거나 형벌을 받게 되는 등 제재를 받는다.

법과 도덕의 내용 간의 완전한 구별은 실제로 용이하지 아니하다. 다만 형식적으로 강제성이란 기준에 의한 구분은 비교적 확실하다. 엘리네크(Jellinek)의 "법은 도덕의 최소한" 이란 말대로, 도덕 가운데 법적으로 강제해야 할 규범 중에서 상당부분은 법규범화 되고 있다.

3. 법과 도덕의 상호관계

법과 도덕은 여러 가지 점에서 다르나 상호의존 관계에 있다.

첫째, 법과 도덕은 공통된 근거와 원천을 갖는다. 법규칙은 아무런 근거없이 형성될 수 없으며, 도덕과 윤리, 관습, 전통 등의 사회규범이나 사회적 가치들을 기반으로 하여 형성된다. 법이 가진 강제력은 이러한 사회적 가치들이 뒷받침하는 경우에만 그 효력이 담보될 수 있다. 사회규범 또는 사회적 가치 가운데 가장 중요한 것이 도덕이다. 따라서 법은 많은 경우 도덕을 타당근거로 삼는다. 도덕에 근거하지 아니한 법규칙은 필연(mussen)을 도출해 낼 수는 있으나 당위(sollen)를 이끌어 내지는 못한다.

둘째, 법과 도덕은 그 내용 가운데 상당한 부분이 중복되어 있다. 법은 도덕에 근거하는 경우가 많으므로 법규칙 중에 상당수는 도덕으로부터 진화한 것이다. 형법상의 범죄행위는 대부분 도덕적으로도 비난을 받을 행위이다. 민법의 신의성실의 원칙이나 공서양속에 관한 규정, 헌법의 기본권보호에 관한 규정 등도 도덕과 밀접한 연관이 있다. 도덕이 법의 원천이지만, 모든 도덕이 법으로 되는 것은 아니다. 법 가운데 기술적인 성격이 강한 법들은 대개 도덕과는 관련이 없다. 반대로 법이 도덕이 되는 경우도 있으니, 법이 어떤 규칙을 도입하고 그것이 오랫동안 준수되다 보면 그것은 도덕으로 바뀌게 된다(예, 우측통행/좌측통행).

셋째, 법과 도덕은 효력에 있어서 상호의존적 관계에 있다. 법은 강제규범이지만, 법이 제대로 준수되려면 법은 사회가치를 반영하고 도덕의 뒷받침이 있어야 한다. 법이 잘 만들어져 있다고 하더라도, 많은 사람들이 관련 도덕에 대해 무지하다면 그 법은 사문화 될 수 있다. 법이 일반 국민들의 도덕심보다 월등 높은 수준의 것을 요구한다면, 그런 규칙은 제대로 지켜질 수도 강제될 수도 없다.

4. 결 론

법과 도덕은 같은 사회규범이나 양자 간에는 차이가 있다. 특히 도덕에 있어서 관심방향은 내면적이나 법의 관심방향은 외면적이며, 규범의 강제성에 있어서도 차이가 있다. 반면에 법과 도덕은 그 내용과 효력 등에서 상호보완적인 관계에 있다.

법과 도덕은 이처럼 차이점과 유사점을 동시에 가지는데, 그 경계선에 위치한 현실적인 문제들이 있다. 그러한 사회문제들을 법적으로 아니면 도덕적인 관점에서 접근할 것인가는 각 사회의 법정책적인 과제라고 하겠다. 이러한 문제의 접근에 있어서는 법경시풍조와 법만능주의 모두를 경계해야 한다.

법과 도덕의 경계선에 위치한 문제로는 다음과 같은 것들이 있다.

첫째는 착한 사마리아인 법이다. 자기가 위험에 빠짐이 없이 위험에 처한 사람을 구조하지 아니하면 이를 처벌할 것인가 하는 문제가 제기된다.

둘째는 간통죄 문제이다. 우리나라는 과거에 간통죄를 인정(2년 이하의 징역) 하였는데, 법이 도덕·윤리 문제에 지나치게 깊이 개입한다는 비판이 있었다. 서구와 일본 등은 대부분 간통죄를 폐지하였고, 이슬람 국가 등 종교적 전통이 강한 국가들이 간통죄를 유지하고 있다. 그런 상황에서 우리나라는 대법원이 간통죄를 위헌으로 판결하여 폐지하였다. 물론 민사상 손해배상(위자료)은 별도의 문제이다.

셋째는 말기환자의 안락사 및 존엄사(연명치료 중단) 허용 문제이다.

<착한 사마리아인 법>

착한 사마리안 법(Good Samaritan Law)은 성서에 나오는 착한 사마리아인의 비유에서 유래 되었다. 어떤 유태인이 예루살렘에서 여리고로 가다가 강도를 만나 상처를 입고 길가에 버려졌는데, 동족인 유태인 제사장과 레위인은 못 본 척 지나가 버렸다. 그런데 유태인에게 멸시 받던 사마리아인이, 그를 보고 측은한 마음에서 구조해 주었다. 사회적으로 멸시받고 소외받던 사람이 사회적으로 혜택을 받은 사람이 하지 못한 일을 한 것이다. 이 일화에 나오는 사람들에게는 법적인 의무가 없다. 하지만 도덕적 차원에서 인간이 당연히 해야 할 일 이었다는 의미가 담겨 있다.

법률에 규정되지 않는 규범은 강제력이 없다. 따라서 그 의무를 이행하지 않더라도 그에 따르는 제재를 부과 받지 않는다. 따라서 도덕규범은 강제력이 발생하지 않으므로, 도덕적으로는 당연히 지켜져야 할 일들이 무시되고 경시되기 십상이다. 여기에 바로 사마리안의 법의 입법취지가 있는 것이다.

우리 형법에는 타인의 부조를 요하는 자를 유기할 때에 적용되는 처벌조항이 있다. 하지만 이 처벌조항은 보호받을 사람을 보호할 법적 의무가 있는 자 만을 처벌대상으로 한다. 예를 들어, 호수가를 지나가던 사람이 호수에 빠져있는 사람을 발견하였는데, 옆에 로프가 있었는데도 불구하고, 그는 물에 빠진 사람을 구조하지 않고 그 모습을 구경만 하였다고 하자. 이 경우에는 도덕적으로 그 사람을 비난할 수 있다. 하지만 법적으로는 그 사람에 대하여 법적 의무를 부과하지 않았기 때문에, 그 사람의 행위에 대하여 처벌할 수가 없다. 만약 여기에 착한 사마리안의 법이 적용된다고 한다면, 그 사람의 행위는 도덕적으로 비난받아 마땅하고, 이에 대한 법적인 책임도 물을 수 있다.

일부 국가에서는 형법에 '착한 사마리아인 조항'을 규정해 놓고, 쉽게 조력을

> 할 수 있음에도 불구하고 도움을 주지 않은 행위를 처벌하도록 하고 있다. 예를 들어, 프랑스 형법 제63조 2항은 "위험에 처해 있는 사람을 구조해 주어도 자기가 위험에 빠지지 않음에도 불구하고, 자의로 구조하지 않은 자는 3개월 이상 5년 이하의 징역, 혹은 벌금에 처한다."고 규정하였다.
>
> 하지만, 착한 사마리안 법의 도입에 신중해야 한다는 주장도 만만치 않다. 법은 도덕의 최소한이라는 말이 있듯이, 인간생활에서 최소한 꼭 지켜져야 할 규범이 법으로 규정된다. 따라서 착한 사마리안의 법을 무분별하게 적용하면, 결국 도덕적 문제에 법적인 강제가 개입할 위험이 커질 것이다. 그리고 도덕적 문제와 법적 문제 간의 구분이 애매해지면 도덕과 윤리와 같은 사회규범들이 법적의무로 전환되어 개인의 자유가 침해될 위험도 높아질 것이다.

제3절 법의 분류

1. 의의와 방법

오늘날 우리가 살아가는 사회에는 매우 다양한 법들이 존재한다. 그러나 법학자들은 이러한 법들이 일정한 법적체계(legal system)를 구성하고 있다고 본다. 따라서 법은 여러 가지 요소와 기준을 고려하여 분류할 수 있다.

법의 분류에는 다양한 방법과 기준들이 사용된다. 주요한 분류방법은 다음과 같다.
- 국제법과 국내법 : 국제사회의 법/ 국내사회의 법
- 공법, 사법, 사회법 : 국민으로서의 생활관계/ 개인으로서의 관계
- 일반법과 특별법 : 법률의 효력범위
- 실체법과 절차법 : 권리와 의무의 실체, 변동/ 권리와 의무의 실현방법
- 강행법과 임의법 : 법의 적용이 강행적 또는 임의적

하지만, 법을 분류하는 데 있어서 가장 일반적인 방법은 다음과 같이 국내법과 국제법을 나누고, 국내법은 공법과 사법으로 나누는 것이다

국내법   공법 : 헌법, 행정법, 형법, 형사소송법, 민사소송법
              사법 : 민법, 상법, 국제사법
              사회법 : 노동법, 경제법, 사회보장법

국제법

2. 국내법과 국제법

1) 서 론

국제화된 오늘날 국제법과 국내법을 명확하게 구분하는 것은 결코 용이하지 않다. 그럼에도 불구하고 국제법과 국내법을 구분하려는 시도가 계속되고 있는 것은 국제법과 국내법은 여러 가지 면에서 다르다는 생각 때문이다. 국제법과 국내법의 충돌시 어떤 규범에 우위를 인정할 것인가 하는 현실적인 문제도 있다.

2) 학 설

(1) 이원론

국제법과 국내법의 관계와 관련하여 2원론을 정립한 학자는 트리펠(Triepel)과 안칠로티(Anzilotti)이다. 이들에 의하면 국제법과 국내법은 여러 가지 점에서 다르다. 법의 주체에 있어서 국제법의 주체는 국가이지만 국내법의 가장 중요한 주체는 개인이다. 법원에 있어서도 국제법은 주로 국가들의 명시적 또는 묵시적합의에 의해 생성되지만, 국내법은 국내법상의 절차에 따라 제정된다.

2원론자는 국제법과 국내법은 이처럼 여러 가지 점에서 다르고 법이 적용되는 영역도 다르므로 국제법의 국내에의 직접적용이라든가 규범의 충돌은 처음부터 문제가 되지 않는다고 한다. 그러나 이들도 국제법이 상당부분 국내에 적용되는 현실을 외면할 수는 없으므로 변형(transformation)이론을 주장한다. 즉 국제법이 국내에서 적용되려면 국내법으로의 변형절차를 거쳐야 한다는 주장으로 각국은 국내절차에 따라 국내법으로 변형된 국제규범을 국내에서 시행한다는 것이다.

2원론의 가장 큰 문제점은 국제법과 국내법 간의 분리를 지나치게 강조하여 오늘날의 현실에 맞지 않는 데 있다. 국제법과 국내법은 상이한 부분이 있지만, 오늘날 국제법이 국내에서 직접 적용되는 범위가 확대되고 있고 국제법과 국내법의 충돌도 현실적으로 발생하고 있는 것이다.

(2) 국내법우위의 1원론

국내법우위의 1원론은 국내법과 국제법이 하나의 법질서에 속하며 충돌시 국내법에 우월한 지위가 부여되어야 한다는 이론이다.

나치스 독일의 공법학자들(Zorn 부자, Seydel)이 옹호하였던 이 이론은 국제법을 국가의 대외공법으로 격하함으로써 실제로 국제법을 부인하고 제국주의를 정당화하였다. 오늘날 이 이론을 지지하는 국가는 거의 없다.

(3) 국제법우위의 1원론

국제법우위의 1원론은 국제법과 국내법은 하나의 법질서에 속하며 충돌시에는 국제법의 우월성이 인정된다는 이론이다. 켈젠(Kelsen)은 국내법우위의 1원론과 국제법우위의 1원론은 학설상 동등한 가치를 가지나, 국내법우위의 1원론은 제국주의 이론인 데 비해, 국제법우위의 1원론은 세계평화주의로 귀결되므로 도덕적으로 우월하다고 하였다.

(4) 소 결

오늘날의 현실에 비추어 보면 국제법의 우위를 인정할 수 있다. 그러나 그 우위는 절대적이 아니라 상대적인 것이다. 국제법이 국제법에 어긋나는 국내법을 직접 무효화할 수 있다면 국제법의 절대적 우위를 인정할 수 있을 것이다. 그러나 국제사회의 현실은 거기에 미치지 못한다. 국가가 국제법에 반하는 법을 제정하거나 국제법에 반하는 일을 하는 경우 국제사회는 이를 인정하지 않을 수는 있지만, 국제법에 어긋나는 국내법을 무효화하지 못하는 것이다.

3) 국제사회에서 국내법의 지위

국제법은 국내법을 무시할 수 없다. 국제법의 여러 가지 법원들 중에서 관습법과 법일반원칙은 국내법과 밀접한 관련이 있으며, 국내법에 의하지 아니하고는 결정할 수 없는 문제들도 있다.

하지만 국제사회의 일반적인 관행에 의하면 국제법은 국내법보다 우월한 지위를 갖는다. 1919년 국제연맹규약과 1945년 유엔헌장은 전문에서 회원국들에게 국제법 준수의무를 부과하였으며, 1949년 유엔 국제법위원회가 채택한 「국가의 권리와 의무에 관한 선언」(Declaration of Rights and Duties of States)은 "모든 국가는 조약과 기타 국제법에서 나오는 의무를 성실히 이행할 의무를 가지며, 의무 불이행을 변명하기 위하여 자국의 헌법이나 법률의 규정들을 원용하지 못한다."고 하였다. 1969년 조약에 관한 비엔나협약 제27조도 국내법을 원용하여 국제의무를 거부하지 못한다고 하였다.

유엔 회원국들은 안전보장이사회의 결의를 준수해야 할 법적인 의무를 부담하므로 자국의 국내법을 이유로 이를 거부할 수 없다. 유엔 안보리의 각종 제재조치 특히 경제제재와 무력제재는 제재를 받는 국가에게 엄청난 부담을 주게 된다.

국제적인 사법기관들 역시 국가가 국제법에 근거한 청구에 대항하기 위하여 국내법을 원용하지 못한다는 입장을 견지해 왔다. 예를 들어, PCIJ는 1932년 상부사보이 및 젝스자유지역 사건에서 "프랑스가 자신의 국제의무의 범위를 제한하는 데 자신의 법에 의존할 수 없음은 명백하다"고 하였다.

오늘날처럼 고도로 국제화된 국제사회에서는 WTO와 같은 국제기구로부터 배제되는 경우에는 그 자체가 대단한 제재의 효과를 갖는다. 주세제도 사건에서 패소한 우리나라가 우리의 주세법을 WTO의 요구에 맞게 개정한 것이 이를 보여 준다.

4) 국내에서 국제법의 지위

국제법은 국내에 수용되어 직접 적용되기도 하고 국내법으로 변형되어 적용되기도 한다. 국제법이 국내에 직접 적용되는 경우는 당해 조약이 직접 그렇게 규정하거나 각국의 헌법이 그런 입장을 취하고 있는 경우이다. 반면에 변형이란 국제법이 국내법으로 바뀌는 것을 말하는데, 대개는 국제법과 같은 내용의 국내법을 제정하는 방식을 취한다. 미국의 경우에는 사법부가 의회의 이행조치 없이 직접 적용할 수 있는 자기집행적조약(self-executing treaty)과 그러한 조치 없이는 적용할 수 없는 비자기집행적조약(non-self-executing treaty)을 구분한다.

국제법의 국내에서의 효력에 있어서 조약과 관습법은 현실적으로 차이가 있다. 먼저 조약의 경우를 살펴본다. 대부분의 민주주의 국가에서 입법부는 조약의 비준절차에 참여하는바 조약에 대한 비준동의는 입법조치와 유사한 효력을 갖게 되어, 조약은 국제적으로나 국내적으로 동시에 효력을 발생하게 된다. 우리나라 헌법도 대통령이 조약을 비준할 때 중요한 조약에 대해서는 사전에 국회의 동의를 얻도록 하고 있다. 문제는 조약이 국내법체계에서 차지하는 위치이다. 국제법이 국내에서 어떤 지위를 가지는가 하는 것은 대개 각국의 헌법이 규정한다. 국제법의 국내적 효력에 대해서는 우리나라처럼 법률에 준하는 효력을 갖도록 하는 국가들이 있는가 하면, 헌법과 동등한 또는 그 이상의 효력을 가지는 것으로 하는 국가도 있다.

국제관습법의 경우에 영미법에서는 자동적으로 국내법에 편입되게 하는 전통이 있다. "The law of nations is a part of land law"라는 법언에 따라서 영국과 미국에서 국제관습법은 자동적으로 그 국내법의 일부가 된다. 우리나라에서도 국제관습법은 곧 "일반적으로 승인된 국제법규"로서 국내에서 직접 적용되는 것으로 본다.

국내법원의 판사나 변호사들의 국제법 특히 국제관습법에 대한 지식도 국내에서의 국제법의 지위를 결정하는 실질적인 변수가 된다. 각국에서 정치적 성격의 국제문제에 대한 재판을 진행할 때 법관들은 국제법 전문가들의 조언을 고려하는 경우가 많지만 그 범위는 유동적일 수 있다. 국내법원의 판사나 변호사들의 국제관습법에 대한 이해의 부족을 보완하는 방편으로서의 외교담당부서와 국제법전문가의 조언을 듣는 것은 국가에 따라서 그리고 사안의 성격에 따라서 그 결과가 상당히 달라질 수 있기 때문이다.

3. 공법과 사법

1) 서 론

공법과 사법 간의 구분은 오래전 고대 로마 시대부터 이루어져 왔다. 당시 로마인들이 공법과 사법을 구분한 것은 공법관계는 국가권력에 관한 것이므로 법의 영역에서 제외하기 위한 것이었다. 국가권력에 관한 것 즉 공적인 것은 공법이고 개인의 이해관계 관한 것은 사법이라고 한 것이다.

커먼로에서는 공법이 그리고 대륙법계에서는 사법이 먼저 발달하였다. 하지만, 대륙법에서도 사회계약론자의 등장이후 개인의 기본권 보장과 관련하여 공법관계의 발달을 보게 되었다.

국가의 기능과 조직에 관한 법은 공법, 평등을 바탕으로 한 개인 간의 관계에 관한 법은 사법으로 분류된다. 공법과 사법 간의 구분은 법학에서는 일반화된 제도 가운데 하나이었다. 그러나 자본주의 경제가 안고 있는 문제점들이 드러나면서 오늘날 각국은 사회복지국가를 지향하고 있다. 따라서 사법의 공법화 경향이 나타나고 국가가 이전의 사적자치에 속하던 영역에 개입을 확대하면서, 공사법 간의 명확한 구분은 모호해졌고 공법과 사법의 중간적인 성격을 가지는 사회법의 등장도 보게 되었다(근로기준법, 독과점규제법, 사회보장법).

2) 공사법 구분에 관한 학설

공사법 구분의 필요성을 인정하되, 그 근거에 대해서는 다양한 학설들이 있다.
- 이익설 : 공익을 보호(공법), 사익을 보호(사법)
- 법률주체설 : 법률주체의 양쪽/한쪽이 국가 또는 공공기관(공법), 양자모두 사인(사법)
- 법률관계성질설 : 법률관계가 지배·종속·수직관계(공법), 법률관계가 평등한 수평관계(사법)
- 생활관계설 : 생활관계가 공적인 생활관계(공법), 개인적인 생활관계(사법). 푸흐타(Puchta)는 사람이 국가의 구성원이란 자격에서 적용되는 법규칙은 공법이고 개인 자격에서 적용되는 법규칙은 사법이라 하였다.

반면에 공사법 구분의 필요성을 부인하는 입장도 있다. 뒤기(Duguit), 켈젠(Kelsen), 르나르(Renard) 등은 각각 근거를 제시하면서 공사법 간의 구분을 반대하였다. 특히 공산주의 체제는 사법 영역의 대부분을 부인하므로 공사법 구분에 반대하는 입장이라고 할 수 있다.

공사법의 구분을 주장하는 학자들의 다양한 주장에도 불구하고 공법과 사법 간의 구분에 관한 권위있는 기준은 아직 정해지지 않았다. 따라서 공사법 구분에 관한 각국의 관행과 학자들이 제시된 기준과 학설들을 수렴하여 법의 공사법 여부를 판단한다.

이런 가운데 자본주의가 안고 있는 사회적인 문제들에 대처하기 위하여 등장한 법분야인 사회법의 등장을 주목할 필요가 있다. 공법과 사법의 중간영역에 속하는 사회법에는 노동법(노동자의 경제적·사회적 지위와 근로기준 향상에 관심), 경제법(대기업에 의한 독점규제 등에 관심), 사회보장법(소득의 재분배를 위한 연금 및 의료보험 등에 관심) 등이 속한다.

3) 공법과 사법의 특징

공법과 사법은 그 역사적 배경이 다르다. 전통적으로 영미법에서는 공법을 중심으로 대륙법에서는 사법을 중심으로 법의 발달이 이루어졌다.

공법과 사법은 법률관계를 지배하는 정신과 원칙에 차이가 있다. 사법관계에서는 개인들의 자유로운 법률관계 창설과 사적의사 자치의 원칙을 중시한다. 반면에 공법관계에서는 국가권력의 남용방지 억제와 개인의 기본권 보장을 위하여 법률관계를 엄격히 규제하며 개인의 자유가 상대적으로 제한되는 경우가 많다는 특징이 있다. 하지만 오늘날에는 공법에 사법의 원칙이 그리고 사법에 공법의 원칙이 적용되는 경우가 증가하고 있다.

제4절 법 원(법의 연원)

1. 서 론

옛날에 사람들은 주로 관습을 따라 살았고 법은 미분화 상태에 있었다. 하지만 오늘날 우리는 과도한 규범이 존재하고 규범들은 분화된 상태에서 살아가고 있다. 따라서 어떤 법적인 문제를 해결하려면 먼저 우리가 필요로 하는 법이 어느 곳에 있는지 찾아보아야 한다. 법원이란 법의 존재형식이라고 정의하지만, 현실적으로는 필요한 법규칙을 찾아내는데 관한 것이다.

법원은 실질적 법원(법규칙 형성의 실질적인 근원인 사회적 가치 등)과 형식적 법원으로 나눈다. 그러나 일반적으로 법원이라 함은 법의 형식적 법원 즉 어떤 법이 구체적으로 어느 곳에 어떻게 존재하는지 알아보는 것이다. 다시말하면 법의 존재형태 또는 존재형식에 관한 것이다.

법원 가운데 헌법, 법률, 명령, 조례, 규칙 등은 성문법원이지만, 관습법 및 판례법과 같은 불문법원도 존재한다.

2. 성문법원

(1) 헌 법

헌법이란 국가기관의 조직과 작용, 상호 간의 관계, 국가와 국민의 관계, 국민의 권리와 의무에 관한 기본원칙을 정한 국가의 기본법으로, 국회의 의결과 국민투표 등을 거쳐 제정·개정된다.

헌법은 국내 최고의 규범으로 다른 국내법규보다 우월한 효력을 가진다. 법의 단계적 구조로 헌법에 위배되는 법률, 명령 또는 규칙은 헌법재판소 또는 법원에 의한 심사를 거쳐서 무효화될 수 있다.

(2) 법률

정부나 국회가 제출한 법률안을 국회가 심의하고 의결한 후 대통령이 이를 공포하여 제정된다. 법률은 국민의 대표기관이 제정하므로, 국민의 의사로 간주된다.

법률은 헌법보다는 하위법이나 명령 등 보다는 상위규범이다.

(3) 명령과 규칙

명령이란 입법부가 스스로 입법을 하지 않고 다른 기관(행정부)에게 입법을 위임하는 경우, 그 기관이 그러한 권한에 의하여 제정하는 성문법규를 말한다. 명령에는 대통령령, 총리령, 부령이 있다. 명령은 법률보다 하위규범이다. 법률에 특별한 규정이 없는 한 헌법상의 입법사항을 규정할 수 없으며, 명령에 의하여 법률을 개폐하지 못한다.

규칙이란 자율성을 보장받아야 하는 국가기관이 소관사무에 관하여 법률에 저촉되지 않는 범위 내에서 제정하는 내부규율과 사무처리에 관한 규범이다. 국회규칙, 대법원규칙, 헌법재판소규칙, 중앙선거관리위원회규칙 등이 있다.

(4) 자치법규

자치단체가 법률에 의하여 인정된 자치권의 범위 안에서 제정한 법규를 말한다. 그 중에서 조례는 지방자치단체가 지방의회의 의결을 거쳐 제정한 규범이며, 규칙은 지방자치단체의 장이 법령 또는 조례가 위임한 범위 안에서 그 권한에 속하는 사무에 관하여 제정한 규범이다.

(5) 조약

조약(treaty)이란 국가나 국제기구와 같은 일부 국제법 주체 간에 이루어진 명시적인 합의이며, 이들은 법적인 성격을 갖는다. 조약법에 관한 비엔나협약은 "조약이라 함은 단일의 문서에 또는 2 또는 그 이상의 관련문서에 구현되고 있는가에 관계없이 또한 그 특정의 명칭에 관계없이, 서면형식으로 국가 간에 체결되고 국제법에 의하여 규율되는 국제적 합의를 의미한다"고 하였다. 조약은 일반적으로 교섭, 서명, 비준, 효력발생으로 이어지는 단계를 거쳐 체결되는데, 이러한 절차는 각국의 법률 제정절차와 매우 유사하다. 체결된 조약은 국내법상 법률과 유사한 효력을 가지는 경우가 많다.

오늘날에는 보편적 적용을 목적으로 하는 다자조약(multilateral treaty)이 빠르게 증가하고 있다. 2000년 코피아난(Kofi Annan) 유엔사무총장은 전세계 국가들에게 25개 주요 다자조약을 비준할 것을 권고한 바 있다. 유엔 창설이래 다수의 다자조약이 유엔에 기탁되었는데, 그 25개 다자조약은 꼼꼼한 교섭의 결과 채택된 것으로 국가적·지역적·경제적 이익의 균형을 세심하게 고려하였다고 하였다. 이들 다자조약들은 인권, 인도주의, 환경, 군축, 국제범죄, 마약, 무역, 교통 등 거의 모든 인간활동을 커버하는 포괄적인 국제법 제도에 관한 것으로 간주되었다.

3. 불문법원

(1) 관습법

관습법은 '법으로 인정되는 일반적인 관행'(a general practice accepted as law)의 성립 바꾸어 말하면 어떤 관행을 따르는 것이 법적인 의무로 인식될 때 형성된 것으로 본다. 객관적인 조건은 관행의 성립에는 일반적으로 사회의 많은 구성원들의 장기간의 참여와 반복된 행위가 필요하다. 그러나 이러한 공간적·시간적 조건은 가변적인 것이어서, 얼마나 많은 주체들이 그러한 관행을 따르는가 하는 것 못지않게 특별한 이해관계를 가지고 있는 주체들의 실행이 중요하다. 특히 지역관습법 또는 특별관습법의 경우에는 당해 사안에 관련되어 있는 주체들의 참여가 중요하다.

심리적 요소인 '법적 인식'(opinio juris)이란 어떤 관행을 따라야 한다는 법적인 의무감을 말하며 관행과 함께 관습법 형성에 필수적인 요소이다. 그런데 법적 인식이란 심리적인 상태를 말하며 주관적인 것이어서 객관적인 판단이 곤란하다.

일반적으로는 관행이 확고하게 성립된 경우에는 심리적인 요소, 즉 법적 인식도 존재하는 것으로 본다. 이는 국제사회에서도 마찬가지 이어서 국제사법재판소는 '인도영토 통행권 사건'에 대한 판결에서 분쟁당사국 간 관계를 규율하는 확고한 관행이 있는 경우에는 그 관행에 당사국간 권리와 의무를 결정하는 '결정적 효과'(decisive effect)를 부여한다고 하여, 관행이 확고한 경우에는 그것만으로도 법적인 효과를 인정할 수 있다고 하였다.

국내법 질서에서 관습법은 성문법을 보충하는 정도의 효력을 가진다. 우리나라 국내법에서도 관습법은 성문법의 보충적인 효력을 갖는다. 우리 민법은 "민사에 관하여 법률에 규정이 없으면 관습법에 의하고 관습법이 없으면 조리에 의한다"(민법 제1조)고 하였다. 반면에 상법은 "상사에 관하여 본법에 규정이 없으면 상관습법에 의하고 상관습법이 없으면 민법의 규정에 의한다"(상법 제1조)고 하였다. 한편 형법에서는 죄형법정주의 원칙으로 인하여 관습형법의 적용은 금지된다.

국제법의 법원 간에는 효력상 상하가 없기 때문에, 국제법에서 조약과 관습법은 원칙적으로 동등한 효력을 가진다. 따라서 양자 간에 충돌이 있을 때에는 신법우선원칙이나 특별법우선원칙 같은 일반적인 규범충돌 해결방법에 의해 해결한다.

(2) 판례법

법원이 일정한 법률문제에 대해서 동일한 취지의 판결을 함으로써 형성되는 법규범을 말한다. 대륙법계의 경우에는 일반적으로 선례구속의 원칙이 인정되지 아니하므로(기판력 상대성의 원칙), 영미법계의 경우와는 달리 원칙적으로 판례법이 설 자리는 매우 협소하다. 그러나 대륙법계에서도 상급법원의 판례는 사실상 구속력을 갖는다. 법원의 심급제도로 인하여 상급법원의 재판상의 판단은 당해 사건에 관해

하급심을 구속하며, 최고법원은 판례의 일관성과 법의 안정을 유지하기 위하여 판례변경을 주저한다. 판례는 엄격한 의미에서 법원이 될 수가 없으나, 실질적으로 하나의 법원으로 작동하고 있는 것이다.

국제사법재판소(ICJ) 규정 제59조는 재판소의 판결은 당사자와 당해 사건에 대해서만 강제력을 갖는다고 하여 선례구속의 원칙을 인정하지 아니한다는 입장을 분명히 하였다. 하지만 국제사법재판소 등 국제법원과 재판소도 과거의 판례의 취지를 중시하는 경향이 있다. 국제적인 사법기관들의 판결은 국제법 문제들에 대한 결정이므로 법에 대한 매우 설득력 있는 증거가 되며, 특히 국제사법재판소의 판결은 대단한 무게를 갖는다. 더구나 판결과 같은 결정들이 재판관 대부분의 찬성으로 이루어진다면 그 법적 의미는 한층 강화될 것이다.

(3) 조리

조리란 인간의 건전한 상식으로 판단할 수 있는 사물의 이치 또는 사물의 본질적 법칙으로 인간의 이성에 도출되는 사회 공동체 생활에 필요한 규범이다. 이러한 조리가 법의 흠결시 최종적인 판단기준이 된다. 법관은 법의 흠결을 이유로 재판을 거부할 수는 없는바, 이때에 조리가 활용되는 것이다. 즉 어떤 사건에 관하여 재판기준이 될 제정법이나 관습법, 판례 모두가 존재하지 않는 경우에 법적판단의 기준이 된다. 우리 민법도 민사에 관하여 법률에 규정이 없으면 관습법에 의하고, 관습법이 없으면 조리에 의한다고 하였다. 조리의 구체적 내용은 결국 법원(법관)에 의하여 판단되나 일반적으로 공서양속, 신의성실, 비례의 원칙, 평등의 원칙 등이 여기에 속하는 것으로 본다.

제5절 법의 해석

1. 서 론

대개 법규정은 일반적이고 추상적인 개념들로 이루어진 문장으로 구성되어 있다. 이러한 법규정을 사회에서 발생하는 구체적인 사건에 적용하려면 법규의 내용을 보다 구체화하고 명확히 해야 한다. 법의 해석이란 이처럼 일반적이고 추상적인 법률용어와 법률문장을 구체적인 사실에 적용할 수 있게 밝히는 것이다.

법의 해석은 법의 적용에 있어서 다음과 같은 역할을 수행한다. 첫째, 법률용어는 아무리 쉽게 만들어도 그 의미가 불분명한 경우가 있으므로 그 의미를 밝히는 작업이 필요하다. 입법자가 장차 발생할 수 있는 모든 분쟁을 예상하여 미리 관련 규정을 법에 도입하는 것은 불가능하므로 법의 해석이 필요한 것이다. 또한 법률용어는 그 의미가 일생생활에서 사용하는 같은 말의 의미와 다른 경우가 종종 있으며, 때로는 일상생활에서는 접하기 어려운 용어를 사용하기도 한다(예를 들면, 선의와 악의 등). 둘째, 법규칙을 사회변화에 적응하도록 하는 역할도 한다. 입법자가 법을 제정할 때 미처 예상하지 못한 상황이 발생할 수도 있고, 법이 제정된 후 사회변화와 사회가치의 변화로 인하여 법을 그대로 적용하는 것이 곤란한 경우도 있다. 법해석은 이런 경우에 사회변화에 적합하게 법규정의 의미를 밝히고 조정하는 역할을 한다.

2. 해석주체에 따른 분류

법의 해석 주체에 따라서 유권해석과 학리해석으로 나눈다. 유권해석이란 국가기관에 의한 해석이며, 학리해석이란 주로 학자들에 의한 해석이다.

(1) 유권해석

유권해석은 국가기관에 의한 해석인데, 입법해석은 입법기관이 입법권에 근거하여 법규정을 통하여 일정한 법규정이나 법개념을 해석하는 것이다. 이는 당해 법령속에 규정할 수도 있고 시행세칙 같은 부속법규에 규정하는 경우도 있다. 민법이 "본 법에서 물건이라 함은 유체물 및 전기 기타 관리할 수 있는 자연력을 말한다"고 한 것이 그러한 예이다.

행정해석은 행정기관이 법의 집행을 위하여 행하는 법해석이다. 행정관청은 법의 집행을 위하여 법규정의 의미를 밝히거나 하급관청의 질의에 대한 회답을 통해 법을 해석한다.

사법해석은 사법기관이 법을 적용하는 과정에서 그 재판권에 근거하여 행하는 법에 대한 해석이다. 사법해석은 법을 구체적인 소송사건에 적용하기 위하여 법원 등에서 해석하는 것으로, 그 현실적인 필요와 권위에 비추어 볼 때 매우 중요하다. 특히 국내법에 대한 해석에서 대법원 등 상급법원의 해석은 매우 중요하다.

▶ 국제법에서 조약에 대한 해석은 일차적으로 각 조약당사국에 의하여 이루어지며, 사건이 국제법원이나 재판소에 제기되면 국제적인 사법기관에 의한 해석도 이루어진다.

(2) 학리해석

학리해석 또는 학문적 해석은 국가기관이 아닌 법학자들이 학문적인 입장에서 행하는 것이다. 이는 유권해석과는 달리 직접적인 구속력은 없으나 간접적으로 유권해석에 영향을 미치고 그 기초가 되므로 중요하다.

3. 법의 해석방법

법의 해석 방법과 관련해서는 대체로 3개의 입장이 주장되어 왔다. 첫째는 객관적(objective) 방법인데, 이것은 법률용어에 대한 해석을 중요시하는 문언해석과 법조문 전체의 맥락에서 그 의미를 파악하고자 하는 논리해석으로 나누어 볼 수 있다. 둘째는 법을 제정한 입법자의 의사를 중요시하는 주관적 해석이다. 셋째는 법의 목적과 목표를 중요시하는 목적론적(teleological) 해석이다.

문언해석이란 법규정의 문언을 충실하게 해석하는 것이다. 문자가 가지는 일반적 또는 특별한 의미에 따라서 법을 해석하는 것이다(예를 들어서, 헌법이 말하는 "모든 국민은 주거의 자유를 침해받지 아니한다"고 할 때, 텐트는 일반적으로 말하는 주택에 속하지는 아니하지만, 헌법에서 말하는 주거에 해당). 하지만, 법조문에 사용된 용어가 일반적인 의미가 아니거나 전문적인 용어를 사용한 경우에는 그에 대한 해석이 필요하다. 예를 들면, 민법 제11조는 사기나 강박에 의한 의사표시는 취소할 수 있지만, 그러한 의사표시의 취소는 선의의 제3자에게 대항하지 못한다. 여기에서 선의(善意)의 일반적 의미는 좋은 의도 같은 것을 의미하나, 어떤 사정을 알지 못하는 것을 의미하며, 악의(惡意)란 일반적으로는 나쁜 의도를 말하지만 어떤 사정을 알고 있는 것을 의미한다.

논리해석은 법조문 전체의 맥락에서 그 의미를 파악하는 것으로, 어떤 용어의 의미도 그러한 맥락에서 이해한다. 기술적으로는 확대해석, 축소해석, 반대해석, 유추해석 등의 방법이 사용된다.

주관적 해석은 법규정을 해석하는데 있어서 입법자의 의사를 고려해야 한다는 입장이다. 이를 위해서는 입법과정에서 활용된 초안, 전문가보고서, 의사진행기록 등을 활용한다.

목적론적 해석이란 법의 해석에 있어서 그 목적을 중요시하는 입장이다. 법은 효율적이고 유용하게 다시 말하면 그 모든 부분이 어떤 목적과 목표를 달성하는 데 적합하게 해석되어야 한다는 것이다. 모든 법규정은 어떤 의미를 가지도록 의도된 것이므로 법을 비효율적이거나 무의미한 것으로 해석하는 것은 잘못된 것이며, 법령의 목적 달성을 어렵게 하는 해석 역시 잘못된 것이라고 보기 때문이다.

법의 해석에 관한 입장 중에서 가장 중요한 것은 문언해석이다. 법관이 자의로 법의 목적을 추측하여 자유롭게 법을 해석하면 입법자의 의도가 훼손될 수도 있기 때문이다. 그렇지만 보다 정확한 해석을 위해서는 사용된 언어에서부터 목적까지 법의 모든 것을 고려해야 하는 경우도 있다. 따라서 상기한 3개의 방법은 배타적인 것이라기보다는 상호간에 보완적인 것이라고 할 것이다.

법해석에 관한 새로운 주장들이 있다. 개념법학에서는 법은 빈틈이 없기 때문에 모든 법적인 문제를 법의 범위 내에서 해결할 수 있다고 보았다. 그러나 그렇게 폐쇄된 상태에서 법을 문언적·논리적 방법에 의해서만 해석하고자 한다면 사회생활에 부적절하거나 시대에 뒤떨어진 결정이 이루어질 가능성이 커진다.

따라서 법원의 역할은 법의 기계적인 해석과 적용을 넘어서 다소 창조적인 작업이 되어야 한다는 주장들이 나타났다. 아리스토텔레스의 교정적 형평의 역할에 관한 주장이 그러한 것이며, 재판관은 경직된 논리나 선례를 넘어서 필요에 의해 법을 선택하고 해석하며 적용해야 한다는 독일에서의 자유법운동과 미국에서의 법현실주의 주장이 그러한 것이다. 법규의 맹목적인 숭배를 배격하고 법규를 객관적 정당성, 사회적 가치(도덕, 윤리), 사회적 이익과 결과 등을 고려하여 법관이 보다 자유롭게 해석할 수 있어야 한다는 것이다.

4. 결 론

법규정은 일반적이고 추상적일 수 밖에 없다. 법의 해석이란 이처럼 일반적이고 추상적인 법규를 구체적인 사실에 적용할 수 있게 명확히 하는 것으로, 법규정의 문언과 논리, 입법자의 의사와 법의 목적 등을 고려하여 해석해야 한다. 물론 문언해석이 가장 중요하기는 하다.

오늘날 법의 해석에 있어서 주목을 받고있는 '효율성의 원칙'(principle of effectiveness)을 고려할 필요가 있다. 모든 법은 효율적이고 유용하게 즉 법의 모든 부분이 그 목적과 목표의 달성에 적합하게 해석되어야 한다는 것이다.

참고로 국제법에서 중요한 다자조약인 "조약법에 관한 비엔나협약" 제31조도 조약해석의 일반원칙에 대해서 규정하면서, "조약은 조약문의 문맥 및 조약의 대상과 목적으로 보아 그 조약의 문면에 부여되는 통상적 의미에 따라 성실하게 해석되어야 한다"고 하였다. 국제조약의 해석도 관련 규정의 문언, 논리, 목적 등을 고려하여 해석하여야 한다는 의미이다. 아울러 조약의 준비문서와 체결시의 사정 등 보충적 수단을 고려하기도 한다.

제4장 헌 법

제1절 헌법서론
제2절 기본권론
제3절 통치구조

제1절 헌법서론

1. 헌법이란 무엇인가?

　헌법이란 국가형태와 통치기구 등 국가의 기본조직 및 작용에 대한 기본질서 및 국민의 기본적 권리와 의무 등을 규정한 국가의 기본법이다. 오늘날 민주국가의 헌법은 대부분 국가의 통치구조와 국민의 기본권 권리와 자유에 관한 규정들을 담고 있다.
　국가의 통치구조와 국민의 권리에 관한 규정을 가진 국가의 기본법을, 그것이 성문화된 법이던 불문법 상태에 있는 법이던, 헌법이라고 한다면, 그러한 의미에서의 헌법은 모든 국가에게 존재하였다고 할 수 있다. 그러나 루소와 로크 등의 사회계약설을 이론적 기반으로 프랑스혁명과 미국 독립선언 등에서 시작되어 보편적으로 수용된 근대입헌주의 헌법은 천부적인 기본권 사상에 입각하여 개인의 자유와 권리의 보장 및 권력분립에 의한 국가권력 남용 억제를 위한 제도들을 도입하였다.
　한편, 독일 바이마르헌법 이후 오늘날 각국의 헌법은 자본주의 제도의 모순을 해결하고 불평등에 따른 문제점을 해결하기 위해서 현대복지국가 헌법을 채택하였는바, 복지국가를 지향하며 국민의 사회적 기본권을 강화하는 등 소위 경제적 민주화를 위한 규정들을 도입하였다.
▶ 헌법은 존재형식에 따라서 성문헌법과 불문헌법으로 나눈다. 2004년 헌법재판소는 우리나라 수도가 서울인 것은 관습헌법이라고 하였다. 관습헌법은 헌법사항에 관한 관습법을 의미하는바, 관습헌법은 헌법개정을 통해서만 수정될 수 있다. 따라서 헌재는 '신행정수도건설을 위한 특별조치법'은 위헌이라고 하였다.
▶ 헌법은 개정절차의 난이도에 따라서 경성헌법과 연성헌법으로 나누기도 한다.

2. 우리 헌법의 기본원리

(1) 헌법전문과 법적성격
　헌법전문은 헌법의 본문 앞에 위치한 서문으로, 우리 헌법 전문은 다음과 같다.
"유구한 역사와 전통에 빛나는 우리 대한국민은 3·1운동으로 건립된 대한민국임시정부의 법통과 불의에 항거한 4·19민주이념을 계승하고, 조국의 민주개혁과 평화적 통일의 사명에 입각하여 정의·인도와 동포애로써 민족의 단결을 공고히 하고, 모든 사회적 폐습과 불의를 타파하며, 자율과 조화를 바탕으로 자유민주적 기본질서를 더욱 확고히 하여 정치·경제·사회·문화의 모든 영역에 있어서 각인의 기회를 균등히 하고, 능력을 최고도로 발휘하게 하며, 자유와 권리에 따르는 책임과 의무를 완수하게 하여, 안으로는 국민생활의 균등한 향상을 기하고 밖으로는 항구적인 세계평화와 인류공영에 이바지함으로써 우리들과 우리들의 자손의 안전과 자유와 행복을 영원히 확보할 것을 다짐한다."

우리나라 헌법전문은 건국이념을 밝히고, 국민주권주의, 자유민주적 기본질서, 기본권 존중, 국제평화주의, 복지사회 구현을 그 원리로 제시하였다. 헌법 전문에 대해서는, 이견은 있으나, 최고규범성을 가지고 법해석의 기초가 된다고 본다. 헌법재판소는 우리 헌법의 전문과 본문에 담겨 있는 최고이념은 국민주권주의와 자유민주주의에 입각한 입헌민주헌법의 기본원리에 입각해 있다고 하면서, 이는 헌법 등 법령해석의 기준이 되고 입법형성권 행사의 기준이 된다고 하였다.

(2) 기본원리

첫째, 국민주권주의이다. 헌법 제1조 1항은 "대한민국은 민주공화국"이라고 하였으며, 2항은 "대한민국의 주권은 국민에게 있고, 모든 권력은 국민으로부터 나온다" 하였다.

둘째, 권력분립의 확립이다. 권력의 분립과 권력 간의 견제와 균형을 통하여 국민의 기본권을 보장한다.

셋째, 법치주의 확립이다. '법의 지배'(rule of law)란 말로 대변되는 원리로, 국가권력의 행사는 정당하게 수립된 헌법과 법률에 따라서 이루어져야 한다는 것이다. 법치주의는 국민의 기본권 보호를 위한 필수적인 장치이다.

넷째, 사회복지국가를 지향한다. 사유재산제와 시장경제질서의 유지가 중요하지만, 그로 인한 사회적 불평등과 갈등을 방지하고 국민에게 최소한의 생존권을 보장하기 위하여 국가가 개입한다. 근로와 교육 및 노동3권 등 사회적 기본권을 인정하여 복지국가를 지향한다.

다섯째, 문화국가를 지향한다. 전문은 국가는 민족문화와 전통문화를 육성하고, 국민들게 학문과 예술의 자유를 보장하는 등 문화와 관련된 기본권을 인정한다고 하였다.

여섯째, 국제평화를 추구한다. 전문은 "밖으로는 항구적인 세계평화와 인류공영에 이바지"한다고 하였다. 본문 제5조 1항은 "대한민국은 국제평화의 유지에 노력하고 침략적 전쟁을 부인한다."고 하였다. 평화통일의 원칙과 국제법존중의 원칙도 여기에 포함된다고 본다.

3. 헌법의 기본제도

1) 정당제도

(1) 의의와 기능

정당(political party)이란 "국민의 이익을 위하여 책임있는 정치적 주장이나 정책을 추진하고 공직선거의 후보자를 추천 또는 지지함으로써 국민의 정치적 의사형성에 참여함을 목적으로 하는 국민적 자발적 조직"이다(정당법 제2조). 정당은 정치권력의 획득을 목표로 하고 공공성을 추구하는 이익단체이며, 국민의 정치적 의사형성에 있어서 중요한 역할을 한다.

(2) 정당의 설립과 활동

헌법 제8조의 정당에 관한 규정은 다음과 같다. ①정당의 설립은 자유이며, 복수정당제는 보장된다. ②정당은 그 목적·조직과 활동이 민주적이어야 하며, 국민의 정치적 의사형성에 참여하는데 필요한 조직을 가져야 한다. ③정당은 법률이 정하는 바에 의하여 국가의 보호를 받으며, 국가는 법률이 정하는 바에 의하여 정당운영에 필요한 자금을 보조할 수 있다.

(3) 정당의 해산과 등록취소

헌법 제8조 4항은 "정당의 목적이나 활동이 민주적 기본질서에 위배될 때에는 정부는 헌법재판소에 그 해산을 제소할 수 있고, 정당은 헌법재판소의 심판에 의하여 해산된다."고 하였다.

정당해산 제소는 정부가 하며 국무회의 심의를 거쳐야 하고, 헌재 재판관 9인 중 6인 이상의 찬성으로 정당은 해산된다. 정당이 해산되면 해산된 정당의 소속의원은 의원직을 상실한다. 한편 정당은 5개 이상의 시도정당을 가져야 하고, 시도당은 1000명 이상의 당원을 가져야 하는바, 이러한 요건을 갖추지 못하면 등록이 취소된다.

2) 선거제도

선거(election)란 유권자들이 그 대표자를 선발하는 행위이다. 선거의 기본원칙에는 다음과 같은 것이 있다.
① 보통선거 : 국민으로서 일정한 연령에 도달한 사람은 재산 성별 신분에 관계없이 누구나 선거권을 갖는다.
② 평등선거 : 누구나 한 표를 행사하며, 표의 등가성이 보장된다.
③ 직접선거 : 선거인이 직접 후보자에게 투표하며, 선거일에 투표소에 갈 수 없는 사람은 사전투표제도 활용
④ 비밀선거 : 선거인이 누구에게 투표하였는지 알 수 없게 비밀을 보장한다.
⑤ 자유선거 : 선거인이 외부의 간섭이나 강제없이 자신의 선거권을 자유로이 행사해야 한다. 일부 국가에서는 벌금형 등을 통하여 의무선거제를 운용하고 있다.

참고로 선거구제도에는 소선거구, 중선거구, 대선거구가 있으며, 대표제에는 다수대표제, 소수대표제, 비례대표제, 직능대표제가 있다.

▶ 〔헌재 2001.7.19. 2000헌마91〕 헌법재판소는 비례대표의원 선거의 경우 유권자의 별도의 의사표시 즉 정당명부에 대한 별도의 투표가 있어야 함에도, 당시의 제도는 정당명부에 대한 투표가 별도로 없어서 직접선거 원칙에 어긋난다고 하여 공직선거법 제146조 2항이 위헌임을 결정하였다.

3) 공무원제도

공무원은 직간접으로 국민에 의해서 선출되거나 임용되어 국가 또는 지방자치단체와 공법상의 근로관계를 맺고 공공업무를 담당하는 자이다. 헌법 제7조 1항의 규정대로 "공무원은 국민전체에 대한 봉사자이며, 국민에 대하여 책임을 진다."

우리 헌법은 직업공무원 제도를 규정하고 있다. 헌법 제7조 2항은 "공무원의 신분과 정치적 중립성은 법률이 정하는 바에 의하여 보장된다."고 하였다. 이는 공무원은 정권교체에 관계없이 그 신분이 보장되며 정치적 중립도 보장되도록 한 것이다. 그 외에 엽관주의를 배제하고 성과에 따라서 대우를 받도록 하는 것도 중요하다.

공무원의 기본권은 일부 제한된다. 공무원은 일반 국민에 비해 높은 수준의 법령준수의무, 성실의무, 정치적 중립의무가 적용되며, 노동3권도 제한된다. 공무원은 정당가입이 제한되고, 정치활동이 제한되며, 선거운동이나 선거에 영향을 미치는 일을 할 수 없다.

4) 지방자치제도

지방자치란 일정한 지역을 단위로, 지역주민이, 자신의 책임 하에, 자신들이 선출한 기관을 통하여 정책을 결정하고 집행하는 제도이다. 지방자치단체는 주민의 복리에 관한 사무를 처리하고 재산을 관리하며, 법령의 범위 안에서 자치에 관한 규정을 제정할 수 있다(헌법 제117조 1항).

헌법은 "지방자치단체의 종류는 법률로 정한다."고 하였다(동조 2항). 지방자치법은 일반 지방자치단체로 특별시, 광역시, 도, 제주특별자치도, 세종특별자치시(이상 광역자치단체), 시군구(기초자치단체)를 두었다. 그리고 특별지방자치단체로 시도단위에 교육감을 둔다. 지방자치단체의 장은 주민들의 선거로 선출되며, 임기는 4년이고 연임은 3기에 한한다. 지방자치단체에는 의회를 둔다.

지방자치단체의 업무와 권한에는 다음과 같은 것이 있다.
- 자치행정권: 고유사무(주민복리 사무)/ 위임사무(국가나 상급자치단체가의 위임사무)
- 자치재정권
- 자치입법권 : 법령의 범위 안에서 조례(지방의회)와 규칙(자치단체장) 제정

4. 헌법의 제정과 개정

1) 헌법의 제정

헌법의 제정이란 헌법사항을 성문헌법화 하는 행위를 말한다. 국가의 기본법인 헌법을 창조하는 권력인 헌법제정권력에 관한 논의가 있었는데, 시에예스(Sieyes)는 「제3신분이란 무엇인가」에서 헌법제정권력을 논하면서 결국 그것은 국민에게 속한다고 하였다.

2) 헌법의 개정

성문화된 헌법 규정이 현실과 괴리되는 현상을 극복하기 위해서는 일차적으로 당해조항을 유연하게 해석하여 규범과 현실 간의 조화를 모색한다. 그러나 그러한 간극을 메우는 것이 곤란해지면 결국 헌법 조항의 일부 또는 전체를 수정하게 된다.
헌법의 개정절차는 다음과 같다.
① 발의 : 헌법개정은 국회재적의원 과반수 또는 대통령의 발의로 제안된다. 단, 대통령의 임기연장 또는 중임변경을 위한 헌법개정은 그 헌법개정 제안 당시의 대통령에 대하여는 효력이 없다.
② 공고 : 제안된 헌법개정안은 대통령이 20일 이상의 기간 이를 공고하여야 한다.
③ 국회의결 : 국회는 헌법개정안이 공고된 날로부터 60일 이내에 의결하여야 하며, 국회의 의결은 재적의원 3분의 2 이상의 찬성을 얻어야 한다.
④ 국민투표 : 헌법개정안은 국회가 의결한 후 30일 이내에 국민투표에 붙여 국회의원선거권자 과반수의 투표와 투표자 과반수의 찬성을 얻어야 한다.
⑤ 헌법개정안이 과반수의 투표에 과반수의 찬성을 얻은 때에는 헌법개정은 확정되며, 대통령은 즉시 이를 공포하여야 한다.

5. 대한민국의 구성요소(헌법의 적용범위)

1) 서 론

국가는 국내법은 물론 국제법에서도 중요한 실체이지만 추상적인 것이어서 이를 명확하게 정의할 수 없다. 그러나 일반적으로 국가란 일정한 국민, 영토, 주권을 가진 실체를 의미한다. 한편, 국제법에서는 한 국가 내에서 통치권을 행사하는 실효적인 정부를 그 조건으로 추가한다. 우리 헌법에서 국민, 영토, 주권의 의미를 검토해 본다.

법이란 규범은 대개 한 국가에 의해 제정되고 집행된다. 또한 법의 효력은 원칙적으로 법을 제정한 국가의 영역에 미치므로, 법에서도 국가는 매우 중요한 존재이다. 국내법에서 국가를 대표하는 정부는 가장 중요한 법주체이기도 하다.

국가는 국제사회에서도 가장 중요한 행위자이다. 국제법은 주로 국가들의 권리와 의무를 규율하기 때문이다. 국가는 가장 중요한 국제법의 창설자이며, 이를 시행하는 주체이기도 하다.

2) 국 민

국민이란 국가의 인적 구성요소로서 국가에 소속된 개개의 자연인을 말하지만 이들은 전체로서 국민을 구성한다. 민주주의 국가에서 주권은 국민에게 있으므로 국민은 국가의 가장 중요한 구성요소이다.

누가 어떤 국가의 국민인가 하는 것은 그 사람의 국적에 의해 판명된다. 각국은 헌법 또는 관련 국내법을 제정하여 자국의 국적을 부여하기 위한 조건을 독자적으로 정한다. 국민과 구별되는 개념들이 있다. 주민은 일정한 지역에 거주하는 모든 사람(국민과 외국인을 포함)을 말한다. 민족은 남들과 구별되는 문화적 공통사항을 분모로 상호간에 전통적으로 연결되어 있다고 스스로 생각하는 사람들 또는 다른 사람들에 의해 그렇다고 인정되는 사람들이다. 민족은 역사, 언어, 민족, 문화적 동질성 등 객관적 요소와 민족성 등 주관적 요소의 결합으로 인정되는 사회적 공동체이다.

출생시 국적취득에 관해서는 두 가지 입장이 있다. 속인주의 또는 혈통주의에서는 국적부여에 있어서 부모의 혈통을 중요시한다. 우리나라가 취하고 있는 입장이다. 반명에 속지주의 또는 출생지주의에서는 출생지를 중시하는데, 미국과 남미국가들이 이를 취하고 있다. 하지만 각국의 국적법은 양자 중 하나만을 채용하기보다는 양자를 적절히 절충하는 방식으로 다중국적자와 무국적자의 발생을 최소화한다.

출생후 국적취득방법으로는 혼인, 인지, 귀화 등이 있다. 인지란 혼인외의 출생자를 사실상의 부모가 자기의 자녀임을 확인하여 법률상 친자로 받아들이는 것이며, 귀화란 외국인이 일정한 조건을 갖추어 한 국가의 국적을 취득하는 것이다. 오늘날에는 이민에 의한 국적변경도 상당히 흔한 일이 되었으며, 난민 문제의 궁극적인 해결도 상당부분 어떤 국가의 국적부여로 해결될 수밖에 없는 부분이 있다.

우리나라의 국적법은 '속인(屬人)주의' 원칙을 채택하고 있다. 국적법 제2조 제1항 제1호는 '부모양계혈통주의'를 표방하고 있는바, 출생 당시 부모 중 어느 한 사람이라도 한국 사람이면 그 자녀는 출생과 동시에 한국 국적을 취득한다. 우리나라와 달리 속지주의를 택하고 있는 미국, 캐나다 같은 경우에는 현지에서 태어나면 해당 국가의 국적을 취득할 수 있으므로, 한국인 부모가 미국에 가서 낳은 아이는 한국과 미국 국적을 모두 얻는 복수국적자가 되는 것이다. 하지만 복수국적자들이 평생 2개의 국적을 갖고 있을 수는 없다. 여러 이유로 20세 이전에 복수국적이 된 사람은 22세 이전에 하나의 국적을 선택해야 한다. 이를 행하지 않으면 자동적으로 한국 국적을 상실하게 된다.

국제법상 국가가 되려면 상당한 숫자에 달하는 항구적인 국민이 있어야 한다고 한다. 그러나 '항구적인 국민'의 숫자가 어느 정도에 달해야 국가가 될 수 있는가 하는 데 관해서는 명확한 규칙이 없다. 바티칸은 단지 수백 명의 인구를 가지고 있으나 국가로 인정되며, 10만도 안 되는 인구를 가진 유엔 회원국도 10여 개에 달한다.

국제법은 현실적 유대를 결여한 국적의 효력을 제한한다. 즉 그 국적을 무효화하지는 못하지만 이를 국제사회에서 인정하지 않을 수 있다. 국제사법재판소(ICJ)는 노테봄(Nottebohm) 사건에 대한 판결에서 '진정한 관련'(gunuine link)이 없는 국적은 인정하지 않아도 된다고 하였다.

▶ 외국인의 법적지위 : 넓은 의미에서 외국인에는 외국국적을 가진 사람과 무국적자 등 자국 국적을 가지지 아니한 모든 사람이 포함된다. 옛날에는 외국인은 적국인이나 첩자와 비슷하게 취급되었다. 교통수단이 발달하면서 외국인에 대한 시각은 개선되어 적국인 취급을 하지는 않지만 내국인에 비해 차별대우하는 단계를 지나, 오늘날에는 평등대우 단계로 접어들었다. 특히 세계무역의 자유화를 주도해 온 GATT와 WTO는 최혜국대우와 함께 내국인대우를 기본원칙으로 삼았기 때문에 내·외국인 간의 차별은 상당부분 해소되고 있다. 하지만 외국인의 참정권과 공무담임권 등은 크게 제약되며, 부동산 구입 등에도 제약이 따른다.

3) 영 토(국가영역)

(1) 의 의

영토란 국가의 배타적 주권이 미치는 공간으로 국가존립의 기초를 형성한다. 국가는 대내적으로는 최고의 권력이며 대외적으로는 독립성을 상징하는 주권이란 개념 위에 세워져 있으나, 주권은 영토라는 공간에 근거를 두고 있다. 따라서 영토가 없이는 국가는 존재할 수 없다.

국제사회에서 국가에 대한 정의에는 그 필수적인 요소로서 어느 정도 분명한 영토(defined territory)를 가지고 있어야 한다는 조건이 들어있다. 이는 유목민 거주지역은 영토에서 제외한다는 의미이다. 전통적으로 국제법의 가장 중요한 임무 가운데 하나는 국가 간 영토에 관한 분쟁을 방지하고 평화적으로 해결하는 것이었다. 각국은 오늘날 '해양의 영토화' 경향에 따라서 영해에 이어서 대륙붕과 배타적경제수역(EEZ) 등 해양에 대한 관할권을 강화해가고 있는바, 우리는 해양공간을 대상으로 한 국가 간의 경쟁이 강화되어가는 모습을 보고 있다.

(2) 영토, 영해, 영공

한 국가의 영토는 영토와 도서로 구성된다. 우리나라 헌법 제3조도 "대한민국의 영토는 한반도와 그 부속도서로 한다."고 하였다. 오늘날 국가 간 주요 영토문제는 섬의 문제이다. 섬이란 만조시 수면 위에 존재하는 물로 둘러싸인 자연적으로 형성된 육지지역을 말한다. 특히 섬이 되려면 자연적으로 형성된 것이고 항상 수면 위에 노출되어 있어야 한다. ▶ 독도는 국제법상 섬인 것이 확실하다. 그러면 이어도는 섬인가? 암석(rock)인가? 아니면 수중암초(submerged rock)인가?

영해란 해안선 정확하게는 기준선에서 12해리까지의 수역으로 연안국의 주권이 미치는 해양공간이다. 여기서 기준선은 통상기선과 직선기선에 의하여 설정된다. 영해에 대한 연안국의 권리는 주권(sovereignty)인 데 비해, 대륙붕과 EEZ에 대한 권리는 주권적 권리(sovereign right) 또는 관할권(jurisdiction)으로 주권이 아니다. 배타적경제수역(EEZ)은 기준선에서 200해리까지의 지하, 해저, 상부수역에 대한 그리고 대륙붕은 기준선에서 최대한 350해리까지의 지하와 해저의 자원에 대한 연안국의 경제적 관할권이 인정되는 지역이다. 그러나 현재 '해양의 영토화' 또는 '해양영토'라는 개념이 확산되고 있는바, EEZ와 대륙붕은 오늘날 각국이 가장 중요시하는 해양공간이 되었다.

영공이란 영토와 영해의 상공으로 영토국가의 주권이 미치는 공간이다. 영공의 수직적 범위는 해수면에서 대략 100㎞ 상공에 미치는 대기권(air space)까지이며, 그 너머는 어느 국가의 소유에도 속하지 아니하는 우주이다. 우리나라 등 일부 국가들이 설치한 방공확인구역(air defense identification zone : ADIZ)은 영공과는 다른 제도이다.

(3) 소 결

국가의 배타적 주권이 미치는 공간인 영역에는 영토를 중심으로 일정한 너비의 영해와 영토와 영해의 상공인 영공이 포함된다. 영해와 영공은 영토에서 파생되므로 영토가 가장 중요한 개념인 것이다. 그런데 국가가 되기 위한 최소한의 영토 면적에 관한 규칙은 없다. 모나코는 단지 1.5㎢의 면적을 가지고 있음에도 불구하고 하나의 국가로 인정받고 있다. 그 외에도 지구상에는 많은 소국(mini state)이 존재하나 대부분 국가로 인정되어 유엔에도 가입하였다.

1933년 몬테비데오협약은 국가는 '명확한 영토'(defined territory)를 가지고 있어야 한다고 하였다. 그러나 국제사법재판소가 북해대륙붕사건에 대한 판결에서 언급하였듯이 한 국가의 국경선이 완벽하게 획정되어 있어야 한다는 규칙은 존재하지 않는다. 국제법이 국경선의 절대적 명확성을 요구하는 것은 아니기 때문이다. '명확한' 영토에 관한 규정은 그보다는 유목민들이 거주하는 지역에 관한 규정이라고 본다.

국가영토의 변경을 가져오는 방법에는 국가행위에 의한 것으로 선점(occupation), 할양(cession), 병합(annexation) 또는 합병(fusion), 정복(conquest)이 있으며, 자연적 방법으로는 첨부(accretion)와 시효(prescription)가 있다. 과거에는 정복이 가장 중요한 영토변경의 방법이었으나 현재는 국제적으로 금지되었다.

4) 주 권

(1) 의미

주권이란 일반적으로 국가 내에서는 최고의 권력이요, 다른 국가와의 관계에서는 독립을 의미한다. 주권은 속성으로 최고성, 독립성, 포괄성, 단일불가분성을 가지는 것으로 본다. 국제법에서도 국가는 일정한 영토와 항구적인 국민, 주권 이외에 국제관계 수행 능력(capacity to conduct international relations)이 있어야 한다고 한다. 국가의 국제관계 수행능력이란 주권의 대외적 측면에 관한 것으로 독립권에 해당한다. 모든 주권국가는 자국영토 내의 사람들을 통치하고 외교정책을 수립하는 데 있어 배타적이고 독립적인 권한을 가져야 한다는 것이다.

▶ 1905년 을사보호조약에 의하여 우리나라의 외교권이 일본에 이양되었지만, 그러한 합의로 인하여 대한제국이 독립국가로서의 지위를 상실한 것은 아니다.

(2) 주권의 주체

주권이란 개념은 근대 절대주의 국가들이 성립되면서 발전해 온 것으로, 근대 국가들이 교회와 신성로마제국으로부터 자주독립을 확보하고, 영주들로부터 입법권과 행정권을 탈취하여 그 권한을 강화하면서 형성되었다. 16세기 프랑스에서 보댕은 봉건영주들의 반란에 맞섰던 프랑스 왕의 권력을 지지하기 위해 주권이라는 새로운 개념을 사용했다. 이렇듯 주권 개념의 사용을 통하여 봉건주의에서 민족주의로의 이행이 촉진된 것이다. 17세기 말의 로크와 18세기의 루소는 국가는 시민들 간의 계약에 기초한 것이며, 이 계약을 통해 시민들은 공익보호를 위해 권력을 정부에게 위임했다는 국민주권이론을 주창했다.

주권의 주체에 관한 이론에는 군주주권론, 국민주권론, 국가주권론이 있다.

· 군주주권론 : 보댕(Bodin)은 주권은 국가에 있어서 최고의 독립적인 권력으로서 神意의 대행자인 군주에게 아무런 조건없이 주어진다고 하였다. 홉스(Hobbes)는 주권 또는 공권력의 행사는 군주가 이를 행하는 것이 자연적이고 윤리적이라고 함

· 국민주권론 : Althusius, J. Locke, J.J. rousseau 등이 주장. 로크는 사회계약에 의한 국가성립을 설명하면서 진정한 주권자는 국민이라고 하였고, 루소는 주권은 전체로서의 국민(일반의사)에게 속한다고 함

· 국가주권론 : Hegel, Jellinek 등이 주장. 19세기 독일에서 군주주권론과 국민주권론의 절충로 주장된 입장으로 국가권력의 주체는 군주도 국민도 아닌 국가에게 있다고 하였다.

(3) 주권의 변화

국가가 되려면 주권 또는 독립권을 가져야 하지만 국제화시대인 오늘날 이에 대한 판단은 유연해져야 한다. 국가는 자신의 주권의 일부를 다른 국가에게 이양하더라도 특히 외교권을 이양하고 피보호국이 되더라도 주권국가로의 지위는 계속 유지된다고 본다. 일부 약소국들은 스스로 외국의 군사적·경제적·정치적 보호를 받기로 하는 경우가 있는데, 관련 조약이 체결되면 그 국가의 독립성은 훼손되겠지만 그로 인해 주권의 존재가 부인되지는 않는다. 자신의 주권적 권한의 일부를 국제기구에

게 특히 유럽연합(EU)와 같은 '초국가적'(supernational) 기구에게 이양한 EU 회원국들이 주권국가의 지위를 유지함은 의문의 여지가 없다. 한편, 국제화시대를 맞이하여 국가 간의 벽이 낮아지면서 주권개념이 약화되기도 하였다.

5) 낮아지는 국경선, 넓어지는 지평선 : 국제화시대

인류의 역사는 국가 간의 지상에서의 '영토적 유혹'(territorial temptation) 간의 대립의 역사이었다고 한다. 하지만 이제 지구상에 무주지는 사라지고 무력에 의한 영토확장이 금지되면서, 국가 간의 영토적 유혹에 따른 경쟁은 육지영토에서 해양으로 전이되었다. 그것은 얼마 남지 않은 무주지 특히 보잘것없는 작은 섬에 대한 영유권 확보를 위한 경쟁과 해양에의 자국 관할권 확대를 위한 경쟁으로 나타나고 있다.

실제로 현재 지구상에서 진행되는 영유권 분쟁은 대부분 작은 도서를 둘러싼 것이며, 독도, 이어도, 센카쿠, 남중국해 도서에 관한 분쟁들 역시 그러한 분쟁들이다. 그리고 해양에서의 국가 간 경쟁은 주로 경제적 이익을 위한 것이며, 경제적 관할권인 EEZ와 대륙붕에 대한 관할권을 영해에 대한 주권의 수준으로 끌어올리기 위한 노력들이 진행되고 있다. 즉 '해양의 영토화'가 추진되고 있다. 아울러, 국제화로 경제교류와 무역이 활발해 지면서 '경제영토'에 대한 논의도 이루어지고 있다.

과거에 국적이란 사람에게는 숙명과 같은 것이었다. 국적은 한번 정해지면 맘대로 바꿀 수 없었기 때문이다. 하지만 오늘날 국적은 사고파는 존재이고 어느 정도 선택이 가능한 것이 되었다. 많은 국가가 투자이민제도를 도입하였고, 기타 여러 가지 방법으로 자신의 본국(국적국가)을 바꾸는 사람들이 많아지고 있기 때문이다. 오늘날 많은 사람들이 이민을 통해서 자신의 국적을 바꾸고 있다. ▶ '이민 국가' 미국의 경우 과거에는 주로 유럽계 이주민들이 많았고 소수인종 가운데에는 흑인들이 다수이었지만, 현재는 히스패닉계 이민들이 크게 늘고 있다. 미국 MLB 선수들 가운데 과거에는 백인들이 많았고 한때는 흑인들이 크게 늘었지만, 지금은 중남미 출신들이 진출하여 활약하고 있다.

아프리카와 중동지역에서 압제를 피해 나온 난민 문제가 국제사회의 주목을 끌고 있다. 상당수는 결국 본국으로 송환되어야 하지만, 일부는 유럽 등에서 난민으로 수용될 것이고 그곳에서 정착하게 될 것이다.

주권이란 국가의 속성에 속하는 것으로 국가 간에 장벽을 세우는 역할을 하였다. 따라서 국가 간의 교류가 증진되면 주권이란 이름의 장벽은 낮아지고 국가 간에 인적교류와 물적교류가 촉진된다. 현재 우리는 국제화·세계화 시대를 살고 있다. 본격적인 국제화의 물꼬를 튼 것은 세계무역기구(WTO)의 출범이다. 중세는 물론 근대에 들어서도 국가들은 자급자족 경제체제를 유지했고 무역은 필요한 최소한에 머물렀지만 1994년 WTO의 출범은 세계를 하나의 시장으로 묶는 역할을 하였다. 1986년 우루과이의 푼타 델 에스테(Punta del Este)에서 시작된 GATT의 우루과이라운드(Uruguay Round)는 우여곡절 끝에 1994년 4월 모로코 마라케쉬(Marrakesh) 각료회의를 끝으로 대단원의 막을 내렸다. 우루과이라운드 협상은 포괄하는 분야가 광범위하고, 참가국 수가 120개국을 넘으며, 국가 간 이해관계 대립이 심하여 협상 타결이 거의 불가능한 것으로 보였었다. 그러나 1991년 12월 제시된 던켈초안(Dunkel Clean Text)이 협상의 기초로 받아들여지면서 협상은 급진전되었고, 1993년 12월 15일 7년 3개월에 걸친 기나긴 협상을 마무리하였다. 우루과이라운드를 통한 세계무역기구(WTO)의 설립을 계기로 세계경제는 비로소 하나의 규범과 하나의 기구로 통일되어 하나의 경제권을 형성하게 되어 상품과 기술, 자본의 교류가 대폭 확대되었다. 동시에 산업과 무역의 명실상부한 세계화와 국경없는 무한경쟁 시대가 개막되게 되었다. 이처럼 WTO 출범을 계기로 국가 간 상품무역은 물론 인적교류, 상품교류가 활발해지면서 국가 간 장벽의 역할을 해온 주권은 약해지고 국제화는 불가역적인 대세가 되었다.

▶ 하지만, 국제화는 범죄의 국제화, 질병의 국제화도 수반하였다. 특히 사스와 메르스에 이어 우한바이러스로 2020년 세계는 참으로 어려운 시기를 보내고 있으나, 이는 오히려 환경과 의료 분야의 국제화된 대응을 요구하고 있다.

제2절 기본권론

1. 기본권 서론

1) 기본권의 의의

　기본권이란 인간이 누리는 천부적이고 기본적인 권리로서 헌법에 의하여 보장된다. 이러한 의미의 인권을 처음으로 선언한 문서는 버지니아 권리장전과 프랑스 인권선언이다. 사실 인간의 기본권 보장은 근대 이후 국가의 존재이유인 동시에 법의 목적이었다. 오늘날 기본권의 보호는 인류의 보편적 가치로서 국경을 넘어서 그 당위성이 인정되고 있다. 인권은 천부적인 권리로서 자연법적 권리로 주장되기도 하지만, 법학에서는 주로 헌법이 보장하는 기본권의 의미로 접근한다.

2) 기본권의 역사

　오늘날 기본권 목록에 포함되는 내용을 처음으로 언급한 것은 1215년 영국의 마그나카르타 즉 대헌장이었다. 근대 자연법사상의 등장 훨씬 이전에 작성된 이 문서는 주로 귀족의 권리를 보호하기 위한 것이었지만, 형사사건에 대한 재판의 보장과 법에 의하지 아니한 체포, 구금 등을 금지하였다. 그 외에 권리청원(1628), 인신보호령(1679), 권리장전(1689)도 중요한 기본권 목록을 제시하였다.

로크의 자연권이론에 입각해 보편적인 인간의 권리를 실정법화 한 것은 미국이었다. 1776년 제퍼슨이 기초한 미국독립선언은 인간은 천부적인 권리(생명, 자유, 행복추구 등)를 부여받았으며, 그러한 권리를 확보하기 위해 정부가 조직되었다고 하였다. 1776년 버지니아주 권리장전은 생명권, 평등권, 자유권, 소유권, 행복추구권 등을 천부적인 권리로 선언하고, 권력분립과 형사절차보장 등을 규정하였다.

1789년 프랑스혁명 이후 국민의회가 채택한 '인간과 시민의 권리선언'은 1791년과 1795년 프랑스 헌법을 통해서 실정법상의 권리가 되었다. 인권선언과 헌법에는 평등권, 재산권, 신체의 자유, 표현의 자유 등이 나타나 있고, 국민주권과 권력분립의 원칙도 포함되었다.

상기한 인권선언과 구미 각국의 헌법은 세계 각국의 헌법에 많은 영향을 주었는데, 그러한 문서에 나타나 있는 초기의 기본권은 주로 자유권적 기본권이었다. 그러나 시장경제 중심의 자본주의와 사유재산제도에 기초한 근대 사회는 빈부격차의 확대와 사회적 갈등에 직면하였고, 이러한 문제점의 해결을 위하여 사회적기본권이 등장하였다. 1919년 독일의 바이마르 헌법은 전통적인 자유권을 인정하는 동시에 인간다운 생활의 보장, 근로자의 단결권 보장, 사회보장, 근로조건의 개선 등을 내용으로 하는 사회적 기본권을 도입하였다. 이러한 권리는 자유권적 기본권에서와는 달리 국가의 적극적인 역할을 필요로 한다는 점에서 특징적이다.

제2차 세계대전 이후 나타난 인권보호제도의 변화 중에서 가장 중요한 것은 인권보호의 국제화라고 할 수 있다. 1948년 유엔총회가 채택한 세계인권선언은 인간의 기본적인 권리를 국제적으로 선언한 것으로, 거기에는 각국의 헌법이 보장하는 기본적 권리들이 망라되어 있었으나, '조약'이 아니므로 강제성에 문제가 있었다. 그리하여 1966년 유엔에서는 조약으로 '국제인권규약'을 채택하였다. 국제적인 인권보호는 유엔은 물론 유럽연합과 같은 지역적인 국제기구에 의해서도 이루어지고 있다.

2. 기본권의 제한과 한계

1) 기본권 제한의 필요성

국민의 기본권은 원칙적으로 제한을 받지 아니한다. 그러나 기본권은 어떤 개인이나 특정한 집단에게만 인정되는 것이 아니고 다른 사람에게도 인정되는 것이므로 다른 사람들의 기본권과의 조화가 요구되는바, 기본권의 조화와 제한이 필요해졌다. 기본권의 조화는 동일한 기본권 간의 충돌시 이를 조화하기 위하여 필요한 경우와 상이한 기본권 간의 충돌로 조화가 필요한 경우가 있다.

공동체 전체의 이익을 위하여 기본권이 제한되는 경우도 있다. 사유재산을 인정하되 공익적 목표를 위하여 이를 부분적으로 제한할 수 있게 하고, 계약의 자유를 인정하되 사회적 약자를 보호하기 위하여 노동조합에 단체행동권을 인정하는 경우를 예로 들 수 있다.

2) 헌법유보에 의한 기본권 제한

우리 헌법은 독일 기본법 제2조 1항과 같은 일반적 헌법유보에 관한 규정이 없다. 그러나 그러한 조문의 결여에도 불구하고 타인의 권리보호와 헌법질서 보호를 위한 제한은 기본권에 내재해 있는 제한이라고 할 수 있다. ▶독일헌법 제21조 1항은 모든 사람은 다른 사람의 권리를 침해하지 않고 헌법질서나 윤리에 반하지 않는 한, 자유로이 자신의 인권을 발현할 권리를 갖는다고 하였다.

이어서 개별적 헌법유보가 있는데, 헌법이 스스로 특정한 기본권을 직접 제한하는 규정을 두고 있는 경우이다. 여기에 속하는 사례를 들면 다음과 같다.
• 헌법 제8조는 정당 설립은 자유이며 복수정당제는 보장된다고 하지만(1항), 그 목적·조직과 활동은 민주적이어야 하며(2항), 정당의 목적이나 활동이 민주적 기본질서에 위배되면 정부의 제소로 헌법재판소의 심판에 의하여 해산될 수 있다고 했다(4항).
• 헌법 제21조는 모든 국민은 언론·출판의 자유와 집회·결사의 자유를 가진다고 하였지만(1항). 언론·출판이 타인의 명예나 권리 또는 공중도덕이나 사회윤리를 침해하면 아니된다고 하였다(4항).
• 헌법 제23조는 모든 국민의 재산권은 보장된다고 하였지만(1항). 재산권의 행사는 공공복리에 적합하도록 하여야 한다고 하였다(2항).

3) 법률유보에 의한 기본권 제한

법률유보에 의한 기본권 제한은 기본권의 제한을 헌법이 직접 규정하지 아니하고 법률에 위임한 것으로, 기본권 제한에 관한 법률유보라고 한다. 이것은 다시 일반적 법률유보와 개별적 법률유보 두 가지로 나눌 수 있다.

(1) 일반적 법률유보
일반적 법률유보란 기본권 제한의 취지와 방법, 한계를 일반적으로 규정하는 것으로 우리 헌법 제37조가 이에 관한 규정이다. 동조는 1항에서 "국민의 자유와 권리는 헌법에 열거되지 아니한 이유로 경시되지 아니한다."고 하면서, 2항에서는 "국민의 모든 자유와 권리는 국가안전보장·질서유지 또는 공공복리를 위하여 필요한 경우에 한하여 법률로써 제한할 수 있으며, 제한하는 경우에도 자유와 권리의 본질적인 내용을 침해할 수 없다."고 하였다.

기본권 제한의 목적은 국가안전보장·질서유지·공공복리를 위한 것이어야 한다. 기본권을 제한하는 경우에도 기본권을 제한하는 법률은 몇가지 조건을 갖추어야 한다. 첫째, 명확성의 원칙에 의해 기본권을 제한하는 규정은 구체적이고 명확해야 한다. 둘째, 신뢰보호의 원칙에 의하여 개인이 국가권력에 대하여 갖는 신뢰를 침해하는 내용으로 기본권을 침해하면 아니 된다(예, 소급입법금지). 셋째, 과잉금지의 원칙에 의하여 기본권 제한으로 침해받는 사익이 기본권 제한으로 인한 공익에 비해 큰 경우에는 그러한 기본권 제한은 회피되어야 한다(예, 과외의 전면금지는 과잉금지원칙 위반).

끝으로, 기본권을 제한하는 경우에도 자유와 권리의 본질적인 내용을 침해할 수 없다. 여기서 본질적인 내용이란 침해되는 경우 그 기본권이 기능을 상실하고 무의미해 지는 것이다.

(2) 개별적 법률유보

기본권 관련 조문에 법률에 따라 개별적으로 제한을 가능하게 하는 규정이 있는 경우이다. 신체의 자유(제12조 1항), 재산권(제33조), 근로3권(제33조 3항) 등 관련 헌법조문 참조.

3. 포괄적 기본권

(1) 인간의 존엄과 가치 및 행복추구권

헌법 제10조는 "모든 국민은 인간으로서의 존엄과 가치를 가지며, 행복을 추구할 권리를 가진다. 국가는 개인이 가지는 불가침의 기본적 인권을 확인하고 이를 보장할 의무를 진다."고 하였다.

(2) 평등권

헌법 제11조 ①모든 국민은 법 앞에 평등하다. 누구든지 성별·종교 또는 사회적 신분에 의하여 정치적·경제적·사회적·문화적 생활의 모든 영역에 있어서 차별을 받지 아니한다.

②사회적 특수계급 제도는 인정되지 아니하며, 어떠한 형태로도 이를 창설할 수 없다.

③훈장 등의 영전은 이를 받은 자에게만 효력이 있고, 어떠한 특권도 이에 따르지 아니한다.

헌법상의 평등권은 절대적 평등이 아니며, 같은 것은 같게 다른 것은 다르게 취급하는 것이다.

▶ [헌재 2005. 2. 3, 2001헌가9] 헌재는 호주제는 성역할에 대한 고정관념에 기초한 제도로서 호주승계순위, 자녀의 신분관계 형성에 있어서 부당하게 남녀를 차별하므로 가족생활과 가족의 복리에 맞는 법률적 가족관계 형성에 방해가 되어 불편과 고통을 겪고 있다고 하여 위헌이라고 선언하였다. 이후 호적법은 폐지되었고 '가족관계등록에 관한 법률'이 제정되었다.

4. 자유권적 기본권

 기본권 사상은 자유권적 기본권으로부터 출발하였다. 자유권적 기본권은 개인의 자유를 국가권력으로부터 침해받지 아니할 소극적인 권리이다. 따라서 자유권적 기본권에 속하는 권리들은 기본적으로 '국가에 대한 자유' 또는 '국가로부터의 자유'를 위한 권리들이다. 하지만, 자유권은 천부적이고 초국가적인 권리이긴 하지만 무제한한 권리는 아니며 타인의 자유를 승인하는 전제에서 인정되는 권리이다.
 자유권적 기본권에 속하는 권리와 자유는 다음과 같이 분류할 수 있다.
- 사생활에 관한 자유권 : 신체의 자유/ 거주이전의 자유/ 직업선택의 자유/
　　　　　　　　　　　주거의 자유 / 통신의 자유
- 정신적 활동에 관한 자유권 : 양심의 자유/ 종교의 자유/ 언론출판의 자유
　　　　　　　　　　　　　집회결사의 자유/ 학문과 예술의 자유
- 경제생활에 관한 자유권 : 직업선택의 자유/ 재산권 보장

(1) 신체의 자유
헌법 제12조 ①모든 국민은 신체의 자유를 가진다. 누구든지 법률에 의하지 아니하고는 체포·구속·압수·수색 또는 심문을 받지 아니하며, 법률과 적법한 절차에 의하지 아니하고는 처벌·보안처분 또는 강제노역을 받지 아니한다.
②모든 국민은 고문을 받지 아니하며, 형사상 자기에게 불리한 진술을 강요당하지 아니한다.
③체포·구속·압수 또는 수색을 할 때에는 적법한 절차에 따라 검사의 신청에 의하여 법관이 발부한 영장을 제시하여야 한다. 다만, 현행범인인 경우와 장기 3년 이상의 형에 해당하는 죄를 범하고 도피 또는 증거인멸의 염려가 있을 때에는 사후에 영장을 청구할 수 있다.
④누구든지 체포 또는 구속을 당한 때에는 즉시 변호인의 조력을 받을 권리를 가진다. 다만, 형사피고인이 스스로 변호인을 구할 수 없을 때에는 법률이 정하는 바에 의하여 국가가 변호인을 붙인다.

(2) 거주이전의 자유
헌법 제14조 모든 국민은 거주·이전의 자유를 가진다.

(3) 직업선택의 자유
헌법 제15조 모든 국민은 직업선택의 자유를 가진다.

(4) 주거의 자유
헌법 제16조 모든 국민은 주거의 자유를 침해받지 아니한다. 주거에 대한 압수나 수색을 할 때에는 검사의 신청에 의하여 법관이 발부한 영장을 제시하여야 한다.
여기에서 말하는 주거에는 개인의 사생활이 이루어지는 공간인 주택, 사무실, 호텔, 차량 등

도 포함될 수 있다.
(5) 사생활의 비밀과 자유
헌법 제17조 모든 국민은 사생활의 비밀과 자유를 침해받지 아니한다.
▶ 〔헌재 2003. 6. 26, 2002헌가14〕 헌재는 성범죄자 신상공개제도는 성폭력으로부터 사회공동체를 지키고 범죄의 충동을 억제하기 위하여 도입된 제도로, 그 범죄자들이 수치심을 느끼고 명예가 훼손되더라도 과잉금지 원칙에 어긋나지 않는다고 하였다.

(6) 통신의 자유
헌법 제18조 : 모든 국민은 통신의 비밀을 침해받지 아니한다.
 여기에는 통신의 청취와 녹음금지, 통신의 열람 및 누설 금지, 공개금지 등이 포함된다. 예외적으로 범죄수사를 위해서 필요한 경우에는 검사가 신청하여 법관이 발부한 허가서에 의하여 도감청은 허용된다.

(7) 양심의 자유
헌법 제19조 : 모든 국민은 양심의 자유를 가진다.
 양심의 자유는 절대적으로 보호되지만, 법원은 종교적 양심을 이유로 집총을 거부하는 경우에 국가안보라는 보다 큰 이익의 보호를 위하여 양심의 자유를 인정할 수 없다고 하였다.

(8) 종교의 자유
헌법 제20조 ①모든 국민은 종교의 자유를 가진다.
②국교는 인정되지 아니하며, 종교와 정치는 분리된다.
 신앙의 자유에는 종교를 선택하고 믿을 자유, 종교를 가지지 아니할 자유, 개종의 자유가 포함된다. 종교행위의 자유에는 종교결사의 자유, 종교집회의 자유, 선교의 자유, 종교교육의 자유가 포함되는데, 일부 제한이 가능하다.

(9) 언론 출판의 자유(표현의 자유)
헌법 제21조 ①모든 국민은 언론·출판의 자유와 집회·결사의 자유를 가진다.
②언론·출판에 대한 허가나 검열과 집회·결사에 대한 허가는 인정되지 아니한다.
③통신·방송의 시설기준과 신문의 기능을 보장하기 위하여 필요한 사항은 법률로 정한다.
④언론·출판은 타인의 명예나 권리 또는 공중도덕이나 사회윤리를 침해하여서는 아니된다. 언론·출판이 타인의 명예나 권리를 침해한 때에는 피해자는 이에 대한 피해의 배상을 청구할 수 있다.
 언론의 자유란 말·글·화상을 통한 의사표현과 전달매체를 통한 의견과 사상의 표현의 자유를 의미한다. 출판의 자유란 서적을 발행하고 배포하는 자유를 말한다. 국가는 개인의 의견표현 및 전달행위에 개입할 수 없다. 따라서 헌법재판소는 언론기관 설립을 지나치게 엄격하게 하는 것은 사실상 본 자유를 침해하는 것이라고 하였다. 국가는 사전검열을 할 수 없으며, 편집권은 경영권의 부당한 간섭으로부터 자유로워야 한다. 한편, 언론의 자유의 파생적 기본권으로 국민의 알 권리와 언론매체이

용권이 있다.
(10) 집회·결사의 자유
헌법 제21조 ①모든 국민은 언론·출판의 자유와 집회·결사의 자유를 가진다.
②언론·출판에 대한 허가나 검열과 집회·결사에 대한 허가는 인정되지 아니한다.

여기에서 결사는 공동의 목적을 가진 다수인의 자발적이고 지속적인 단체를 의미하며, 결사의 자유에는 결사의 설립과 해체 및 활동의 자유가 포함된다.

(11) 학문과 예술의 자유
헌법 제22조 ①모든 국민은 학문과 예술의 자유를 가진다.
②저작자·발명가·과학기술자와 예술가의 권리는 법률로써 보호한다.

학문의 자유에는 연구의 자유, 교수의 자유, 연구결과 발표의 자유 등이 포함된다. 예술의 자유에는 창작의 자유 등 예술 표현의 자유와 이를 위한 집회 결사의 자유가 포함된다.

(12) 재산권의 보장
헌법 제23조 ①모든 국민의 재산권은 보장된다. 그 내용과 한계는 법률로 정한다.
②재산권의 행사는 공공복리에 적합하도록 하여야 한다.
③공공필요에 의한 재산권의 수용·사용 또는 제한 및 그에 대한 보상은 법률로써 하되, 정당한 보상을 지급하여야 한다.

재산권은 개인의 인간다운 생활을 위한 물질적 기초를 형성하는 것으로 사유재산제와 자유경제질서를 기초로 하는 국가에서는 매우 중요한 개인의 권리이다. 헌법상 재산권에는 경제적 가치가 있는 모든 사법상 권리(물권과 채권 등)와 공법상 권리(어업권, 공무원의 급료청구권, 연금청구권 등)가 포함된다.

헌법은 모든 국민의 재산권은 보장된다고 하면서 그 내용과 한계는 법률로 정한다고 하였다. 재산권의 행사는 공공복리에 적합하게 이루어져야 한다.

5. 정치적 기본권(참정권)

국민이 국가기관으로서 공무에 참여할 수 있는 권리를 말한다. 보다 구체적으로는 국민이 국가의 의사형성에 참여하고, 국가기관의 구성에 참여하며, 국가기관의 구성원이 될 수 있는 권리이다.

(1) 선거권
헌법 제24조는 "모든 국민은 법률이 정하는 바에 의하여 선거권을 가진다."고 하였다. 선거권은 공직자의 선출에 참여할 수 있는 권리이자 국정에 대한 의견을 표현할 수 있는 기회이다. 선거권 연령은 2019년 12월 공직선거법개정안 통과로 만 19세에서 만 18세로 조정되었다.
▶ [헌재 2007. 6. 28 2004헌마644] 헌재는 북한주민이나 조총련계 재일동포가

선거에 영향을 미칠 가능성, 선거의 공정성, 선거의 기술적 요소는 재외국민등록제도, 재외국민거소제도, 정보기술의 활용 등으로 극복이 가능하므로, 주민등록이 되어있지 아니하다는 이유로 선거권 행사여부를 결정하는 것은 재외국민의 선거권 행사를 전면적으로 부정하는 것이며 보통선거 원칙에도 위배된다고 하였다. 그 결과 공직선거법 개정을 통하여 재외국민도 대통령 및 국회의원 선거를 할 수 있게 되었다.

(2) 공무담임권

헌법 제25조는 모든 국민은 법률이 정하는 바에 의하여 공무담임권을 가진다고 하였다. 여기에는 선거에 입후보하여 당선될 수 있는 피선거권과 공직에 임명될 수 있는 공직취임권이 포함된다.

▶ [헌재 2001. 2. 22, 2000헌마25] 헌재에서는 헌법상의 공직취임권과 관련하여, 능력주의 원칙에 대해서는 헌법적 요청이 있는 경우에는 예외가 인정될 수 있는바, 가산점 제도에 의한 공직취임권의 제한을 과잉금지 원칙에 대한 위반이라고 볼 수는 없다고 하였다. 제대군인 가산점이 헌법이 특별히 금지하는 여성차별적인 성격을 가지는데 비해, 국가유공자 가산점 제도가 그들에게 우선적인 취업기회를 부여하는 것은 헌법 제32조 6항에 근거하였다는 것이다.

(3) 국민투표권

헌법 제72조 : 대통령은 필요하다고 인정할 때에는 외교·국방·통일 기타 국가안위에 관한 중요정책을 국민투표에 붙일 수 있다.

우리 헌법은 간접민주제인 대의제를 택하고 있지만, 대통령은 외교·국방·통일 및 기타 국가안위에 관한 중요정책에 대해서는 이를 국민투표(plebiscite)에 부의할 수 있게 하였다.

6. 청구권적 기본권

청구권적 기본권은 기본권 보장을 위한 기본권이라고도 하며, 국가에게 일정한 행위를 적극적으로 요구할 수 있는 권리를 포함하고 있다. 헌법에 의하여 직접효력이 발생하는 현실적 권리이며, 청원권, 재판청구권, 형사보상청구권, 국가배상청구권이 여기에 속한다.

(1) 청원권

헌법 제26조 : ①모든 국민은 법률이 정하는 바에 의하여 국가기관에 문서로 청원할 권리를 가진다.
②국가는 청원에 대하여 심사할 의무를 진다.

청원은 본래 국가의 사법적 구제수단 정비 이전에 국가작용에 의한 권리침해 구제수단으로 기능해 왔다. 오늘날에는 국민이 자신의 의견을 표현함으로써 국정에 국민의 의견을 반영하는 수단으로 기능하고 있다.

헌법 제26조와 청원법에 의하면, 국민은 청와대를 비롯한 모든 국가기관에 대하여, 문서로 청원할 수 있으며, 국가기관은 청원사항을 심사하고 처리하여 그 결과를 알려주도록 하였다.

(2) 재판청구권

헌법 제27조 ①모든 국민은 헌법과 법률이 정한 법관에 의하여 법률에 의한 재판을 받을 권리를 가진다.
③모든 국민은 신속한 재판을 받을 권리를 가진다. 형사피고인은 상당한 이유가 없는 한 지체없이 공개재판을 받을 권리를 가진다.
④형사피고인은 유죄의 판결이 확정될 때까지는 무죄로 추정된다.

국민은 헌법과 법률이 정한 법관에 의하여 법률에 의한 재판을 받을 권리를 가진다. 법관은 신분과 독립성이 보장된다. 그러나 예외적으로 군사법원과 같은 특별법원에서 재판을 받을 수 있으며, 특수영역의 법적인 분쟁(세금, 특허)에 대해서는 국세심판제도와 특허심판제도와 같은 별도의 심판제도를 두고 있다.

모든 국민은 신속한 재판을 받을 권리를 가진다. 형사피고인은 지체없이 공개재판을 받을 권리를 가지며, 유죄의 판결이 확정될 때까지는 무죄로 추정된다.

(3) 형사보상청구권

헌법 제28조 형사피의자 또는 형사피고인으로서 구금되었던 자가 법률이 정하는 불기소처분을 받거나 무죄판결을 받은 때에는 법률이 정하는 바에 의하여 국가에 정당한 보상을 청구할 수 있다.

형사피의자 또는 형사피고인으로서 구금되었으나 불기소처분을 받거나 무죄판결을 받은 경우에 그 구속이 부당하므로 국가가 이를 보상하도록 한 것이다. 불구속 상태에서 재판을 받은 경우에는 보상청구는 인정되지 않는다.

(4) 국가배상청구권

헌법 제29조 ①공무원의 직무상 불법행위로 손해를 받은 국민은 법률이 정하는 바에 의하여 국가 또는 공공단체에 정당한 배상을 청구할 수 있다. 이 경우 공무원 자신의 책임은 면제되지 아니한다.
②군인·군무원·경찰공무원 기타 법률이 정하는 자가 전투·훈련 등 직무집행과 관련하여 받은 손해에 대하여는 법률이 정하는 보상외에 국가 또는 공공단체에 공무원의 직무상 불법행위로 인한 배상은 청구할 수 없다.

국민이 공무원의 직무상 불법행위에 대해 국가를 상대로 배상을 청구하는 권리이다. 이러한 국가배상청구는 공무원의 직무상 불법행위로 인하여 손해가 발생한 경우에 청구할 수 있다. 여기에서 공무원은 신분상의 공무원은 물론 공무를 위탁받아 행하는 기능상의 공무원도 포함된다. 직무상 불법행위의 의미도 법적으로 그 직무에 속하는 행위는 물론 외형상 그러한 권한을 가진 것으로 추정되는 경우도 포함한다.

대법원은 국가의 배상의무는 국가가 자신의 행위에 대한 책임을 부담하는 것으로 본다. 하지만 공무원 자신의 책임은 면제되지 아니하는바, 공무원이 고의 또는 중과실로 불법행위를 하였다면, 국가는 국가가 배상한 금액을 구상할 수 있다.

7. 사회적 기본권

제1차 세계대전 이후인 1919년 독일 바이마르헌법 이후 인정되기 시작한 기본권으로, 국민이 생존을 유지하고 생활을 영위하기 위하여 국가의 적극적인 배려를 요청하는 권리이다.

근대사회의 법은 계약의 자유, 과실책임의 원칙, 재산권의 보호와 같은 사적자치와 사유재산 원칙에 입각해 발달해 왔다. 그 결과 빈부의 격차, 실업자 증가, 노사대립 등이 증가하였는바, 사회구성원에게 최저의 생존을 보장하고 물질적인 면에서의 평등을 구현하기 위하여 사회적 기본권이 도입된 것이다.

사회권적 기본권에 속하는 권리에는 인간다운 생활을 할 권리, 교육을 받을 권리, 근로의 권리, 근로자의 노동3권, 인간다운생활을 할 권리, 환경권 등이 포함되어 있으며, 여기에는 일부 프로그램적 규정도 포함되어 있다. 사회적 기본권에 속하는 근로의 권리 등은 당시의 사회적 경제적 상황과 국가의 재원부족 등으로 인하여 제약을 받는다. 따라서 사회적 기본권에 속하는 규범들은 국가에게 어떤 목표를 설정하고 최소한의 보장을 확보하도록 하는 것이라고 할 수 있다. 사회적 기본권에 속하는 권리들은 국가의 사회정책적 목표를 선언하는 단순한 프로그램적 규정은 아닐지라도 국민의 구체적인 권리라고 보기는 어려운 부분이 있다.

(1) 교육을 받을 권리
헌법 제31조 ①모든 국민은 능력에 따라 균등하게 교육을 받을 권리를 가진다.
②모든 국민은 그 보호하는 자녀에게 적어도 초등교육과 법률이 정하는 교육을 받게 할 의무를 진다.
③의무교육은 무상으로 한다.
④교육의 자주성·전문성·정치적 중립성 및 대학의 자율성은 법률이 정하는 바에 의하여 보장된다.
⑤국가는 평생교육을 진흥하여야 한다.
⑥학교교육 및 평생교육을 포함한 교육제도와 그 운영, 교육재정 및 교원의 지위에 관한 기본적인 사항은 법률로 정한다.

국민은 교육을 받을 권리를 가진다. 그러나 이는 균등하게 교육을 받을 권리와 함께 능력에 따라 교육을 받을 권리를 포함한다. 특히 후자는 신분이나 경제력과 같은 능력 이외의 기준에 따라서 교육의 기회에 차별이 이루어지면 아니 된다는 의미이다.

(2) 근로의 권리

헌법 제32조 ①모든 국민은 근로의 권리를 가진다. 국가는 사회적·경제적 방법으로 근로자의 고용의 증진과 적정임금의 보장에 노력하여야 하며, 법률이 정하는 바에 의하여 최저임금제를 시행하여야 한다.
②모든 국민은 근로의 의무를 진다. 국가는 근로의 의무의 내용과 조건을 민주주의 원칙에 따라 법률로 정한다.
③근로조건의 기준은 인간의 존엄성을 보장하도록 법률로 정한다.

(3) 근로 3권

헌법 제33조 ①근로자는 근로조건의 향상을 위하여 자주적인 단결권·단체교섭권 및 단체행동권을 가진다.
②공무원인 근로자는 법률이 정하는 자에 한하여 단결권·단체교섭권 및 단체행동권을 가진다.
③법률이 정하는 주요방위산업체에 종사하는 근로자의 단체행동권은 법률이 정하는 바에 의하여 이를 제한하거나 인정하지 아니할 수 있다.

사적자치에 의하여 근로조건이 결정될 경우 노동자와 사용자 양측 간의 협상력의 차이로 불공정한 합의가 이루어질 가능성이 커지는바, 헌법은 근로자의 집단적 권리행사를 허용하였다. 여기에서 단결권은 노동조합 결성권, 단체교섭권은 근로조건에 대한 교섭권, 단체행동권은 파업, 태업, 피케팅을 할 수 있는 권리를 의미한다.

(4) 인간다운 생활을 할 권리

헌법 제34조 ①모든 국민은 인간다운 생활을 할 권리를 가진다.
②국가는 사회보장·사회복지의 증진에 노력할 의무를 진다.
③국가는 여자의 복지와 권익의 향상을 위하여 노력하여야 한다.
④국가는 노인과 청소년의 복지향상을 위한 정책을 실시할 의무를 진다.
⑤신체장애자 및 질병·노령 기타의 사유로 생활능력이 없는 국민은 법률이 정하는 바에 의하여 국가의 보호를 받는다.
⑥국가는 재해를 예방하고 그 위험으로부터 국민을 보호하기 위하여 노력한다.

국민의 인간으로서의 존엄성 유지에 필요한 최저한도의 건강하고 문화적인 생활을 보호하기 위한 조건을 규정한 것이다. 사회보장과 사회복지 증진에 노력하고, 취약계층의 복지향상을 위하여 노력하며, 재해예방과 국민보호를 위해 노력하도록 하였다.

▶ [헌재 1997. 5. 29, 94헌마33] 헌재는 국가가 인간다운 생활을 보장하기 위한 노력을 다하였는가가 사법심사의 대상이 된 경우에는 국가가 생계보호에 관한 입법을 전혀 하지 않았거나 그 내용이 불합리하여 헌법상 용인될 수 있는 범위를 일탈하는 경우에 한하여 헌법위반이 된다고 하였다.

(5) 환경권

제35조 ①모든 국민은 건강하고 쾌적한 환경에서 생활할 권리를 가지며, 국가와 국민은 환경보전을 위하여 노력하여야 한다.
②환경권의 내용과 행사에 관하여는 법률로 정한다.

③국가는 주택개발정책등을 통하여 모든 국민이 쾌적한 주거생활을 할 수 있도록 노력하여야 한다.

(6) 혼인과 가족생활 등의 보호

헌법 제36조 ①혼인과 가족생활은 개인의 존엄과 양성의 평등을 기초로 성립되고 유지되어야 하며, 국가는 이를 보장한다.
②국가는 모성의 보호를 위하여 노력하여야 한다.
③모든 국민은 보건에 관하여 국가의 보호를 받는다.

8. 국민의 기본적 의무

1) 고전적 의무

(1) 납세의 의무

헌법 제38조는 "모든 국민은 법률이 정하는 바에 의하여 납세의 의무를 진다."고 하였다. 세금은 국가의 재정자원 마련을 위해서 필요한 것이지만, 세금의 부과는 공평하고 합리적으로 이루어져야 한다.

(2) 병역의 의무

헌법 제39조는 ①항에서 "모든 국민은 법률이 정하는 바에 의하여 국방의 의무를 진다."고 하였고 ②항은 "누구든지 병역의무의 이행으로 인하여 불이익한 처우를 받지 아니한다."고 하였다. 이는 모병제가 아닌 징병제를 규정하고 있는 것으로 해석된다.

2) 기타 의무

(1) 재산권 행사에 있어서의 의무
(2) 교육의 의무
(3) 근로의 의무
(4) 환경보존의무

9. 국제인권보호

전통적으로 국제법은 국가 간의 관계만을 규율하였다. 따라서 전통적인 국제법에서는 각국이 자국민을 어떻게 대우하든 다른 국가나 국제기구는 거기에 간섭하면 안 된다고 하였다. 국제법이 개인의 인권과 개인과 본국 간의 관계까지 규율하는 것은 아니므로 인권문제는 각국의 배타적 관할권에 속한다는 생각이었다. 그렇지만 계몽주의시대 이후 개인의 기본권 보장은 국가의 존재이유인 동시에 법의 목적이라는 이론들이 퍼져갔으며, 이러한 경향은 제2차 대전 이후 국제법에도 영향을 미치게 되었다. 오늘날 인권보호는 국제법의 한 분야를 넘어 국제법의 법원, 국내법과 관계, 국제책임법, 무력행사 등 거의 모든 국제법 분야에 영향을 미치는 포괄적인 주제가 되었다.

제1차 세계대전 이후 베르사유 조약에 의해 탄생한 최초의 보편기구인 국제연맹에서는 국제법과 인권보호에 커다란 진보가 있었다. 제1차 세계대전을 거치면서 국제사회는 인권에 대해 보다 발전된 생각을 갖게 되었으며, 그 결과 국제인권법에도 많은 발전이 있었다. 베르사유조약은 국제연맹을 통해 인류역사상 최초로 집단안전보장체제를 수립하고 국제노동기구(ILO)를 조직하는 등 많은 성과를 거두었다.

제2차 세계대전 이후 유엔은 헌장 서문에서 "유엔회원국 국민들은 우리 일생 중에서 인류에게 두 번이나 말할 수 없는 슬픔을 가져온 전쟁의 불행에서 다음 세대를 구하고, 기본적 인권과 인간의 존엄과 가치, 남녀 대소 각국의 평등권에 대한 신념을 재확인"한다고 하여 인권보호가 유엔의 창설 목적의 하나임을 밝혔다. 이어서 헌장은 제1조 3항에서 "인종·성·언어·종교에 따른 차별 없이 모든 사람의 인권 및 기본적 자유에 대한 존중을 촉진하고 장려함에 있어 국제협력을 달성하는 것"을 유엔의 목적의 하나라고 하였다. 나아가 헌장 제55조는 "국가 간에 평화롭고 우호적인 관계에 필요한 안정과 복지의 조건을 조성하기 위해 인종·성·언어·종교에 따른 차별 없이 모든 사람의 인권과 기본적 자유를 보편적으로 존중하고 준수해야 한다"고 하면서, 제56조에서는 이를 위해 모든 회원국은 유엔과 협력하여 공동조치와 개별조치를 취할 것을 서약한다고 하였다.

1948년 12월 10일 유엔총회는 「세계인권선언」(The Universal Declaration of Human Rights)을 채택하였다. 세계인권선언은 모든 인간이 천부적이고 평등하며 양도할 수 없는 권리를 가진다는 것을 인정하는 것이 세계의 자유와 정의·평화의 기초가 된다는 인식 아래 인간의 다양한 기본적 권리와 자유를 규정하였다. 그러나 세계인권선언은 조약이 아니라 유엔총회 결의로 채택된 것이어서, 이 선언이 국제관습법화 되었다는 주장에도 불구하고, 법적인 효력을 제대로 인정받지 못하는 약점이 있었다.

유엔총회는 1966년 12월 16일 「국제인권규약」(International Covenants on Human Rights)을 채택하였다. 국제인권규약은 본래 「경제적·사회적·문화적 권리에 관한 국제규약」(International Covenant on Economic, Social and Cultural Rights: A규약), 「시민적·정치적 권리에 관한 국제규약」(International Covenant on Civil and Political Rights: B규약) 및 「시민적·정치적 권리에 관한 국제규약에 대한 선택의정서」(Optional Protocol to the International Covenant on Civil and Political Rights)로 구성되어 있었다. 그 후 1989년에는 「사형폐지에 관한 제2선택의정서」(Second Optional Protocol to the International Covenant on Civil and Political Rights), 2008년에는 「경제적·사회적·문화적 권리에 관한 국제규약 선택의정서」(Optional Protocol to the International Covenant on Economic, Social and Cultural Rights)가 추가되어 모두 5개의 조약으로

구성되게 되었다.

「경제적·사회적·문화적 권리에 관한 규약」에는 사회적 기본권에 속하는 권리들이 담겨 있다. 이 규약의 당사국들은 그들이 취한 조치들과 협약준수와 관련된 진전사항에 관한 보고서를 유엔 사무총장에게 제출하여야 하며, 경제사회이사회는 이를 검토하여 인권위원회로 넘긴다. 이 규약의 권리와 자유들은 다소 프로그램적 의미를 갖는 것이어서, 당사국들은 실행가능한 수단을 사용하여 규약상의 권리들을 실현하도록 노력하지만, 협약을 당장 구체적으로 실시해야 하는 법적인 의무를 부담하는 것은 아니다.

「시민적·정치적 권리에 관한 규약」에는 자유권적 기본권과 정치적 권리들이 담겨 있다. 이 규약의 이행과 관련하여 인권이사회(Human Rights Committee)는 국가별 보고서를 검토하고, 국가대표를 상대로 질문을 하며, 유엔과 당사국들의 주의를 환기할 수 있다. 당사국들은 규약에 규정된 권리를 시행하기 위하여 취한 조치들과 그러한 권리들의 진전상황에 관한 보고서를 제출하며, 국가간 통보제도를 도입하여 규약 제41조를 수락한 국가들 사이에서 규약상 인권보장 의무를 이행하지 않는 국가를 다른 국가들이 인권이사회에 통보할 수 있게 하였다. 인권이사회는 B규약과 「시민적·정치적 권리에 관한 규약 선택의정서」의 당사자인 국가의 관할권 내에 있는 개인이 규약상 자신의 권리를 침해당하였다고 청원하는 경우 이를 접수하고 검토하는 권한을 갖는다.

유엔헌장 제62조 2항에 따라 1946년 설립된 인권위원회(Commission on Human Rights)는 경제사회이사회에서 3년 임기로 선출되는 53명의 위원으로 구성되었다. 위원회는 유엔산하 기관 중에서 가장 중요한 인권관련 기관이었으나, 나름의 노력에도 불구하고 위원회 구성에 있어서의 정치적 고려의 한계를 극복하지 못하였다. 인권위원회는 아르헨티나 문제의 해결에 무력함을 노정하였고, 사담 후세인 치하의 이라크를 제대로 비난하지도 못하였는데, 특히 후세인이 1988년 Halabja에서 독가스를 사용 이후에도 이에 제대로 대응하지 못한 상태에서 이라크가 쿠웨이트를 침략한 것은 위원회의 무능을 확실하게 보여주었다. 그리하여 코피아난 사무총장이 설립한 High-Level Panel on Threats, Challenges and Change는 2004년 인권위원회를 불신임하고 새로운 기구로 교체하도록 하였다. 인권상황이 열악한 국가일수록 인권위원회 위원 진출에 노력하여 자국에 대한 관심을 희석시키려고 하였던 국가들의 정치적 행태가 문제를 키운 것이다. 결국 유엔 총회는 2006년 결의를 채택하여 인권위원회의 임무는 종료되었고 총회에서 단순과반수로 선출된 47명의 위원으로 구성된 인권이사회(Human Rights Council)가 출범하였다. 인권이사회 위원은 지역할당 대신에 총회에서 과반수 득표로 선출되며, 이사회는 경제사회이사회가 아닌 총회에 직접 보고하게 되어 위상이 강화되었다. 아직은 인권이사회의 공과를 논하기는 이르지만, 이사회는 특별절차와 1503 절차를 따른 진정제도 등 인권위원회의 제도들을 계승하였다.

제3절 통치구조

1. 통치구조 기본원리

1) 권력분립제도

우리나라 헌법은 국민주권론에 기초해 있다. 사회계약론자들은 사람은 자신들의 자연권을 보호하기 위해서 자연상태를 끝내고 정부(국가)를 구성한다고 했다. 그 정부는 무력을 소지한 강제력을 가진 존재이다. 여기에서 홉스는 군주주권론을 주장했다. 로크 역시 사람들은 자연상태에서의 자연권을 보존하기 위하여 국가를 창설하지만, 주권은 국민에게 있다고 보았다. 로크에게 있어서 정부는 주권자인 국민으로부터 위임받은 권한을 행사하는 존재일 뿐인 것이다.

몽테스키외는 그의 『법의 정신』에서 권력을 가진 자는 그것을 남용하기 마련이라며 "권력을 남용하지 못하게 하려면 권력이 권력을 제어하도록 해야한다"고 하였다. 국가권력을 입법권, 행정권, 사법권으로 나누고 이러한 권력을 각각 독립된 기관에 부여하여 소위 '견제와 균형'(check and balance)을 이루지 아니하면 국가권력의 남용을 막을 수 없으며 사람들의 자유와 권리는 보장될 수 없다는 것이다. 이러한 권력분립의 정신은 오늘날 대부분 자유민주주의 국가의 헌법에 구현되어 있다.

2) 대의제

민주주의 국가에서 국민들의 주권행사 방식에는 직접민주제와 간접민주제가 있다. 간접민주제 제도인 대의제도는 국민이 그들의 대표자를 선출하여 주권을 행사하는 것인데, 거대해진 국가체제와 전문화된 국정을 고려하면 불가피한 면이 있다. 특히 의회는 국민을 대표하여 법을 제정하며 행정부와 사법부는 헌법과 법률에 근거하여 행정과 사법업무를 수행하는데, 통치자의 의사와 국민들의 의사가 괴리될 가능성은 상존한다. 오늘날 민주주의 국가에서는 간접민주제인 대의제를 원칙으로 하지만, 직접민주제 제도인 국민투표, 국민소환, 국민발안 등을 일부 도입해 보완하고 있다.

3) 정부형태

오늘날 민주주의 국가에서 정부형태는 입법부와 행정부 간의 관계에 따라서 대통령제와 의원내각제로 나눈다. 대통령제는 대통령 중심의 행정부가 의회로부터 독립되어 있고 의회에 대해 책임을 지지않는 시스템이다. 반면에 의원내각제는 내각의 존속여부가 의회의 신임에 달려있는 구조이다. 이 두 가지 정부형태 가운데 어떤 것이 우월한 것인지는 단정적으로 말할 수 없다. 이들 제도는 각각 장단점을 가지고 있기 때문이다.

일반적으로 대통령제에서는 입법부와 행정부의 독립성이 강하여 행정의 일원화가 가능하고 대체로 정국이 안정되는 장점이 있으나, 대통령의 권력이 막강하여 독재로 흐르는 경향이 있고 의회와 행정부의 대립시 해결이 곤란하다는 단점이 있다.

반면에 의원내각제에서는 행정부와 의회의 권력이 충돌할 가능성이 낮고 양측의 힘이 균형을 이룰 가능성이 크지만, 의회의 내각불신임과 내각의 의회해산 등으로 정국이 불안정해지고 정책의 계속성과 안정성이 훼손될 우려가 크다.

2. 국 회

1) 국회의 구성과 지위

(1) 국회의 구성

각국의 의회는 단원제 또는 양원제로 구성된다. 단원제는 국정의 처리가 신속하고 국회의 책임소재가 명확하다는 장점이 있는 반면, 다수당의 횡포와 경솔한 안건처리가 단점이다. 양원제는 신중한 국정처리와 다수당의 횡포를 방지할 수 있다는 장점이 있는 반면에, 안건의 처리가 지체되고 국회의 책임소재가 불명확한 단점이 있다.

우리나라는 단원제를 채택하고 있다. 우리나라 국회는 각 지역구(선거구)에서 선거를 통해 선출된 지역구의원과 비례대표 의원으로 구성된다. 헌법 제41조에 의하면 국회는 국민의 보통·평등·직접·비밀선거에 의하여 선출된 국회의원으로 구성하며(1항), 국회의원의 수는 법률로 정하되 200인 이상으로 하며(2항), 국회의원 선거구와 비례대표제 기타 선거에 관한 사항은 법률로 정한다고 하였다(3항). 국회의원의 임기는 4년이다.

(2) 국회의원의 지위와 특권

국회는 국민에 의해 대표로 선출된 국회의원으로 구성된 국민의 대표기관이며, 국정운영의 근간이 되는 법률을 제정하는 입법기관이고, 헌법상 보장된 각종권한을 통해 국정을 감시·견제하는 국정의 통제기관이다.

국회의원은 불체포특권과 면책특권이 있다. 국회의원은 현행범인인 경우를 제외하고는 회기중 국회의 동의없이 체포 또는 구금되지 아니하며, 국회의원이 회기전에 체포 또는 구금된 때에는 현행범인이 아닌 한 국회의 요구가 있으면 회기중 석방된다(헌법 제44조). 또한 국회의원은 국회에서 직무상 행한 발언과 표결에 관하여 국회외에서 책임을 지지 아니하는 면책특권이 있다(헌법 제45조).

헌법 제46조에 의하면, 국회의원은 청렴의 의무가 있으며, 국가이익을 우선하여 양심에 따라 직무를 행하며, 그 지위를 남용하여 국가·공공단체 또는 기업체와의 계약이나 그 처분에 의하여 재산상의 권리·이익 또는 직위를 취득할 수 없다.

2) 회의와 의결

(1) 회 의
국회는 의장 1인과 부의장 2인을 선출한다(헌법 제48조). 국회의 회의는 정기회와 임시회가 있다. 정기회는 매년 1회 집회되며, 임시회는 대통령 또는 국회재적의원 4분의 1 이상의 요구에 의하여 집회된다. 정기회의 회기는 100일을, 임시회의 회기는 30일을 초과할 수 없다(동 제47조).

국회의 회의는 공개가 원칙이다(의사공개의 원칙). 다만, 출석의원 과반수의 찬성이 있거나 의장이 국가의 안전보장을 위하여 필요하다고 인정할 때에는 공개하지 아니할 수 있다(헌법 제50조). 헌법 제51조에 의하면 국회에 제출된 법률안 기타의 의안은 회기 중에 의결되지 못한 이유로 폐기되지 아니한다(회기계속의 원칙). 다만, 국회의원의 임기가 만료된 때에는 그러하지 아니하다. 국회에서 한번 부결된 안건은 같은 회기 내에 다시 제출할 수 없다는 원칙도 있다(일사부재의의 원칙). 이는 소수파의 의사진행방해 즉 필리버스터를 방지하기 위한 것이다.

(2) 의 결
헌법 제49조는 "국회는 헌법 또는 법률에 특별한 규정이 없는 한 재적의원 과반수의 출석과 출석의원 과반수의 찬성으로 의결한다. 가부동수인 때에는 부결된 것으로 본다."고 하였다. 이는 일반의안의 의결정족수로 단순과반수 즉 출석과반수(majority of present and voting)의 원칙을 규정한 것이다.

하지만, 사안에 따라서는 다음과 같이 별도의 의결정족수가 규정된 경우들이 있다(특별의결정족수).
• 재적 3분의 2이상 찬성 : 대통령 탄핵소추 의결, 헌법개정안 의결, 국회의원 제명처분
• 재적의원 과반수 찬성 : 대통령 탄핵소추발의, 대통령이외의자 탄핵소추 의결, 국무총리와 국무위원 해임건의, 계엄해제 요구, 국회의장 선출
• 재적의원 과반수 출석에 3분의 2이상 찬성 : 법률안 재의결
재적 3분의 1이상 찬성 : 국무총리 국무위원 해임 건의발의, 대통령이외의 장에 대한 탄핵소추 발의
• 재적 4분의 1이상 찬성 : 임시회 소집요구, 국정조사 요구

3) 국회의 권한

(1) 입법권

헌법 제40조는 입법권은 국회에 속한다고 하였다. 법률을 제정할 수 있는 권한이 국민의 대표기관이자 입법부(the Legislature)인 국회에 속한다는 것은 권력분립구조에 비추어 볼 때 당연한 규정이다.

우리나라 헌법에서 법률안은 국회의원과 정부에 의해 제출되는데(제52조), 법률안은 상임위원회에서 심의하여 의결된 후 본회의에 회부되어 과반수 출석에 과반수 찬성으로 의결된다. 헌법 제53조는 법률제정 절차에 대하여 규정하고 있다. 그에 의하면, 국회가 의결한 법률안은 정부에 이송되어 15일 이내에 대통령이 공포하지만, 법률안에 이의가 있으면 대통령은 이의서를 붙여 국회로 환부하여 재의를 요구할 수 있다. 재의 요구에 대해 국회가 재적의원 과반수의 출석과 출석의원 3분의 2 이상의 찬성으로 다시 의결하면 그 법률안은 법률로서 확정된다. 대통령은 확정된 법률을 지체없이 공포해야 하며, 확정법률이 정부에 이송된 후 5일 이내에 대통령이 공포하지 아니하면 국회의장이 이를 공포한다. 특별한 규정이 없는 한 법률은 공포된 날로부터 20일 경과후 효력을 발생한다.

(2) 조약체결·비준에 대한 동의권

조약은 국제관습법과 함께 국내에서 적용되는 국제적인 규범으로, 다소 논의의 여지는 있으나 그 국내적 효력은 법률에 준하는 것으로 본다. 국내입법과정과 유사한 체약체결 과정과 국가와 국민에 대한 부담 및 국제화 시대인 것을 감안할 때, 입법부인 국회가 조약체결에 대하여 일정한 권한을 가지는 것은 당연하다고 할 수 있다.

우리 헌법 제60조는 1항에서 "국회는 상호원조 또는 안전보장에 관한 조약, 중요한 국제조직에 관한 조약, 우호통상항해조약, 주권의 제약에 관한 조약, 강화조약, 국가나 국민에게 중대한 재정적 부담을 지우는 조약 또는 입법사항에 관한 조약의 체결·비준에 대한 동의권을 가진다."고 하여 중요한 조약에 대한 국회의 비준동의권을 인정하였다. 국회는 외교에 대한 권한으로 선전포고, 국군의 외국에의 파견 또는 외국군대의 대한민국 영역안에서의 주류에 대해서도 동의권을 가진다(동조 2항).

(3) 재정에 관한 권한

헌법 제54조는 1항에서 "국회는 국가의 예산안을 심의·확정한다."고 하였다. 정부는 회계연도마다 예산안을 편성하여 회계연도 개시 90일 전까지 국회에 제출하고, 국회는 회계연도 개시 30일전까지 이를 심의·의결한다. 그러나 새로운 회계연도가 개시될 때까지 예산안이 의결되지 못한 때에는 정부는 헌법이나 법률에 의하여 설치된 기관과 시설의 유지·운영, 법률상 지출의무의 이행, 이미 승인된 계속사업의 경비는 전년도 예산에 준하여 집행할 수 있다(동조 2, 3항).

정부는 한 회계연도를 넘어 계속하여 지출할 필요가 있을 때에는 연한을 정하여 계속비로서 국회의 의결을 얻어야 하며, 예비비는 총액으로 국회의 의결을 얻되 그 지출은 차기국회의 승인을 얻어야 한다(헌법 제55조). 한편 정부는 예산을 변경할 필요가 있을 때에는 추가경정예산안을 편성하여 국회에 제출한다(제56조).

결산에 대한 국회의 심사는 예산집행에 대한 사후심사에 해당되는데, 감사원은 세입·세출의 결산을 매년 검사하여 대통령과 차년도 국회에 그 결과를 보고해야 한다(제99조).

정부는 국채를 모집하거나 예산외에 국가의 부담이 될 계약을 체결하려 할 때에도 미리 국회의 의결을 얻어야 한다(헌법 제58조). 조세법률주의에 따라서 헌법 제59조는 "조세의 종목과 세율은 법률로 정한다."는 규정도 두었다.

(4) 국정통제권한

①국정감사·조사권

헌법 제61조는 1항에서 "국회는 국정을 감사하거나 특정한 국정사안에 대하여 조사할 수 있으며, 이에 필요한 서류의 제출 또는 증인의 출석과 증언이나 의견의 진술을 요구할 수 있다."고 하였다. 국정감사는 매년 정기회 기간에 실시되는데 국회의 상임위원회 별로 국정전반에 걸쳐서 감사가 이루어지며, 국정조사는 특정 사안에 대한 조사를 위해 재적의원 4분의 1 이상의 요구와 본회의 의결로 시작된다. 국정감사 및 조사에 관한 절차 기타 필요한 사항을 정한 국정감사법이 있다.

②국무총리·국무위원 국회출석 요구 및 질문권

헌법 제62조 2항은 국회나 그 위원회의 요구가 있을 때에는 국무총리·국무위원 또는 정부위원은 출석·답변하여야 한다고 하였다.

③국무총리·국무위원 해임건의권

국회는 국무총리 또는 국무위원의 해임을 대통령에게 건의할 수 있다. 해임건의는 국회재적의원 3분의 1 이상의 발의에 의하여 국회재적의원 과반수의 찬성이 있어야 한다(헌법 제63조).

④탄핵소추권

헌법 제65조는 대통령·국무총리·국무위원·행정각부의 장·헌법재판소 재판관·법관·중앙선거관리위원회 위원·감사원장·감사위원 기타 법률이 정한 공무원이 그 직무집행에 있어서 헌법이나 법률을 위배한 때에는 국회는 탄핵의 소추를 의결할 수 있다고 하였다(1항). 탄핵소추는 국회재적의원 3분의 1 이상의 발의로 이루어지며, 의결은 국회재적의원 과반수의 찬성이 있어야 한다. 다만, 대통령 탄핵소추는 국회재적의원 과반수의 발의와 국회재적의원 3분의 2 이상의 찬성이 있어야 한다(2항). 탄핵소추의 의결을 받은 자는 탄핵심판이 있을 때까지 그 권한행사가 정지된다(3항). 탄핵결정은 공직으로부터 파면함에 그치지만, 민사상이나 형사상의 책임이 면제되는 것은 아니다(4항).

⑤기타 권한
· 대통령의 긴급명령·긴급재정경제명령 승인권
· 계엄선포해제 요구권
· 대통령의 일반사면에 대한 동의권
· 헌법기관구성동의권 : 국무총리, 대법원장 및 대법관, 헌재소장 및 재판관, 감사원장, 중앙선관위 위원

3. 대통령

1) 대통령의 지위

　대통령은 국민의 보통·평등·직접·비밀선거에 의하여 선출되며, 임기는 5년이고 중임할 수 없다. 대통령은 취임에 즈음하여 "나는 헌법을 준수하고 국가를 보위하며 조국의 평화적 통일과 국민의 자유와 복리의 증진 및 민족문화의 창달에 노력하여 대통령으로서의 직책을 성실히 수행할 것을 국민 앞에 엄숙히 선서합니다."는 선서를 한다.
　대통령은 국가원수로서의 지위와 행정부의 수반으로서의 지위를 갖는다. 헌법 제66조 1항은 "대통령은 국가의 원수이며, 외국에 대하여 국가를 대표한다"고 하여 국가원수로서의 역할을 강조하였다. 대통령은 국가의 독립·영토의 보전·국가의 계속성과 헌법을 수호할 책무를 진다.
　대통령은 행정수반으로서의 책임도 진다. 헌법 제66조 3항은 "행정권은 대통령을 수반으로 하는 정부에 속한다."고 하였다. 대통령은 행정최고책임자로서의 권한과 의무를 지며, 행정부 조직권자로서의 지위와 국무회의 의장으로서의 지위도 갖는다.

2) 대통령의 권한

제72조 대통령은 필요하다고 인정할 때에는 외교·국방·통일 기타 국가안위에 관한 중요정책을 국민투표에 붙일 수 있다.
제73조 대통령은 조약을 체결·비준하고, 외교사절을 신임·접수 또는 파견하며, 선전포고와 강화를 한다.
제74조 ①대통령은 헌법과 법률이 정하는 바에 의하여 국군을 통수한다.
　②국군의 조직과 편성은 법률로 정한다.
제75조 대통령은 법률에서 구체적으로 범위를 정하여 위임받은 사항과 법률을 집행하기 위하여 필요한 사항에 관하여 대통령령을 발할 수 있다.
제76조 ①대통령은 내우·외환·천재·지변 또는 중대한 재정·경제상의 위기에 있어서 국가의 안전보장 또는 공공의 안녕질서를 유지하기 위하여 긴급한 조치가 필요하고 국회의 집회를 기다릴 여유가 없을 때에 한하여 최소한으로 필요한 재정·경제상의 처분을 하거나 이에 관하여 법률의 효력을 가지는 명령을 발할 수 있다.
　②대통령은 국가의 안위에 관계되는 중대한 교전상태에 있어서 국가를 보위하기 위하여 긴급한 조치가 필요하고 국회의 집회가 불가능한 때에 한하여 법률의 효력을 가지는 명령을 발할 수 있다.
　③대통령은 제1항과 제2항의 처분 또는 명령을 한 때에는 지체없이 국회에 보고

하여 그 승인을 얻어야 한다.
　④제3항의 승인을 얻지 못한 때에는 그 처분 또는 명령은 그때부터 효력을 상실한다. 이 경우 그 명령에 의하여 개정 또는 폐지되었던 법률은 그 명령이 승인을 얻지 못한 때부터 당연히 효력을 회복한다.
　⑤대통령은 제3항과 제4항의 사유를 지체없이 공포하여야 한다.
제77조 ①대통령은 전시·사변 또는 이에 준하는 국가비상사태에 있어서 병력으로써 군사상의 필요에 응하거나 공공의 안녕질서를 유지할 필요가 있을 때에는 법률이 정하는 바에 의하여 계엄을 선포할 수 있다.
　②계엄은 비상계엄과 경비계엄으로 한다.
　③비상계엄이 선포된 때에는 법률이 정하는 바에 의하여 영장제도, 언론·출판·집회·결사의 자유, 정부나 법원의 권한에 관하여 특별한 조치를 할 수 있다.
　④계엄을 선포한 때에는 대통령은 지체없이 국회에 통고하여야 한다.
　⑤국회가 재적의원 과반수의 찬성으로 계엄의 해제를 요구한 때에는 대통령은 이를 해제하여야 한다.
제78조 대통령은 헌법과 법률이 정하는 바에 의하여 공무원을 임면한다.
제79조 ①대통령은 법률이 정하는 바에 의하여 사면·감형·복권을 명할 수 있다.
　②일반사면을 명하려면 국회의 동의를 얻어야 한다.
　③사면·감형 및 복권에 관한 사항은 법률로 정한다.

기타 대통령이 가지는 권한으로는 헌법개정에 관한 권한, 법률안 거부권, 위헌정당 제소권, 헌법기관 구성관련 권한(감사원, 선앙선거관리위원회, 헌법재판소, 대법원)이 있다.

3) 대통령의 특권

헌법 제84조는 "대통령은 내란 또는 외환의 죄를 범한 경우를 제외하고는 재직중 형사상의 소추를 받지 아니한다."고 하였다.
헌법 제85조는 "전직대통령의 신분과 예우에 관하여는 법률로 정한다."고 하였다.

4. 행정부

1) 국무총리/ 국무위원

제86조 ①국무총리는 국회의 동의를 얻어 대통령이 임명한다.
　②국무총리는 대통령을 보좌하며, 행정에 관하여 대통령의 명을 받아 행정각부를

통할한다.
　③군인은 현역을 면한 후가 아니면 국무총리로 임명될 수 없다.
제87조 ①국무위원은 국무총리의 제청으로 대통령이 임명한다.
　②국무위원은 국정에 관하여 대통령을 보좌하며, 국무회의의 구성원으로서 국정을 심의한다.

2) 국무회의/ 자문회의

제88조 ①국무회의는 정부의 권한에 속하는 중요한 정책을 심의한다.
　②국무회의는 대통령·국무총리와 15인 이상 30인 이하의 국무위원으로 구성한다.
　③대통령은 국무회의의 의장이 되고, 국무총리는 부의장이 된다.
제89조 다음 사항은 국무회의의 심의를 거쳐야 한다.
　1. 국정의 기본계획과 정부의 일반정책
　2. 선전·강화 기타 중요한 대외정책
　3. 헌법개정안·국민투표안·조약안·법률안 및 대통령령안
　4. 예산안·결산·국유재산처분의 기본계획·국가의 부담이 될 계약 기타 재정에 관한 중요사항
　5. 대통령의 긴급명령·긴급재정경제처분 및 명령 또는 계엄과 그 해제
　6. 군사에 관한 중요사항
　7. 국회의 임시회 집회의 요구
　8. 영전수여
　9. 사면·감형과 복권
　10. 행정각부간의 권한의 획정
　11. 정부안의 권한의 위임 또는 배정에 관한 기본계획
　12. 국정처리상황의 평가·분석
　13. 행정각부의 중요한 정책의 수립과 조정
　14. 정당해산의 제소
　15. 정부에 제출 또는 회부된 정부의 정책에 관계되는 청원의 심사
　16. 검찰총장·합동참모의장·각군참모총장·국립대학교총장·대사 기타 법률이 정한 공무원과 국영기업체관리자의 임명
　17. 기타 대통령·국무총리 또는 국무위원이 제출한 사항
제90조 ①국정의 중요한 사항에 관한 대통령의 자문에 응하기 위하여 국가원로로 구성되는 국가원로자문회의를 둘 수 있다.
　②국가원로자문회의의 의장은 직전대통령이 된다.
제91조 ①국가안전보장에 관련되는 대외정책·군사정책과 국내정책의 수립에 관하여 국무회의의 심의에 앞서 대통령의 자문에 응하기 위하여 국가안전보장회의를 둔다.
　②국가안전보장회의는 대통령이 주재한다.

제92조 ①평화통일정책의 수립에 관한 대통령의 자문에 응하기 위하여 민주평화통일자문회의를 둘 수 있다.
제93조 ①국민경제의 발전을 위한 중요정책의 수립에 관하여 대통령의 자문에 응하기 위하여 국민경제자문회의를 둘 수 있다.

3) 행정각부

제94조 행정각부의 장은 국무위원 중에서 국무총리의 제청으로 대통령이 임명한다.
제95조 국무총리 또는 행정각부의 장은 소관사무에 관하여 법률이나 대통령령의 위임 또는 직권으로 총리령 또는 부령을 발할 수 있다.
제96조 행정각부의 설치·조직과 직무범위는 법률로 정한다.

4) 감사원

제97조 국가의 세입·세출의 결산, 국가 및 법률이 정한 단체의 회계검사와 행정기관 및 공무원의 직무에 관한 감찰을 하기 위하여 대통령 소속하에 감사원을 둔다.
제98조 ①감사원은 원장을 포함한 5인 이상 11인 이하의 감사위원으로 구성한다.
  ②원장은 국회의 동의를 얻어 대통령이 임명하고, 그 임기는 4년으로 하며, 1차에 한하여 중임할 수 있다.
  ③감사위원은 원장의 제청으로 대통령이 임명하고, 그 임기는 4년으로 하며, 1차에 한하여 중임할 수 있다.
제99조 감사원은 세입·세출의 결산을 매년 검사하여 대통령과 차년도국회에 그 결과를 보고하여야 한다.

5, 사법부

1) 의 미

 사법부는 입법권 및 행정권과 함께 근대 민주주의 헌법상 분립된 권력의 한 부분을 형성한다. 법관으로 구성된 각종 법원은 당사자 간의 분쟁을 법과 양심에 따라서 공평하게 해결하며(사법기관), 명령과 규칙의 위헌위법심사와 위헌법률심사제청 및 선거소송 등을 담당하고(헌법의 수호기관), 재판과 영장 및 구속적부심제도 등을 운영하고(기본권보장기관) 있다.
 행정권 및 입법권과 달리 사법권은 소극적이고 수동적인 국가권한이다. 법원에 의한 사법적 판단은 소송당사자의 권리가 침해되고 소송을 통해 권리구제가 가능해야 하기 때문이다. 아울러 소위 통치행위에 속하는 사항들은 고도의 정치성 때문에 사법심사의 대상이 아니라고 보기 때문에, 개인의 기본권과 직접적인 관련이 없는 고도의 정치적 판단이 필요한 부분에 대해서는 사법권의 행사는 제한된다. 대통령의 외교행위, 통일관련 행위, 헌법기관구성행위 등은 통치행위에 해당되는 것으로 보는 것이 일반적이다. 그러나 헌재는 긴급경제명령이 기본권 행사와 직접 관련되는 경우에는 심판의 대상이 된다고 하였다.

2) 사법권의 독립

헌법 제103조는 "법관은 헌법과 법률에 의하여 그 양심에 따라 독립하여 심판한다."고 하여 법관의 독립을 천명하고 있다. 법관이 국회와 행정부로부터 독립하여 법의 적용에 있어서 법과 양심에 따른 재판을 함으로써 국민의 기본권 보장에 차질이 없어야 함은 민주주의의 기본원리인 권력분립제도의 취지에 부합하기 때문이다.

사법부의 독립은 법원조직의 독립, 법관의 신분상의 독립, 재판상의 독립을 통해 구현된다. 먼저 법원조직의 독립과 관련하여, 헌법 제101조는 사법권은 법관으로 구성된 법원에 속하며, 최고법원인 대법원과 각급법원으로 조직되고, 법관의 자격은 법률로 정한다고 하였다. 대법원장과 대법관은 국회의 동의를 얻어 대통령이 임명하지만 일반법관은 대법원장이 임명하며, 대법원은 법원의 내부규율 및 사무처리와 관련하여 규칙제정권을 가진다.

법관의 신분보장을 위하여, 법관의 임기는 10년으로 하였으며, "법관은 탄핵 또는 금고 이상의 형의 선고에 의하지 아니하고는 파면되지 아니하며, 징계처분에 의하지 아니하고는 정직·감봉 기타 불리한 처분을 받지 아니한다."고 하였다(헌법 제106조).

법관의 재판상 독립과 관련해서, 헌법 제103조는 "법관은 헌법과 법률에 의하여 그 양심에 따라 독립하여 심판한다."고 하였다. 재판과 관련하여 법관은 법원 내부는 물론 외부로 부터도 간섭을 받지 아니한다. 법관은 다른 국가권력은 물론이고 매스컴 등 언론으로부터도 간섭을 받지 아니하여야 한다. 국회는 계속 중인 재판 또는 수사 중인 사건에 관련할 목적으로 국정감사를 할 수 없으며, 그러한 사안과 관련이 있는 청원을 접수해서도 아니 된다.

3) 법원의 조직

제101조 ①사법권은 법관으로 구성된 법원에 속한다.
　②법원은 최고법원인 대법원과 각급법원으로 조직된다.
　③법관의 자격은 법률로 정한다.
제102조 ①대법원에 부를 둘 수 있다.
　②대법원에 대법관을 둔다. 법률이 정하는 바에 의하여 대법관이 아닌 법관을 둘

수 있다.
　③대법원과 각급법원의 조직은 법률로 정한다.
제103조 법관은 헌법과 법률에 의하여 그 양심에 따라 독립하여 심판한다.
제104조 ①대법원장은 국회의 동의를 얻어 대통령이 임명한다.
　②대법관은 대법원장의 제청으로 국회의 동의를 얻어 대통령이 임명한다.
　③대법원장과 대법관이 아닌 법관은 대법관회의의 동의를 얻어 대법원장이 임명한다.
제105조 ①대법원장의 임기는 6년으로 하며, 중임할 수 없다.
　②대법관의 임기는 6년으로 하며, 법률이 정하는 바에 의하여 연임할 수 있다.
　③대법원장과 대법관이 아닌 법관의 임기는 10년으로 하며, 법률이 정하는 바에 의하여 연임할 수 있다.
　④법관의 정년은 법률로 정한다.

4) 법원의 권한

　법원의 권한은 다음과 같다.
첫째, 형사소송, 민사소송, 행정소송, 선거소송 등의 재판권을 갖는다. 단, 대통령선거와 국회의원 선거관련 소송은 단심제로 대법원에서 관할하며, 행정소송의 경우에는 재판의 전심절차로서 행정심판을 할 수 있다(제107조 3항).
둘째, 명령과 규칙의 위헌심사권을 갖는다. 명령·규칙 또는 처분이 헌법이나 법률에 위반되는 여부가 재판의 전제가 된 경우에 대법원은 이를 최종적으로 심사할 권한을 가진다(제107조 2항).
셋째, 위헌법률심판제청권을 갖는다. 법률이 헌법에 위반되는 여부가 재판의 전제가 된 경우에는 법원은 헌법재판소에 제청하여 그 심판에 의하여 재판한다(제107조 1항).
넷째, 대법원은 규칙제정권을 갖는다.
　재판의 심리와 판결은 공개한다. 다만 국가의 안전보장 또는 안녕질서를 방해하거나 선량한 풍속을 해할 염려가 있을 때에는 법원의 결정으로 공개하지 아니할 수 있다(제109조).

6. 헌법재판소

1) 지위와 구성

　헌법재판소는 헌법에 대한 최종적인 해석과 적용 권한을 가지는 헌법보호기관으로, 법원의 제청에 의한 법률의 위헌여부 심판, 탄핵의 심판, 정당의 해산 심판, 국가기관 상호간 또는 국가기관과 지방자치단체 간 권한쟁의에 관한 심판, 법률이 정하는 헌법소원에 관한 심판 등을 관할한다. 헌재는 이러한 권한행사를 통하여 권력을 통제하고 국민의 기본권 보호에 기여한다.

헌법 제111조에 의하면, 헌법재판소는 법관의 자격을 가진 9인의 재판관으로 구성하며 대통령이 임명하나, 재판관 중 3인은 국회에서 선출하는 자를, 3인은 대법원장이 지명하는 자를 임명한다고 하였다. 그리고 헌법재판소의 장은 국회의 동의를 얻어 재판관 중에서 대통령이 임명한다.

헌법재판소 재판관의 임기는 6년이며 연임이 가능하고, 정치적 중립을 위하여 정당에 가입하거나 정치에 관여할 수 없다. 헌법재판소 재판관은 탄핵 또는 금고 이상의 형의 선고에 의하지 아니하고는 파면되지 아니한다.

2) 권 한

헌법재판소는 법원의 제청에 의한 법률의 위헌여부 심판, 탄핵의 심판, 정당의 해산 심판, 국가기관 상호간 또는 국가기관과 지방자치단체 간 권한쟁의에 관한 심판, 법률이 정하는 헌법소원에 관한 심판 등을 관할한다. 헌법 제113조는 헌법재판소에서 법률의 위헌결정, 탄핵의 결정, 정당해산의 결정 또는 헌법소원에 관한 인용결정을 할 때에는 재판관 6인 이상의 찬성이 있어야 한다고 하였다.

헌재는 심판청구가 부적법하면 각하결정, 청구는 적법하지만 이유가 없으면 기각결정, 청구가 적법하고 이유가 있으면 인용결정을 한다.

(1) 위헌법률심판

헌법재판소는 국회가 제정한 법률이 헌법에 위반되는 여부를 심사하고, 헌법위반으로 판명된 법률은 그 효력에 영향을 미친다. 이는 법률의 위헌여부가 재판의 전제가 되는 경우에 당해 사건을 심리하는 법원의 제청으로 헌재가 법률 또는 법률조항의 위헌여부를 심판하는 것이다. 위헌법률심판의 대상으로는 형식적 의미의 법률은 물론 유사한 효력을 가지는 법규범인 긴급명령, 긴급재정경제명령, 조약도 포함된다.

위헌법률심판에서 재판소의 결정은 다음과 같은 유형으로 나누어진다.
· 단순위헌결정 : 당해 법률은 결정시부터 효력상실
· 단순합헌결정 : 효력유지
· 헌법불합치결정 : 헌법위반이나 즉시 위헌결정을 하게 되면 법률공백으로 혼란이 우려되거나 위헌적인 요소와 합헌적인 요소가 혼재해 있는 경우에 취해지며 당해 법률과 조항은 일단은 존속하나 일정한 기간내 개선되어야 한다.
· 한정위헌결정과 한정합헌결정

(2) 헌법소원심판

공권력의 행사 또는 불행사로 헌법상 보장된 기본권을 침해당한 자가 헌법재판소에 구제를 청구하는 제도이다. 권리구제형 헌법소원은 공권력의 행사·불행사로 보장된 기본권을 현실적으로 침해당한 자가(권리침해의 현재성) 청구하는 헌법소원이다. 반면에 위헌심사형 헌법소원은 위헌법률심사의 제청신청이 법원에 의해 기각된 경우에 당사자가 청구하는 헌법소원으로, 문제된 법률의 위헌여부가 재판의 전제가 된 경우에 청구할 수 있다.

▶ 〔헌재 2008. 5. 29. 2007헌마1105〕 헌재는 5급 공무원의 응시연령을 제한한 '국가공무원법'과 '공무원임용시행령'은 32세이상 공무원의 공직취임권을 침해하는 것이라고 하였다. 그후 경찰 등을 제외한 일반직 공무원의 응시연령 제한이 폐지되었다.

(3) 탄핵심판

고위직 행정공무원과 법관 등 신분이 보장된 공무원이 직무상 중대한 비위를 범한 경우에는 탄핵제도가 활용될 수 있다. 탄핵은 국회가 소추하고 헌법재판소가 결정한다. 탄핵소추는 재적의원 3분의 1이상의 발의와 과반수의 찬성으로 이루어지나, 대통령의 경우에는 재적의원 과반수 찬성으로 발의되고 재적 3분의 2이상의 찬성으로 의결된다(탄핵인용/기각결정).

탄핵소추의 대상자는 대통령, 국무총리, 국무위원, 행정각부의 장, 헌법재판소 재판관, 법관, 중앙선관위 위원, 감사원장과 위원 등이며, 탄핵사유는 직무집행에 있어서 헌법이나 법률에 위배된 경우이다. 탄핵의 결과는 공직에서의 파면에 한정되며, 민사상·형사상 책임은 면제되지 아니하여 별도로 물을 수 있으므로 본질적으로 '징계절차'에 해당한다.

▶ 〔헌재 2017. 3. 10. 2016헌나1〕 헌법재판소는 피청구인의 헌법과 법률 위배행위는 국민의 신임을 배반한 행위로 헌법수호의 관점에서 용납될 수 없는 중대한 법위반행위라고 보아야 한다고 하였다. 그리고 피청구인을 파면함으로써 얻는 헌법수호의 이익이 대통령 파면에 따르는 국가적 손실을 압도할 정도로 크다고 인정된다고 하였다.

(4) 정당해산심판

정당의 목적이나 활동이 민주적 기본질서에 위배되면 국무회의의 심의를 거쳐서 헌재에 해산을 제소할 수 있고, 헌재는 9인 중 6인의 재판관의 찬성으로 정당의 해산을 명하는 결정을 할 수 있다.

▶ 〔헌재 2014. 12. 19. 2013헌다1〕 헌재는 8대1로 통합진보당을 해산하고 그 소속 국회의원은 의원직을 상실한다는 결정을 선고하였다. 통진당이 북한식 사회주의를 실현하려는 목적을 가지고 내란을 논의하는 등 활동을 한 것이 헌법상 민주적 기본질서에 위배된다고 본 것이다.

(5) 권한쟁의심판

국가기관이나 지방자치단체 사이에 권한의 귀속이나 범위를 둘러싸고 다툼이 있는 경우에 헌법재판소에 권한쟁의심판을 청구할 수 있으며, 헌재는 7인 이상의 재판관이 참석하고 참석 과반수의 찬성으로 결정한다. 권한쟁의 결정은 모든 국가기관과 지방자치단체를 기속한다.

제5장 국제법

제1절 국제법의 의의와 법원
제2절 국제법의 주체
제3절 국가의 대외관계와 분쟁해결
제4절 무력충돌
제5절 국제법각론

제1절 국제법의 의의와 법원

1. 국제법의 정의

　오늘날 국제법 저자들은 국제법(international law)을 정의하기를 회피하는 경향이 있다. 그것은 국제법을 정의하는 것은 국제법의 법적 성격 및 국내법과의 관계 등 예민한 문제들과 관련되어 있어서 용이한 일이 아니기 때문이다.

　과거 국제사회가 국가를 유일한 행위자로 하는 비교적 단순한 상태에 있었을 때에는 국제법을 정의하는 것이 까다로운 일은 아니었다. 제2차 세계대전에 이르기까지 국가는 국제사회라 불리는 무대의 압도적으로 중요한 행위자이었으니, 국제법학자들은 큰 어려움 없이 국제법을 국가 간의 관계를 규율하는 규범이라 정의할 수 있었다. 그리하여 웨스트레이크(J. Westlake)는 "국제법이란 국가들로 이루어진 사회의 법"이라 정의하였으며, 브라이얼리(J. L. Brierly)는 "국제법은 국가 상호간의 관계에서 국가를 구속하는 규칙과 행동원칙"이라고 하였다. 국제법이 국제사회의 법이라면 국제법은 제2차 세계대전에 이르기까지 오직 국가와 국가 간의 관계를 규율하는 법이었다. 과거 국제사회의 정당한 행위자는 국가뿐이었고 오직 국가만이 국제법상 권리와 의무의 주체가 될 수 있었기 때문이다.

　20세기 들어 두 번의 세계대전을 거치면서 국제사회는 크게 변하였고, 새로운 행위자들의 등장으로 국제법에도 많은 변화가 있었다. 국제사회라는 무대에 새로운 행위자로 등장하여 국제법에 변화를 가져온 가장 중요한 주체는 국제기구이다. 국제연맹과 국제연합, 가트(GATT)와 그 계승자 세계무역기구(WTO)에서 보듯이, 오늘날 국제기구는 국제사회에서 매우 중요한 법적인 주체로 활동하고 있다. 개인의 국제법 지위의 강화도 국제법의 변화를 가져온 중요한 요인이었다. 전통적인 국제법에서는 국내문제불간섭을 국제법의 기본적인 원칙으로 삼아왔고 개인들의 지위는 국내문제에 속하는 사항이라고 보았기 때문에, 국제사회와 국제법은 개인의 문제에 관여할 수 없다고 보았었다. 그렇지만 오늘날 개인들도 국제법이 부여하는 권리를 누리게 되었으며 국제분쟁해결 절차에 당사자로 참가할 수 있는 기회도 점점 넓어져 가고 있다. 기업과 비정부간기구(NGO)들도 국제사회와 국제법에 많은 영향을 미치고 있다. 다국적기업들의 국제경제 분야에서의 영향력과 비정부간기구들의 인권·환경 분야에서의 활발한 활동을 고려할 때 제한된 범위에서라도 그 역할을 인정하는 것이 필요해졌다.

　오늘날 국제법이란 주권국가, 국제기구, 개인, 기업으로 구성된 국제사회의 법으로서 주로 국가 간의 관계를 규율하는 규범이라고 정의할 수 있다.

2. 국제법의 역사

국제법은 언제 시작되었을까? 국제법을 주권국가 간의 법으로 이해하는 통설적인 견해에 따르면 국제법의 역사는 유럽에서 30년 전쟁이 끝난 후 웨스트팔리아(Westphalia) 강화조약이 체결된 17세기 중반부터 유럽국가 간의 관계를 규율하는 규범으로 시작되었다. 그렇지만 국제법을 국가적 정치조직 간의 일체의 관계와 합의를 의미하는 것으로 이해한다면 국제법의 역사는 기원전 3000년경까지 거슬러 올라간다.

오늘날 국제법은 명실상부한 국제사회의 법이다. 그렇지만 과거 국제사회란 주로 유럽의 국가들을 구성원으로 하는 제한된 공동체였으므로 미국을 포함하는 서구사회가 국제법의 발생지이자 성장지가 되었다. 국제법의 역사에 대한 연구에서 유럽중심적 경향이 자리를 잡게 된 데에는 제국주의 시대 식민지화 과정에서 다른 지역의 문명들은 대부분 파괴되어 근대 이후 국제법이 형성되는 과정에서 별다른 영향을 줄 수 없었던 데에서 기인한다.

1) 근 대

종교개혁, 르네상스, 미주대륙의 발견으로 시작된 근대(modern times)로 접어들면서 국제사회에는 커다란 변화가 있었다. 국제법 발달에 큰 영향을 미친 사건은 교황권과 신성로마제국의 약화와 민족주의적 주권국가의 탄생이었다.

유럽에서 교황권 우위의 국제질서가 무너지고 주권국가들이 명실상부한 국제사회의 주역으로 등장하는 과정을 상징적으로 보여주는 조약이 있다. 30년간의 종교전쟁을 종결지은 웨스트팔리아 강화조약이다. 1618년 시작된 30년 전쟁은 본래 가톨릭국가와 개신교국가 간의 종교적 갈등에서 비롯되었으나 그 전쟁은 유럽의 군사적·정치적 패권 쟁탈전으로 변모되어 엄청난 참화를 불러왔다. 1648년 서명된 웨스트팔리아조약은 근대 국제사회의 성립에 비추어 볼 때 중요한 의미를 갖는다. 특히 종교의 선택에 영토의 절대성을 인정하고 개신교 국가가 국제적으로 인정받게 되면서 국가들은 교황의 영향력에서 벗어나게 되었다. 조약은 유럽 내 정치권력이 신성로마황제와 교황으로부터 영토에 기초한 민족국가로 이동한 것을 보여주었다.

교황권이 약화되고 주권국가들이 국제사회의 주역으로 등장하면서 국가 간의 관계를 규율하는 법규범이 필요해졌다. 국제법의 시조라 불리우는 그로티우스(Hugo Grotius, 1583-1645)는 1625년 파리에서 출판된 그의 저서 「전쟁과 평화의 법」에서 국제법의 새로운 지평을 열었다. 그는 국제법을 자연법의 하위개념이나 적용수단으로 보지 아니하고 자연법에서 독립된 법규범으로 인식하였다. 그로티우스 이후 국제법에서는 의사법으로의 국제법이 득세하게 되었다. 자연법 중심의 철학이 쇠퇴하고 실증주의 철학이 대두되면서, 형이상학적 원칙에서 나오는 규범인 자연법 대신에 국가관행과 실제 국제관계에서 형성되어 적용되는 조약과 관습법 중심의 실정국제법이 중요해졌다.

2) 19세기부터 20세기 중반까지

국제사회란 본래 다양한 지리적·문화적·종교적 배경을 가진 국가들로 구성되어 있지만 근대이후 한 동안 국제사회의 중요한 행위자들은 주로 기독교 국가인 유럽국가들 이었으며 미국이 나중에 가세하는 정도였다. 나머지 다른 지역의 국가들은 오랜 기간 동안 국제사회의 주변부에 머물러 있었으며, 특히 18세기 후반 유럽에서 산업혁명이 일어난 이후로는 유럽국가들과의 격차가 더욱 커져서 정복을 당하거나 그 영향력아래 놓이게 되었다. 19세기는 유럽의 영국, 프랑스, 프러시아, 러시아, 오스트리아, 스페인, 스웨덴, 네덜란드와 미국 등 구미국가들이 국제사회를 지배했던 시기이었다.

19세기 들어 국제사회는 넓어지고 국제법의 적용범위는 크게 확대되었다. 라틴아메리카 국가들은 독립과 동시에 서구문명에 편입되어 국제사회는 그만큼 확대되었다. 그러한 변화는 극동에서도 있었으니, 1842년 중국은 영국과 남경조약을 체결하여 자국의 5개 항구를 대외무역에 개방하였다. 그 후에 체결된 중국과 유럽국가들 간의 조약들은 굴복체제 모형을 따른 불평등 조약이어서 중국의 독립은 크게 손상되었으나 국제사회는 그만큼 확대되었다. 일본의 고립정책도 1853년과 1854년 미국의 페리(Perry) 제독에 의해 종식되었다. 당시 일본이 서방국가들과 체결한 조약들 역시 불평등조약이었으며 이는 1867년 메이지유신 이후에야 시정되었다. 우리나라도 병자수호조약 이후 서방국가들과 잇달아 조약을 체결하면서 국제무대에 등장하였다.

19세기에는 오늘날 중요한 국제법 주체가 된 국제기구(international organ- ization)가 등장하여 국가중심의 전통적인 국제법 체제에 변혁을 예고하였다. 비엔나회의에서 참가국들은 라인과 다뉴브 강의 자유항행에 합의하고 하천위원회를 두기로 하였다. 그에 따라 최초의 국제기구라 할 수 있는 라인강위원회(1831)와 다뉴브강위원회(1856)가 창설되었다.

19세기에는 특이하게도 국제인도법 분야에 많은 발전이 있었다. 상병자와 포로의 인도적 대우 등을 주장하여 인도법의 발달에 크게 기여한 사람은 스위스 사람 앙리 뒤낭(Henri Dunant)이었다. 그는 1859년 6월 여행 중 프랑스와 오스트리아 군대 삼십만이 참전하여 4만여 명의 사상자를 낸 솔페리노전투의 참상을 직접 목격하고는 「솔페리노의 회상」(Un Souvenir de Solferino)을 저술하여 전쟁 중 부상을 당하였거나 병든 병사들을 구호하기 위한 국제조직의 설립을 제안하였다. 그의 이러한 제안은 후일 국제적십자의 설립을 통하여 결실을 보았다.

서유럽 중심으로 움직여 온 국제사회는 20세기 들어 두 가지 사건을 통하여 크게 변하게 되었다. 그 두 가지 사건이란 제1차 세계대전과 러시아에서의 볼셰비키

혁명이었다. 이러한 변화를 겪으면서 서유럽의 국제사회에서의 주도적 역할은 종언을 고하게 되었으며, 미국과 소련의 영향력은 더욱 커지게 되었다. 제1차 대전의 참상은 많은 충격을 주었다. 그 결과 사람들은 국제평화의 유지를 위한 항구적인 국제기구의 등장을 갈망하게 되었으니 프린스턴대학교 총장 출신으로 미국 대통령이 된 윌슨(Woodrow Wilson)은 그 대변자이었다. 그는 1918년 1월 8일 발표된 「14개조」(Fourteen Points)에서 정치적 독립과 영토보전을 상호 보장하는 보편적 국제기구를 조직하자고 제의하였으며, 그의 이러한 제안은 국제연맹의 출범으로 결실을 보게 되었다. 그렇지만 국제연맹은 권고할 수 있는 권한만을 가지고 있었으며, 실질문제에 대한 결정에는 만장일치를 요구하는 등 구조적 모순을 안고 있었다. 무력행사금지에 있어서도 국제연맹은 모든 전쟁을 불법화하지 못하고, 3개월의 냉각기간을 두는 등 연맹규약이 정한 절차를 따르지 아니한 전쟁을 금지하는 데 머물렀다. 1928년에 체결된 부전조약(또는 파리조약)은 전쟁을 보다 포괄적으로 금지하였으며 미국 등 국제연맹 비회원국들도 참가하여 기대를 모았다. 그러나 조약에는 강제조치에 관한 규정이 없어 실질적으로는 별 효과가 없었다.

두 번의 세계대전 사이에 끼인 이 시기는 국제평화의 유지라는 점에서 볼 때 성공적이지는 못하였다. 그렇지만 이 짧은 기간에도 많은 국제법의 발달이 이루어졌다. 첫째는 분쟁해결 분야에서의 발전이다. 보편적 관할권을 가진 최초의 상설국제재판소인 상설국제사법재판소(Permanent Court of International Justice: PCIJ)가 연맹규약에 의해 1921년 설립되었다. 이 재판소는 비록 강제관할권이 없어 한계는 있지만 국제재판을 통해 관련 관행을 정립해 가는 데 기여하였다. 둘째는 국제연맹에 의한 국제법의 성문화 작업이다. 셋째는 인권 등 개인에 대한 관심이 점차 높아져 간 점이다. 제1차 대전 이후 유럽에는 인종적·종교적·언어적 소수자 그룹들이 등장하였는데, 이들은 국제연맹 이사회에 소수자들의 권리침해에 관하여 청원을 할 수 있었다.

3) 현대(제2차 세계대전 이후)

1945년 여름 2달도 안 되는 짧은 기간 국제사회에는 3가지 중요한 일이 있었다. 그것은 6월 26일 샌프란시스코에서의 유엔헌장 채택, 8월 6일과 9일 일본 히로시마와 나가사키에의 원폭투하, 8월 8일 런던에서의 전범재판을 위한 국제군사법정협정의 채택이다. 이러한 일들은 전쟁을 끝내고, 전범들을 재판하며, 국제사회의 새로운 기초를 닦은 것으로, 국제사회의 미래상을 보여주는 것이었다.

유럽은 제2차 세계대전 이후 크게 모습이 달라졌으니 소련은 동구권 국가들과 함께 사회주의 그룹을 형성하였다. 국제법의 구조에 근본적인 변화를 가져온 또 하나의 요인은 탈식민화 과정에서 등장한 아시아와 아프리카의 수많은 신생국이었다. 이제 국제사회는 이전처럼 동질적인 국가들의 모임이 아니라 상이한 경제적·정치적 구조를 가진 국가들로 구성되게 되었으며, 국제법도 서구 기독교 국가 간의 관계를 규율하는 규범에서 지구상에 존재하는 다양한 국가 간의 관계를 규율하는 보편적 규범으로 변모되었다.

제2차 대전 이후 국제법 발달에 있어서 가장 특징적인 부분은 유엔을 비롯한 국제기구의 발달이다. 유엔은 세계의 경제·사회·문화·인권 등 거의 모든 문제에 관여하고 있다. 유엔과 같은 보편적 국제기구들의 이러한 활동과 각종 지역기구들의 활발한 활동에 힘입어 국제법은 국가 간 외교규범의 차원을 넘어 국가생활의 경제적·사회적 구조에까지 깊이 침투하게 되었다. 유엔의 목적 가운데 가장 중요한 것은 국제평화와 안전의 유지이다. 유엔은 국제평화와 안전의 유지를 위한 책임을 안전보장이사회에 부여하고 그 상임이사국에게는 거부권을 부여하였다. 그러나 냉전의 시작으로 세계가 동서 양 진영으로 나뉘고 안전보장이사회가 정치적인 기관으로 변질되면서 그 평화유지 기능은 약화되었다.

제2차 대전 이후 국제사회에 등장한 신생국들은 수적인 우위를 바탕으로 상당한 영향력을 행사하게 되었다. 그들은 대부분의 기존의 국제법 규칙들은 그대로 수용하였지만, 일부 국제법 규칙에 대해서는 이를 비판하고 수정을 요구하였다. 특히 선진국과 개도국 간 경제적 차이가 점점 벌어져가던 1970년대에는 국제경제질서를 과거 선진국 위주의 질서에서 형평에 기초한 '신국제경제질서'(New International Economic Order)로 교체해야 한다고 주장하였다. 정치적으로는 비동맹그룹에 속하였던 이들은 유엔 총회에서는 물론이고 기타 국제기구에서도 다수를 차지하여 국제법의 구조변화에 있어서 중요한 역할을 맡게 되었다.

국제법의 객체에 머물러온 개인들도 제2차 대전 이후 보다 중요한 국제법의 주체로 등장하였다. 전후 전승국들이 뉘른베르크재판소와 동경재판소를 설립하여 전범들을 처벌한 것은 국제법의 개인에 대한 관심을 높여가는 계기가 되었으며 이는 결국 개인의 기본권 보호로 확대되었다.

오늘날 국제법의 발전과 관련해서는 국제경제법을 주목할 필요가 있다. 제2차 대전 이후 미국 등 시장경제 국가들은 자유무역이 모든 국가에게 이익을 준다는 신념에 따라 소위 브레튼우즈체제를 구축하였다. 통화에서는 국제통화기금(IMF), 금융에서는 국제부흥개발은행(IBRD), 무역에서는 가트(GATT)와 같은 국제조직들이 자유무역에 의한 인류의 복지증진을 도모하는 국제적인 임무를 부여받았다. 특히 1994년에는 가트의 8번째 다자간협상인 우루과이라운드가 타결되어 가트대신에 세계무역기구(WTO)가 세계무역의 관리자가 되었으며, 과거 주로 공산품 분야에 국한되었던 무역자유화는 농산물·서비스·지적재산권 등 거의 모든 경제 분야로 확대되어 무역의 자유화에 커다란 진전이 있었다.

환경보호를 위한 국제법에도 많은 발전이 있었다. 20세기 후반 지구의 환경은 양적·질적으로 더욱 악화되어 인류의 유일한 생활터전인 지구의 운명을 걱정해야 하는 지경에 이르렀다. 더구나 환경파괴가 광역화되면서 환경문제가 국제적인 이슈로 등장하였는데, 1972년 스톡홀름 인간환경회의(UNCHE)와 1992년 리우 환경개발회의(UNCED)는 국제환경법 발달에 중요한 전환점이 되었다. 국제법에서는 현재 지구가 직면해 있는 지구온난화나 오존층파괴와 같은 대기오염, 생물다양성파괴, 해양오염과 같은 범지구적 문제들에 대처하기 위하여 각종 협약을 체결하는 등 국제협력을 강화해가고 있다. 아울러 2019년 말 중국 우한에서 발원하여 유행하고 있는 COVID 19는 새로운 차원의 국제협력을 요구하고 있다.

3. 국제법과 국내법의 관계

국제법과 국내법을 명확하게 구분한다는 것은 결코 쉽지 않다. 그러나 국제법과 국내법은 여러 가지 면에서 상이할 뿐 아니라 양자의 충돌시 해결방법을 찾아야 하므로 그간 많은 연구가 이루어졌다.

국제법과 국내법의 관계에 대해서는 크게 이원론과 일원론의 두 가지 학설이 대립하고 있다. 국제법과 국내법의 관계와 관련하여 2원론을 세운 학자는 트리펠(Triepel)과 안지로티(Anzilotti)이다. 이들은 국제법과 국내법은 여러 가지 점에서 다르며 적용영역도 다르기 때문에 양 규범의 충돌은 염려할 필요가 없다고 하였다. 그러나 2원론은 국제법과 국내법 간의 분리를 지나치게 강조하여 현실에 맞지 아니한다는 약점을 가지고 있다.

국제법과 국내법이 하나의 법질서에 속한다는 일원론 중에서는 국제법우위의 일원론이 중요하다. 국제법우위의 일원론은 국제법과 국내법은 하나의 법질서에 속하되 양 규범의 충돌시 국제법의 우월성이 인정된다는 이론으로, 오늘날 대다수 학자들의 지지를 받고 있을 뿐 아니라 국제사회의 현실에도 부합한다.

2원론과 국제법우위의 일원론 중에서 논리적으로 타당하고 오늘날의 현실에 보다 부합하는 것은 국제법우위의 일원론이다. 그러나 국제법의 우위는 절대적이 아니라 상대적인 것이다. 만일 국제법이 국제법에 어긋나는 국내법을 직접적으로 무효화할 수 있다면 국제법의 절대적 우위를 인정할 수 있을 것이나 국제사회의 현실은 거기까지는 미치지 못하고 있다.

4. 국제법의 법원과 조약

1) 국제법의 법원

국제법은 어느 곳에 어떻게 존재하는가? 국제법의 법원은 국제사법재판소(International Court of Justice: ICJ) 규정 제38조에 잘 나타나 있다. ICJ 규정 제38조 1항은 다음과 같이 규정하였다.

재판소는 회부된 분쟁을 국제법에 따라 재판하는 것을 임무로 하며, 다음을 적용한다.

가. 일반적인 또는 특별한 국제협약(international conventions)
나. 법으로 수락된 일반관행의 증거로서의 국제관습(international custom)
다. 문명국에 의하여 인정된 법의 일반원칙(general principles of law)
라. 법칙결정의 보조수단으로서의 사법판결 및 제국의 가장 우수한 국제법 학자의 학설.

ICJ규정 제38조는 조약과 관습법 및 법의 일반원칙을 주요 법원으로, 판결과 학설을 법칙결정을 위한 보조수단으로 인정하였다. 그러나 이 규정에 나와 있는 법원들은 효력순위가 아니라 참조의 편의에 따라 나열된 것이라고 한다. 따라서 앞에 있는 법원은 나중의 법원보다 빈번히 참조되는 것일 뿐, 효력상 우월한 것은 아니다. 국제법의 법원 중에서 가장 중요한 것은 조약과 관습법이다.

국제법의 법원에 관한 ICJ 규정 제38조는 1922년에 설립된 상설국제사법재판소(PCIJ) 규정을 그대로 답습한 것으로 시대에 뒤떨어진 것이라는 비판이 있다. 특히 오늘날 국제사회에서 중요한 위치에 있는 유엔과 같은 국제기구의 결의나 선언에 대해서는 아무런 언급이 없어서 시대에 뒤떨어져 있다는 비판을 받는다.

2) 조 약

(1) 의 의

조약법에 관한 비엔나협약은 제2조 1항 (a)에서 "조약이라 함은 단일의 문서에 또는 2 또는 그 이상의 관련문서에 구현되고 있는가에 관계없이 또한 그 특정의 명칭에 관계없이, 서면형식으로 국가 간에 체결되고 국제법에 의하여 규율되는 국제적 합의를 의미한다"고 하였다. 조약이란 그 문서의 숫자나 명칭에 관계없이 서면으로 이루어진 국제법의 규율을 받는 국가 간의 합의라는 것이다.

조약의 정의에 관한 이러한 조건들을 상세히 살펴본다. 첫째, 조약은 국가간의 서면합의이다. 그러나 구두로 이루어진 성명이나 약속·선언이 조약과 유사한 법적인 구속력을 인정받은 사례는 있다. 1933년 동부그린란드(Eastern Greenland) 사건에서 상설국제사법재판소(PCIJ)는 1919년 파리강화회의 당시 노르웨이 외무장관이 노르웨이 정부는 그린란드 전체에 대해 주권을 주장하는 덴마크의 입장에 반대하지 않는다고 한 선언은 노르웨이에게 법적인 구속력이 있다고 하였다. 둘째, 조약은 국제법의 규율을 받는 법적인 구속력이 있는 국가간 합의이다. 구속력 없는 국가간 합의로서 정치적·도덕적 약속에 해당하는 것은 신사협정(gentlemen's agreement)이라고 한다.

(2) 조약의 범위

조약에는 대우 다양한 명칭들이 있다. 각국의 국내법은 헌법상의 절차에 따라 체결되어 조약체결권자에 의해 비준·공포된 국가간 합의만을 조약이라 하는 경우가 많으나, 국제법에서 말하는 조약은 그 의미가 훨씬 넓어서 국가 간의 대부분의 명시적 합의를 말한다. 가장 일반화된 용어는 조약(treaty)이지만, 주로 다자조약에 사용되는 협약(convention), 국제기구 설립조약인 헌장(charter), 행정적·기술적 성격이 강한 협정(agreement, pact), 추가되는 내용을 담고 있는 의정서(protocol) 등이 자주 사용되며, 규정(covenant), 선언(declaration), 규약(statute), 잠정협정(modus vivendi), 각서교환(exchange of notes) 등의 용어도 사용된다. 이러한 다양한 표현에도 불구하고 국가 간의 합의를 표현하는 용어를 선택하는 데 어떤 제한이 있는 것은 아니다.

조약은 어떤 특정한 형식을 가지거나 어떤 특별한 요소를 포함하여야 하는 것이 아니다. 어떤 국가들이 국제적으로 구속력이 있는 합의를 한 것인지 아니면 단지 정치적 약속을 한 것인지가 불분명하여 자주 분쟁이 발생하는 것도 바로 그러한 이유에서이다. 어떤 문서의 지위에 관하여 국가 간에 분쟁이 있는 경우 특히 공동성명(joint communique)의 조약 여부를 둘러싸고 분쟁이 있는 때에는 실제로 사용된 문구와 당시 상황을 고려하여 객관적으로 판단하여야 한다.

(3) 조약의 체결절차

조약은 체결절차에 따라 정식조약과 약식조약으로 구분된다. 정식조약이란 전권대표의 교섭에 이은 조약문 채택과 서명에 이어 각국의 국내법상 절차에 따른 비준을 거쳐 효력발생으로 이어지는 절차에 따라 체결된 조약을 말한다. 정식조약은 각국의 국내법이 정하는 바에 따라 의회의 비준동의를 필요로 하는 경우가 많다. 반면에 약식조약(treaty concluded in simplified form)은 외교관이나 고위 공무원 또는 정부측 전문가가 교섭하고 각국의 교섭대표나 외무장관이 서명함으로써 또는 한 국가의 외무장관과 다른 국가의 대사간의 각서교환에 의하여 체결되는 것으로, 국가원수의 비준이나 의회의 동의는 필요하지 않다. 약식조약은 신속한 처리를 요하는 문제나 기술적인 성격이 강한 문제를 다루는 조약의 경우에 많이 활용되며, 휴전협정이나 행정협정 가운데 그런 조약이 많다.

1969년 비엔나협약에 따르면 조약은 조약문의 교섭과 채택·인증, 조약에 대한 기속적 동의, 효력발생, 조약의 등록과 공고 등의 순서로 체결된다.

① 조약문의 교섭과 채택·인증

첫 단계는 교섭을 하고 문안을 작성하는 등 조약체결을 위한 공식적인 작업을 수행할 주체로 교섭당사국 대표들로 구성되는 기구를 만드는 것인데, 조약체결권자가 발급하는 전권위임장(Full Powers)이란 공식문서를 휴대한 대표들로 구성된다.

교섭(negotiation)에는 특별한 방식은 없다. 양자조약은 대개 당사국간 제의와 토의·수정제의를 거쳐 최종합의에 도달한다. 다자조약의 경우에는 양국간 또는 다자간 교섭을 할 수도 있지만, 국제회의를 개최하여 교섭을 진행하는 경우가 많다.

채택이란 국가간 합의의 형식(form)과 내용(content)을 확정짓는 행위이다. 조약문의 채택은 교섭과정에 참여한 모든 국가의 동의를 요하였기 때문에 만장일치는 조약문 채택에 있어 오래된 규칙이다. 국제회의를 개최하여 조약문을 채택하는 때에는 출석하고 투표한 국가의 3분의 2 이상의 다수결로 조약문을 채택하는 경우가 많지만, 오늘날 국제회의에서의 조약문 채택을 위해 자주 사용되는 방식으로 '컨센서스'(consensus)가 있다. 컨센서스는 회의 참가국이 많은 다자간 회의에서 자주 사용되는

데, 일괄타결(package deal) 방식으로 교섭을 진행하여 골격적인 부분에 대한 합의가 이루어지면 투표를 하지 않고 의장이 합의된 내용을 선언하고 이의가 없으면 이를 통과시키는 묵시적 전원일치 방식이다.

조약문에 대한 인증방법 중에서 가장 자주 사용되는 것은 서명이다.

② 조약에 대한 기속적 동의

조약에 대한 기속적 동의(consent to be bound by a treaty)는 조약문 규정에 구속을 받겠다는 서약이다. 조약에 대한 기속적 동의의 표시형태는 조약의 체결절차나 성질에 따라 다양하며, 비준(ratification)이 가장 대표적이다.

비준이란 교섭권자에 의해 확정된 조약문을 조약체결권자가 최종 확인하는 형식으로 이루어지는 조약에 대한 기속적 동의이다. 원래 비준은 절대주의시대 조약체결권자인 군주가 조약문안이 자신의 의도대로 구성되었는지 최종적으로 확인하는 절차이었으나, 교통·통신수단의 발달로 이러한 의미는 퇴색되었다. 오늘날 비준제도는 각국에서 민주주의를 구현하는 수단으로 활용되고 있다. 많은 민주국가의 헌법은 중요한 조약과 국민들에게 부담을 지우는 조약에 대한 비준시 국회의 동의를 받도록 요구하고 있기 때문이다.

가입(accession)은 어떤 국가가 이미 효력발생에 들어간 다자조약의 당사국이 되고자 할 때 사용되는 기속적 동의이다.

③ 효력발생

조약은 조약규정이나 당사국들이 합의한 바에 따라 효력을 발생하며, 그러한 규정이나 합의가 없는 경우에는 교섭국들이 조약에 대한 기속적 동의를 하는 즉시 효력을 발생한다.

④ 조약의 등록과 공고

조약의 등록(registration)과 공고는 비밀조약의 폐지를 위해 미국의 윌슨 대통령이 노력하여 도입된 제도이었다. 국제연맹규약 제18조는 연맹 사무국에 등록되지 아니한 조약은 효력을 가지지 못한다고 하였다. 그러나 이 규정은 지나치게 이상적인 것으로, 국가 간에 체결된 비밀조약들은 그 후에도 조약의 규정대로 효력을 발생하였다. 유엔헌장은 유엔에 등록되지 아니한 조약은 '모든 유엔기관 앞에서' 이를 주장하지 못한다고 하였다.

(4) 다자조약 체결절차

다자조약(multilateral agreement)은 상당수 국가가 가입한 조약을 말한다. 유엔헌장, 국제인권규약, 유엔해양법협약, 기후변화협약, WTO협정 등 다자조약은 국제사회의 기본질서를 세우는 역할을 하므로 매우 중요하다.

다자조약들은 대개 개방조약으로서 가능한 많은 국가를 조약의 당사국으로 받아들이고자 하므로 다자조약 체결절차에는 많은 국가가 참여한다. 따라서 전통적인 양국간 조약체결절차를 다자조약에도 그대로 적용하는 것은 여러 가지로 불편하므로 제도적 개선이 이루어졌다. 예들 들면, 다자조약에서는 조약문을 채택할 때 양국간 교섭보다는 모든 교섭당사국이 한자리에 모이는 국제회의 방식이 자주 사용된다. 그리고 조약문을 채택할 때에도 만장일치보다는 다수결이나 컨센서스 방식이 자주 사용된다.

3) 국제관습법

국제사법재판소 규정 제38조는 조약에 이어 법으로 승인된 일반적 관행의 증거인 국제관습 즉 국제관습법(international customary law)을 국제법의 법원으로 규정하였다. 이것은 국제관습법은 일반적인 관행의 성립에 이어 그것을 따르는 것이 법적으로 요구된다는 법적인 인식이 생겨나면 국제관습법이 성립된다는 것을 표현하고 있다.

국제관습법의 실질적 요소인 일반적 관행은 국제법에 관련된 국가나 국제기구의 반복적 행위를 통해 성립된다. 국가들은 외교선언이나 국제기구에서의 정부대표의 발언, 국내법 제정 등의 방법으로, 국제기구는 선언이나 결의 등을 통하여 국제관행의 성립에 참여하는 것이다. 국가나 국제기구의 행위들이 관행으로 발전하려면 그러한 행위들은 상당한 시간 동안 상당한 지역에서 반복되어야 한다. 심리적 요소인 '법적 인식'(opinio juris)이란 어떤 관행을 따라야 한다는 법적인 의무감을 말하며 관행과 함께 관습법 형성에 필수적인 요소이다. 그런데 법적인식은 심리적인 상태를 말하며 주관적이어서 객관적인 판단이 곤란하다. 그리하여 국제적인 사법기관에서는 관행이 확고하게 성립된 경우에는 심리적인 요소, 즉 법적 인식도 존재하는 것으로 본다.

성문법주의를 취하는 국가의 국내법 질서에서 관습법은 성문법을 보충하는 정도의 효력을 가진다. 그러나 국제법의 법원 간에는 효력상 상하가 없기 때문에, 국제법에서 조약과 관습법은 원칙적으로 동등한 효력을 가진다. 따라서 양자 간에 충돌이 있을 때에는 신법우선원칙이나 특별법우선원칙 같은 일반적인 규범충돌 해결방법에 의해 해결한다.

국제사회에서는 기존의 관습법을 꾸준히 성문화하여 국제법의 안정을 도모하고 있다. 국제관습법의 성문화는 국제연맹에 의해 시도되었으며, 유엔에서는 국제법위원회가 그 업무를 맡고 있다.

제2절 국제법의 주체

1. 서 론

법의 주체란 법률행위를 할 수 있는 하나의 단위로서 법적인 권리를 누리고 의무를 부담하는 자이다. 각국의 국내법에 있어서 가장 중요한 주체는 개인이지만, 국제법의 가장 중요한 주체는 국가이다.

역사적으로 국제법은 주권국가의 등장을 배경으로 출범하였으며 지금도 국제법은 주로 국가 간의 관계를 규율하는 규범이다. '국가 간의 법'(international law)이란 국제법의 명칭에서도 알 수 있듯이 국제법은 본래 국가 간의 관계를 규율하는 규범으로 등장하였으며 국가는 현재에도 가장 중요한 국제법의 주체이다.

국제사회의 변화에 따라 국제무대에는 국가 이외에 새로운 행위자들이 등장하였으니 국제기구와 개인이다. 국제기구란 국가 간의 합의에 의해 마련되어지는 설립헌장에 따라 설립되지만 국제사회에서 독립적인 법인격을 가지고 전문적인 기능을 수행하는 정부간기구이다. 국제기구는 19세기 주로 행정과 기술 분야의 국제협력을 위하여 등장하였으며, 20세기 들어서는 국제연합 같은 보편기구들과 유럽연합 같은 지역기구들의 눈부신 활동에 힘입어 국제사회의 중요한 주체가 되었다.

개인이 국제법의 주체로 인정받기 시작한 것은 오래되지 않았다. 현재에도 개인을 국제법의 주체로 인정할 것인지 그리고 인정한다면 어느 범위에서 인정할 것인지 하는 데 대해서는 학설의 대립이 있다. 다수설은 개인을 국제법의 주체로 인정은 하되 좁은 범위에서 인정하는 것이다. 그러나 국제사회에서 개인의 활동범위는 점차 넓어져 가고 있고 국가나 국제기구를 상대로 청원을 하거나 소송을 제기할 수 있는 기회도 확대되어 가고 있다.

오늘날 국제사회에서 다국적기업과 비정부간기구의 활약은 눈부시지만 아직 국제법의 주체로 인정받지는 못하고 있다.

2. 국 가

1) 국가의 국제법상 지위

국제사회의 가장 중요한 주체인 국가가 국제사회의 주역으로 등장한 것은 17세기 유럽에서이었다. 그런데 당시 어떤 국가적 실체가 국제사회의 일원이 되려면 소위 '문명국가'이어야 하였으니, 실제로는 서구 기독교 국가만이 당시 국제사회의 주체로 인정된 것이다. 그러나 근대 유럽에서 발달된 국가제도는 19세기에 이르러 세계적으로 보편화 되었으며, 특히 제2차 세계대전 이후 비식민화가 진행되면서 지구상에는 수많은 신생국들이 등장하였다.

오늘날 국제무대에는 다양한 행위자들이 활동하고 있지만 국가는 여전히 가장 중요한 행위자이다. 국제법은 지금도 주로 국가 간의 권리와 의무를 규율하고 있다. 국가는 가장 중요한 국제법의 창설자이며, 이를 시행하는 주체이기도 하다.

2) 국가의 구성요소

국제사회에서 국가형성에 관한 조건을 가장 잘 표현하고 있는 것으로 평가되고 있는 것은 1933년 '몬테비데오협약'(Montevideo Convention on Rights and Duties of States)이다. 협약은 제1조에서 국가는 항구적 인구(permanent population), 분명한 영토(defined territory), 정부(government), 대외관계 수행능력(capacity to enter into relations with other states)을 갖추어야 한다고 하였다. 국제법상 국가가 성립하려면 정부가 필요한 것은 대외적으로 국가를 대표하고 영토 전체에 대해 실효적 통제(effective control)를 하기 때문이다. 국가가 성립하려면 내부적으로 질서를 유지하고 대외적으로 국가를 대표하는 실효적 정부가 필요한 것이다.

3) 국가승인

(1) 의 의

국제법상 승인이란 일정한 사태나 법률관계의 변동을 다른 국제사회 구성원들로 하여금 인정하게 하여 그러한 변화를 국제적으로 인정받고 이를 인정한 주체에게 대항할 수 있도록 하는 제도이다. 승인은 국제사회에 초국가기구가 존재하지 아니하기 때문에 생겨난 제도라고 할 수 있는데, 국제법에는 국가승인 이외에도 정부승인과 같은 여러 가지 승인제도가 있다.

국가승인이란 기존의 국가들이 신생국을 하나의 국가로 인정하는 것이다. 일단 기존의 국가들의 승인을 받은 신생국은 다른 국가와의 관계에서 보다 빠른 시일 내에 법적안정성을 얻게 된다.

(2) 학설의 대립

국가승인의 법적성격에 대해서는 두 가지 학설이 대립해 왔다. 창설적 효과설(constituitive theory)은 기존의 국가들에 의한 승인은 새로운 실체에 국가가 되기 위한 국제적 법인격을 부여하는 행위이므로 승인이 신생국을 창설해 낸다고 한다. 승인에 관한 고전적인 이론인 이 이론에 의하면 어떤 국가나 정부는 다른 국가로부터 승인을 받아 국제무대에 참여하기 이전까지는 진정한 국가가 아니라고 하는데, 요즈음에는 소수설이다. 반면에 선언적 효과설(declaratory theory)은 국가성립은 일정한 조건이 갖추어지면 이루어지는 것이고 다른 국가들의 승인은 필요하지 않다고 한다. 오늘날 다수설인 이 이론에 의하면, 승인이란 이미 존재하고 있는 국가를 국가로 대우하겠다는 의사표시에 지나지 않는다고 한다.

(3) 비승인의무

국가승인은 국가의 재량에 속하는 사항이다. 그렇지만 오늘날 국제사회는 국제법에 어긋나는 방법으로 수립된 국가에 대해서는 승인을 자제하도록 요구하고 있다. 비승인의무가 처음으로 제기된 것은 1930년대 초 만주사변 때이다. 일본은 국가간 분쟁을 평화적으로 해결하기로 약속한 1928년 부전조약(Briand-Kellog 조약)의 의무를 위반하고 만주를 침략하여 만주국을 세웠다. 만주사변이 발발하자 미국의 스팀슨(Stimson) 국무장관은 일본에 경고각서를 보내어 자국은 부전조약의 서약과 의무에 반하여 형성된 사태와 조약을 승인하지 않을 것 임을 분명히 하였다. 그 후 국제연맹 총회도 유사한 내용의 결의를 채택하였다. 이러한 배경에서 국제법에 어긋나는 방법으로 수립된 사태를 승인하기를 거부하는 것을 스팀슨주의(Stimson Doctrine)라 부르게 되었다.

비승인의무는 1945년 이후에도 활용되었다. 유엔은 로디지아나 트란스케이와 같이 남아프리카 지역에 수립되었던 국가들에 대한 비승인을 회원국들에게 요청하였다. 로디지아(Rhodesia)는 1965년 11월 일방적으로 독립을 선포하였으나, 바로 다음날 유엔 안전보장이사회는 결의를 채택하여 '소수정부' 수립으로 인민의 자결권 원칙을 위반한 로디지아를 승인하거나 지원하지 않도록 회원국에게 요구하였다.

(4) 승인의 효과

승인이 이루어지면 승인을 하는 국가와 승인을 받는 국가 간의 관계는 원만해진다.

4) 영토의 취득

(1) 영토의 취득방법

국가 간의 관계에서 영토는 가장 중요한 문제이다. 전통적인 국제법의 가장 중요한 임무는 영토에 근거하여 주권행사의 범위를 정하는 것이었으며, 국가에 대한 정의에는 그 필수적인 요소로서 어느 정도 분명한 영토를 가지고 있어야 한다는 조건이 들어 있었다. 브라운리(Ian Brownlie) 교수는 국가라는 개념은 영토에 대한 권원과는 떼어놓고는 생각할 수 없으므로 각국 정부는 영토문제에 민감할 수밖에 없다고 하였다. 실제로 국제사법재판소(ICJ)나 중재재판소 같은 국제법원과 재판소에서 다루어진 분쟁 중 상당수는 영토의 권원을 둘러싼 갈등에서 비롯된 것이다.

국가영토의 변경을 가져오는 방법에는 국가행위에 의한 것으로 선점(occupation), 할양(cession), 병합(annexation) 또는 합병(fusion), 정복(conquest)이 있으며, 자연적 방법으로는 첨부(accretion)와 시효(prescription)가 있다.

(2) 선 점

선점이란 한 국가가 이제까지 어떤 국가에도 속하지 아니하였거나 다른 국가가 영유권을 포기한 지역 곧 무주지(terra nullius)를 자국의 영토로 취득하는 것이다. 선점에 의한 영토취득이 이루어지려면 국가의 영유의사는 물론 그 대상지역이 무주지이고 실효적 점유가 이루어지고 있어야 한다.

선점에 의한 영토취득은 무주지에 대해서만 허용된다. 여기서 말하는 무주지란 국내법상의 주인이 없는 땅과는 구별되는 개념으로 어떤 국가의 영역에도 속하지 아니하는 땅, 즉 비국가적 영토이다. 따라서 사람들이 거주하고 있으나 국가를 형성하지 못한 원주민 거주지와 유목민 지역은 국제법상의 무주지로 열강의 선점에 의한 영토취득 대상이 되곤 하였다.

선점에 의한 영토취득을 위해 가장 중요한 조건은 효율적 통제(effective control)의 확립이다. 무주지가 많이 남아 있던 16세기에는 효율적 통제는 느슨하게 해석되어 단순한 발견만으로도 그 국가에게 적절한 시간 내에 점유를 완료할 '불완전한 권원'(inchoate title)이 부여되는 것으로 보았다. 그러나 시간이 가면서 국제법은 효율적 통제를 위해 보다 많은 것을 요구하게 되었으며, 18, 19세기 이후에는 실효적 지배(effective occupation)가 요구되었다. 실효적 지배 또는 점유의 내용에 관해 확립된 규칙은 없으나 당해 지역에서 지속적으로 평화적인 국가기능을 수행하는 것을 의미한다.

(3) 할 양

할양(cession)이란 어떤 지역에 대한 주권을 합의에 의해 한 국가가 다른 국가에 양도하는 것이다. 할양은 조약과 같은 합의에 의해 이루어지는 것이 일반적이지만, 실제로는 교환이나 매매, 증여, 전후 평화조약을 내용으로 하는 경우가 많았다.

(4) 정 복

정복(conquest)이란 한 국가가 무력을 사용하여 다른 국가를 제압하고 그 영토의 전부 또는 일부는 취득하는 것으로 과거에는 국가영역 획득에 빈번하게 사용되었다. 하지만 20세기 들어서 무력행사금지에 관한 국제적 합의들이 연달아 등장하고, 유엔이 자위를 위한 경우를 제외한 대부분의 무력행사를 금지하면서, 정복에 의한 영토취득은 거의 불가능해졌다. 1967년 아랍과 이스라엘 간의 '6일 전쟁' 이후 이스라엘은 예루살렘의 '행정적 통일'(administrative unification)을 위한 조치를 취하였으나 유엔총회는 99대 0, 기권 22로 그러한 조치들이 무효임을 선언하고 예루살렘의 지위를 변경하기 위한 어떠한 조치도 취하면 아니 된다고 하였다.

(5) 시 효

시효(prescription)에 의한 영토취득이란 한 국가가 일정한 영토에서 장기간 계속적이고 평화적으로 권력을 행사하는 경우, 이러한 사실상태를 근거로 영토취득을 인정하는 것인데, 국제법상 시효에 의한 영토취득이 인정되는가 하는 데 대해서는 의견대립이 있다. 시효기간을 확정하기가 곤란하고, 악의에 의한 영토취득의 길을 열어주기 때문에 시효제도는 부인되어야 한다는 견해가 있는가 하면, 모든 법체계에는 "사실로부터 법이 발생한다"는 시효에 대한 관념이 있다는 전제에서 이를 인정해야 한다는 견해도 있다.

(6) 자연의 변화

국가영역의 변화는 자연환경의 변화에 의해서도 발생한다. 하천 퇴적물의 집적에 의해 하구에 삼각주가 생겨나거나 사라지고, 경계선을 이루는 하천의 흐름이 바뀌는 경우에 영역의 변경이 생길 수 있다. 또한 한 국가의 주권이 미치는 수역에 새로운 섬이 등장하게 되면 그 국가의 영역은 그만큼 넓어지게 된다.

5) 영토취득 관련 주요 법적쟁점(독도문제)

(1) 도서영유권

국가는 선점, 할양, 병합 또는 합병, 정복 등을 통하여 영토를 취득할 수 있다. 그런데 실제로 오늘날까지 해결되지 아니한 국가간 영토분쟁 분쟁의 상당한 부분은 과거에는 사람들의 관심대상이 아니었던 작은 섬의 영유권에 관한 것이다(독도, 센카쿠, 남사군도 등). 관련 분쟁에서 국가들은 선점, 할양, 첨부와 같은 권원은 물론이고 역사적 근거와 실효적 지배 등의 논리에 근거하여 자신의 영유권을 주장한다. 영토에 대한 영유권 관련 쟁점 중에서 역사적 증거와 실효적 지배 문제를 살펴본다.

(2) 역사적 증거

영토분쟁의 당사국들은 자국의 당해 지역에 대한 갖가지 역사적 증거들을 제시하여 역사적 관련성을 인정받고자 한다. 이는 문제의 지역에 대해 역사적 권원이나 관련성을 인정받는 경우에는 영유권 다툼에서 절대적으로 유리한 입장에 서게 될 것으로 기대되기 때문이다. 그렇지만 국제재판에서는 과거의 오래된 자료보다는 보다 신빙성이 있는 비교적 오래되지 아니한 자료를 중요시하며, 특히 결정적 기일 직전의 자료가 중요하다. 따라서 국제적인 영토분쟁에서 할양이나 승계와 같은 분명한 조치에 의한 국가영역 변경이 있었던 것이 아니라면, 한 국가가 제시하는 오래된 역사적 증거가 국제법원이나 재판소에서 유력한 증거로 받아들여진 경우를 찾아보기가 쉽지는 않다.

독도 영유권과 관련된 우리나라의 역사적 기록은 『세종실록』 「지리지」(1454년), 『팔도지리지』(1477년), 『동국여지승람』(1451년), 『고려사』(1451년), 『신증동국여지승람』(1530) 등에 나타나 있다. 1417년(태종 17년) 또는 1419년(세종 원년) 거민의 쇄환이 완료되면서 시작된 소위 공도정책은 일본에 의해 우리나라가 울릉도(독도)에 대한 권리를 포기한 증거로 주장되기도 하였지만, 그 후에 이루어진 정기적인 수토활동은 그러한 주장이 근거가 없는 것임을 증명하였다. 조선 숙종 때 안용복의 활동을 계기로 일본의 에도막부는 울릉도와 독도가 일본에 속하지 아니한다는 사실을 확인하였으며, 1696년 1월 28일에는 일본인들의 독도도해를 금지하였다. 17세기 소위 '울릉도쟁계'를 통해 울릉도와 독도가 한국의 영토임이 확인된 후 근대 메이지 정부에 이르기까지 일본은 독도가 자국 영토가 아니란 입장을 견지하였다. 특히 1877년 당시 일본의 최고행정기관 태정관이 "울릉도와 한개 섬(독도)은 본국과는 관계가 없다"고 결정한 것은 독도에 대한 영유권을 부정하는 일본의 공식적인 결정이므로 매우 중요한 역사적 증거가 된다.

(3) 실효적 지배

오늘날 영토문제에 있어서 가장 중요한 쟁점은 실효적 지배이다. 그러나 실효적 지배의 기준도 시대에 따라서 달라졌다. 17, 18세기에는 무주지 취득요소로서의 점령이나 점유는 실제 정착이나 영토의 사용과 같은 물리적 점유가 중요하였으나, 오늘날에는 정부기능의 행사가 중시된다.

실효적 지배란 영유권을 주장하는 데 있어서 문제의 지역에 대해서 어느 한쪽이 다툼 없이 통치권을 행사하였음을 주장하는 것이다. 그런데 실효적 지배가 인정되기 위한 조건은 당해 지역의 환경에 따라 달라진다. 팔마스(Palmas)섬 사건에서 후버(Max Huber) 중재재판관은 영토주권의 표시는 시간과 장소에 따라서 여러 가지 형태로 나타난다고 하면서, 주권행사는 원칙적으로 계속적이어야 하지만 실제로 주권이 영토의 모든 부분에 대하여 항상 행사될 수는 없다고 하였다. 특히 사람이 거주할 수 있는 지역인지 아닌지에 따라서 달라진다고 하면서, 작고 외딴곳에 있는 극소수 주민만이 거주하는 섬의 경우에는 그에 대한 주권의 표시가 빈번해야 하는 것은 아니며 그러한 주권행사가 아주 오래전부터 있었어야 하는 것도 아니라고 하였다. ICJ는 니카라과 대 온두라스 사건에서 작은 해양지형에 대한 영유권은 그 질과 양에 있어서 미미한 국가권한의 표현에 근거해서도 증명될 수 있다고 하였다. ICJ는 인도네시아/말레이시아 사건에서도 "리기탄(Ligitan)과 시파단(Sipadan)처럼 경제적으로 중요하지 않아서 사람이 거주하지 아니하거나 항구적으로 살고 있지 아니한 '매우 작은 섬'(very small islands)은 일반적으로 실효적 주권행사도 부족하다"고 하였다.

실효적 지배를 입증하는 데에는 국가의 주권적 권한행사에 관한 증거가 중요하므로, 국가들은 문제의 도서가 자국의 영역임을 전제로 취한 각종 조치들을 그 증거로 제시한다. ICJ는 2007년 니카라과 대 온두라스 사건 판결에서 분쟁수역에 존재하는 Bobel Cay, South Cay, Half Moon cay, Savanna Cay 등 도서에 대한 영유권 문제의 해결을 위하여 실효적 지배의 문제를 검토하였다. 여기에서 온두라스는 자국의 입법적·행정적 통제조치, 민·형법의 분쟁도서에의 적용, 이민규제, 도서로부터 수행된 어업활동, 석유양허활동과 공공사업 등을 자국의 실효적 지배의 사례로 제시하였다. ICJ는 이를 보고 온두라스는 "주권자로서 행동하겠다는 의도와 의지"(intention and will to act as sovereign)를 입증하였는바 4개 도서에 대한 "소박하지만 진정한 권한표시"(a modest but real display of authority)가 있었다고 하였다.

(4) 결 론

독도는 역사적, 지리적, 국제법적으로 대한민국 영토라는 것이 우리나라의 일관된 주장이다. 갖가지 역사적 증거들은 이를 증명하는데 부족함이 없다.

독도는 유엔해양법협약상 경제수역과 대륙붕을 가질 수 없는 암석(rock)은 아니지만, 외부로부터 도움을 받지 않고 사람이 거주할 수 있을 만큼 큰 섬도 아니다. 더구나 독도는 본토는 물론이고 울릉도로부터도 상당한 거리에 위치해 있는바, 독도에 대한 실효적 지배의 기준은 낮아진다. ICJ 등 국제법원과 재판소에서는 그간 팔마스, 리기탄/시파단, 페드라브랑카와 같은 작고 환경이 열악하여 인간의 거주가 거의 불가능 한 섬의 영유권 문제를 자주 다루어왔다. 국제법원과 재판소들이 이처럼 열악한 환경의 섬들에 대해서는 영유권자로서 행동하고자 하는 의사가 분명하면 미미한 국가권한의 행사와 표현에도 불구하고 실효적 지배를 인정해 온 것을 감안할 때, 우리나라의 독도에 대한 주권행사에 관한 기록들은 독도에 대한 실효적지배를 인정하기에 부족함이 없다고 하겠다.

3. 국제기구

(1) 의미

국제기구란 어떤 공동의 목적을 위해 주권국가간에 이루어진 국제적 합의에 의해 설립되는 국제적인 정부간기구(international governmental organization)로 국가들을 그 회원으로 한다. 오늘날 국제기구는 국가 다음으로 중요한 국제법 주체로서 국제사회에서의 역할이 점차 커지고 있다. 국제기구들은 국가나 다른 국제기구들과 조약을 체결하기도 하고, 헌장이 규정한 범위 내에서 강제력있는 결정을 한다.

(2) 국제연합

1차대전 이후 체결된 베르사유조약에 따라 창설된 국제연맹은 최초의 보편적국제기구로, 집단안보 원칙에 따라 국가간 분쟁을 평화적으로 해결하기 위한 제도들을 가지고 있었다. 그러나 국제연맹은 제2차 대전을 막아내지 못하고 붕괴되었다.

제2차 대전 이후 국제연맹을 대신하여 새로운 보편적 국제기구로 등장한 것은 국제연합 즉 유엔이다. 유엔은 국제평화와 안전의 유지는 물론 국가간 경제적·정치적·문화적·사회적 협력을 증진하기 위한 다양한 기능을 맡고 있다.

유엔은 그 주요기관으로 총회, 안전보장이사회, 경제사회이사회, 신탁통치이사회, 국제사법재판소, 사무국을 두고 있다. 총회(General Assembly)는 모든 회원국들로 구성된다. 총회에서 회원국들은 모두 1표를 가지며, '출석하고 투표한 회원국 과반수에 의하여'(by a majority of the members present and voting) 즉 단순과반수에 의하여 결의를 채택한다. 총회의 권한과 기능은 일반적이어서 유엔의 기능에 관련된 거의 모든 문제에 미친다. 따라서 총회는 안전보장이사회가 일차적인 권한을 행사하는 국제평화와 안전의 유지에 관한 문제를 제외한 유엔에 관련된 모든 문제를 토의하고 권고하는 권한을 갖는다.

안전보장이사회(Security Council)는 국제평화와 안전의 유지에 주된 책임을 지며 15개 이사국으로 구성된다. 그중에 5개국은 상임이사국(permanent members)이고 나머지 10개국은 비상임이사국(non-permanent members)이다. 비상임이사국은 총회에서 국제평화와 안전의 유지에 대한 공로와 지역적인 배분을 고려하여 선출되며, 임기는 2년이다. 안전보장이사회의 가장 중요한 임무와 권한은 국제평화와 안전의 유지이다. 안전보장이사회의 표결절차는 절차문제와 실질문제 간에 차이가 있다. 절차문제에 관한 결정은 9개국의 찬성투표로 채택된다. 실질문제의 경우에는 상임이사국들의 찬성을 포함한 9개국의 찬성이 있어야 결의는 성립한다. 안전보장이사회에서는 상임이사국의 '비토권'이 인정되는 것이다.

유엔은 전문기구와 특별협정을 체결하여 밀접한 협력 관계를 유지한다. 전문기구(Specialized Agencies)란 "정부간 협정에 의하여 설치되고 경제, 사회, 문화, 교육, 보건분야 및 관련분야에 있어서 기본적 문서에 정한대로 광범위한 국제적 책임을 지는" 별도의 법인격을 가지는 국제기구로서 "제63조의 규정에 따라 국제연합과 제휴관계를 설정한다"(유엔헌장 제57조). 전문기구는 현재 19개인데, 만국우편연합(UPU), 국제전신연합(ITU), 세계보건기구(WHO), 세계기상기구(WMO), 유엔식량농업기구(FAO), 국제통화기금(IMF), 국제민간항공기구(ICAO), 국제노동기구(ILO), 유엔교육과학문화기구(UNESCO), 국제해사기구(IMO), 세계지적소유권기구(WIPO), 국제농업개발기금(IFAD), 유엔개발기구(UNIDO), 세계여행기구(UNWTO)와 세계은행그룹에 속하는 국제부흥개발은행(IBRD), 국제금융공사(IFC), 국제개발협회(IDA), 다자간투자보증기구(MIGA), 국제투자분쟁해결센터(ICSID)이다.

(3) 지역기구

1950년 프랑스 외상 슈망(Schuman)이 독일의 석탄과 프랑스의 철강을 결합시키자는 선언을 계기로 시작된 유럽통합의 역사는 1965년 유럽공동체(EC)의 출범, 1986년 단일유럽법 제정, 1990년 10월 독일통일을 거치면서 발전에 발전을 거듭하여 그 영역은 확장되고 제도는 정비되었다. 1992년 2월에는 마스트리히트(Maastricht)조약이 체결되어 유럽공동체는 유럽연합(EU)으로 바뀌었고, 경제적·사회적 통합은 더욱 강화되었고 단일통화 유로를 도입하였다. 그러나 최근 영국의 탈퇴(Brexit)로 유럽연합은 새로운 도전에 직면해 있다.

4. 개 인

1) 법주체성

국제법은 근대이후 국가 간의 관계를 규율하는 규범으로 성립되었으며, 현재에도 주로 국가 간의 관계를 규율하고 있다. 따라서 오랫동안 개인은 국제법상 주체로 인정받지 못하였다. 그러나 20세기 들어서면서 개인에게도 일정한 범위에서 국제적 법인격을 인정하게 되었다.

오늘날 대다수 학자와 국제관행은 개인을 국제법의 주체로 인정하고 있다. 그러나 개인이 국제법의 주체로 인정되는 것은 제한된 범위에서이며, 개인은 국제법이 인정하는 특별한 권리와 의무의 주체가 될 수 있을 뿐이다(수동적 주체).

2) 외국인의 지위

오래전에는 외국인은 적국인이나 첩자와 비슷하게 취급되었다. 교통수단의 발달로 인적교류가 빈번해지면서 외국인에 대한 시각은 개선되어 적국인 취급을 받지는 않지만 내국인에 비해 차별대우를 받는 단계를 지나, 오늘날에는 내국인과 평등한 대우를 받는 단계로 접어들었다. 더구나 제2차 대전이후 세계무역의 자유화를 주도해 온 GATT와 WTO는 최혜국대우와 함께 내국인대우를 기본원칙으로 삼고 있어 외국인 간에는 물론 내·외국인간에도 평등한 대우의 원리가 정착되게 되었다.

내외국인 평등대우 경향에 따라 외국인의 법적인 권리·의무가 내국인의 그것과 유사해 지고 있지만, 외국인이라는 신분에서 오는 차별은 계속 존재한다. 각국의 국내법상 외국인의 권리는 전반적으로 신장되었으나 참정권을 비롯한 공법상의 권리는 제한이 불가피하며, 사법상 권리도 일부 제한받고 있다.

3) 국제적 인권보호

한 국가가 자국 영토 내의 사람들을 어떻게 대우하는가 하는 것은 그 국가의 국내문제로 외부의 간섭이 배제되므로, 인권문제란 기본적으로 영토국가의 재량에 속한다고 보는 것이 전통적인 견해였다. 그러나 계몽주의 시대 이후 개인의 기본권 보장은 국가의 존재이유인 동시에 법의 목적이었으며, 이러한 경향은 제2차 대전 이후 국제법에도 파급되어 국제인권법은 국제법에서 중요한 분야가 되었다.

유엔헌장은 모든 사람의 인권과 기본적 자유를 신장하는 것을 그 목적의 하나로 삼았으나, 종족과 성·언어·종교에 따른 차별없이 모든 사람의 인권과 기본적 자유를 보편적으로 존중해야 한다는 일반적인 규정을 두었을 뿐이다. 이를 보완하기 위해 유엔총회는 1948년 비록 법적인 구속력은 없는 권고적 성격의 것이지만 보편적인 인권선언문인 세계인권선언(The Universal Declaration of Human Rights)을 채택하였다. 이어서 1966년에는 조약으로서 법적인 구속력을 가지는 국제인권규약(International Covenants on Human Rights)을 채택하였다.

국제인권규약은 본래 「경제적·사회적·문화적 권리에 관한 국제규약」(International Covenant on Economic, Social and Cultural Rights: A규약), 「시민적·정치적 권리에 관한 국제규약」(International Covenant on Civil and Political Rights: B규약) 및 「시민적·정치적 권리에 관한 국제규약에 대한 선택의정서」(Optional Protocol to the International Covenant on Civil and Political Rights)로 구성되어 있었다. 이어서 1989년에는 「사형폐지에 관한 제2선택의정서」(Second Optional Protocol to the International Covenant on Civil and Political Rights) 2008년에는 「경제적·사회적·문화적 권리에 관한 국제규약 선택의정서」(Optional Protocol to the International Covenant on Economic, Social and Cultural Rights)가 추가로 채택되어 모두 5개의 조약으로 구성되게 되었다.

유엔은 국제인권규약 이외에도 수많은 인권관련 조약들과 선언을 제정하였으며 그 이행을 돕고 있다. 이러한 문서들은 집단살해, 인종차별, 여성차별, 종교박해 등을 금지하고 장애자 인권, 개발에 대한 권리, 아동의 권리 보호 등을 다루고 있다. 대표적인 조약으로는 1951년 「난민지위협약」, 1965년 「인종차별철폐협약」, 1984년 「고문방지협약」, 1989년 「아동권리협약」, 1990년 「이주노동자권리협약」 등이 있다.

유엔헌장 제62조 2항에 따라 1946년 설립된 인권위원회(Commission on Human Rights)는 경제사회이사회에서 3년 임기로 선출되는 53명의 위원으로 구성되었다. 인권위원회는 각국이 제출한 인권보고서를 평가하여 권고하며, 필요한 때에는 특별보고자를 임명하여 특정한 국가의 인권상황이나 특별한 주제를 조사하였다. 그러나 인권위원회는 나름의 노력에도 불구하고 위원회 구성에 있어서의 정치적 고려로 인한 한계를 극복하지 못하였다. 인권위원회는 아르헨티나 문제의 해결에 무력함을 노정하였으며 독재자 사담 후세인 치하의 이라크를 제대로 비난하지 못하였다. 그리하여 코피아난 사무총장이 설립한 High-Level Panel on Threats, Challenges and Change는 2004년 인권이사회를 불신임하고 새로운 기구로 교체하도록 하였다. 결국 유엔 총회는 2006년 결의를 채택하여 인권위원회의 임무를 종료시키고 총회에서 단순과반수로 선출되는 47명의 위원으로 구성된 인권이사회(Human Rights Council)가 출범하였다.

4) 국제형법상 개인의 지위

과거에 국제사회에서는 국제법 위반행위를 한 개인을 국제법에 따라 국제사회가 형사처벌 하는 것은 국내문제에 대한 간섭이라고 보았었다. 그러나 국제사회의 평화와 질서의 유지라는 국제법의 목적을 달성하기 위해서는 국제사회의 최소한의 규범에 어긋나는 범죄행위를 저지른 사람을 국제사회가 직접 처벌할 수 있어야 한다. 특히 국제법상 중대한 범죄행위는 대부분 국가권력에 의해 자행된다는 점을 고려할 때, 국제사회가 국가권력의 구성원을 직접 처벌하는 것은 진정한 국제사회의 평화를 위해서 꼭 필요하였다. 그렇지만 현재의 국제형법은 여러 가지로 불완전한 상태에 있다. 국제형법은 범죄의 성립을 규정하는 법규범에 있어서, 범죄행위에 대한 책임을 확정짓는 사법절차에 있어서, 그리고 범죄자를 실제로 처벌하는 데 있어서 모두 미흡하다.

국제형법의 발달에 전기가 된 것은 제2차 세계대전이었다. 대전 전의 국제형법은 아주 미미한 것이었으며 처벌의 대상도 극히 예외적이어서, 해적행위, 인신매매와 같은 인류의 공적에 해당하는 몇 가지 범죄를 저지른 자를 처벌하기 위한 합의들이 있었을 뿐이다. 더구나 국제법의 처벌대상이 되는 사람들은 전적으로 사인이었으며, 국가기관의 구성원은 대상이 아니었다.

제2차 대전이 끝난 후 구축국의 전범들을 재판하기 위한 재판소가 열렸다. 독일의 전범들을 재판하기 위한 법적인 근거는 1945년 체결된 「뉘른베르크 재판소의 지위에 관한 런던협정」이었다. 이 협정은 전쟁범죄, 평화에 대한 범죄, 인도주의에 대한 범죄와 그 구성요건을 규정하였다. 과거 국가기관의 행위를 무조건 국가책임으로 돌려 온 것에 비하면, 비록 사후법 제정이라는 비난은 있지만 이 협정이 국가기관을 구성하는 자연인을 처벌대상으로 삼은 것은 큰 의미가 있었다. 뉘른베르크 군사재판소와 유사한 전범재판소가 일본의 전범들을 재판하기 위하여 동경에도 설치되었다. 전범재판이 있은 후 1945년 런던협정을 모델로 국제사회의 근본을 해치는 중대한 범죄들을 묶어 「인류의 평화와 안전에 대한 범죄법전」을 마련하기 위한 노력이 국제법위원회를 중심으로 시도되었으나 성과를 거두기까지 많은 시간이 소요되었다.

　국제형사재판소 설립문제는 오랫동안 지지부진한 상태에 있었다. 그러던 중 구 유고에서 내전이 시작되면서 전쟁범죄(war crime), 인도에 반하는 죄(crimes against humanity), 집단살해 범죄가 다시 관심사가 되었다. 이에 따라 유엔 안전보장이사회는 유고전범재판소를 설립하였으며 국제형사재판소의 설립문제도 다시 제기되었다. 그 결과 1998년 로마에서 열린 국제회의는 「국제형사재판소 로마규정」(Rome Statute of the International Criminal Court)을 채택하였다. 이 규정은 2002년 7월 1일 효력발생에 들어갔으며, 우리나라는 2002년 11월 13일 83번째로 당사국이 되었다.

　국제형사재판소는 네덜란드 헤이그에 소재하며 18인의 재판관을 둔다. 재판소의 관할권은 국제공동체 전체의 관심사인 중대한 범죄들로서 집단살해죄, 인도에 반한 죄, 전쟁범죄, 침략범죄에 미친다. 재판소는 유죄판결을 받은 자에 대하여는 최고 30년을 초과하지 아니하는 유기징역을 선고하며, 범죄의 특수성과 유죄판결을 받은 자의 개별적 정황에 따라 무기징역까지 선고할 수 있다. 그러나 어떤 경우에도 사형은 선고할 수 없다. 국제형사재판소는 수단의 알바시르(al-Bashir) 대통령을 기소하고 체포영장을 발부하기도 하였다.

제3절 국가의 대외관계와 분쟁해결

1. 외교관계

1) 의 의

　외교(diplomacy) 관계란 국가 간의 공식적인 대화채널로서 아주 오래된 제도이며, 외교관계를 규율하는 국제법 규칙들은 수세기에 걸친 국제관행의 결실이다. '외교'란 용어가 보편화 된 것은 17세기 말에 이르러서이며, '외교관'이란 용어 역시 상주사절의 교환이 보편화 된 이후 등장하였다.

　그렇지만 20세기 이후 외교관계의 중요성은 상대적으로 약해졌다. 19세기 외교관들은 자국 정부로부터 사실상 분리되어 있어서 본국정부의 지시를 기다리지 아니하고 접수국 정부와 교섭하고 업무를 처리할 수 있는 넓은 재량권을 가지고 있었다, 그러나 정보통신 기술과 교통수단의 발달은 이러한 재량권을 축소시켰으며, 국제관계에서 외교관들의 역할도 상대적으로 줄어들게 되었다. 더구나 오늘날 외교정책에 대한 결정권은 점차 중앙정부에 집중되고 있으며, 국가원수나 정부수반 수준의 정상외교와 왕복외교도 과거 고위 외교관들이 누려온 자율권을 축소시키고 있다.

2) 외교사절의 종류와 사절단의 직무

1961년 '외교관계에 관한 비엔나협약'에 의하면 외교사절단의 장은 대사(ambassador), 공사(minister), 대리대사(Chargés d'affaire) 등 세 가지 계급으로 구성되어 있다. 외교사절단은 주로 대사인 사절단의 장을 위시하여, 일반적으로 외교관이라 부르는 외교직원, 사무 및 기술직원, 노무직원으로 구성된다.

외교사절단과 그 구성원들은 접수국에서 파견국을 대표하며, 접수국 내에서 자국의 이익을 보호하고, 문제가 생기는 경우 접수국 정부와 교섭하며, 접수국의 정세와 동향을 관찰하고 보고한다. 경제·통상외교는 오늘날 외교관들의 가장 중요한 임무의 하나가 되었다.

1961년 비엔나협약은 파견국은 자국이 파견하고자 하는 사절단의 장에 대해 접수국의 아그레망(Agrément)이 부여되었는지를 미리 확인한다고 하였다. 이는 파견국이 외교사절을 임명하기 이전에 그가 접수국의 입장에서 우호적인 인물인지 미리 판단할 수 있도록 하기 위한 것으로, 접수국은 그 이유를 제시함이 없이 아그레망을 거부할 수 있다. 사절단의 장이 아닌 구성원들에 대해서는 아그레망 절차가 없으므로 파견국이 마음대로 임명할 수 있다.

한 국가 내에서 외교관의 직무가 종료되는 가장 일반적인 이유는 전보발령이다. 그러나 접수국은 언제든지 그 배경을 설명하지 아니하고 파견국에게 외교사절단의 장이나 외교관을 기피인물(persona non grata)로 통고할 수 있다. 이런 경우 파견국은 그를 소환하거나 그의 임무를 종료케 해야 한다.

3) 외교특권과 면제

외교관과 외교사절단은 그 맡은 특수한 기능을 원활하게 수행하도록 하기 위하여 접수국 내에서 특별한 대우를 받는다. 외교사절단과 외교관에게 부여되는 이러한 특권적 지위를 외교특권과 면제(diplomatic privileges and immunities)라고 하는데, 외교특권과 면제는 외교사절단 전체에게 부여되는 것과 외교관 개인에게 부여되는 것으로 나누어 살펴본다.

(1) 외교사절단의 특권과 면제

외교사절단에게 부여되는 특권 중에서는 사절단의 공관에 대한 불가침권이 중요하다. 외교사절단의 공관은 불가침이기 때문에 접수국의 관헌도 사절단의 장의 허가 없이는 마음대로 들어갈 수 없으며, 접수국은 외교공관을 보호하기 위하여 모든 적절한 조치를 취할 의무를 진다.

외교공관의 불가침과 관련하여 문제가 되는 것은 외교공관이 정치범을 보호할 권리 즉 외교적 비호권(diplomatic asylum)을 갖는가 하는 것이다. 과거에는 치외법권설에 따라 외교공관은 접수국의 주권이 미치지 못하는 부분으로 생각되어 외교적 비호는 쉽게 인정되었으나, 치외법권설의 약화와 함께 외교공관에의 망명권 또는 외교적 비호권을 인정해야 한다는 주장은 설득력을 잃었다. 따라서 오늘날 일반국제법상 외교적 비호권이 인정되는가 하는 것은 의문이며, 원칙적으로 별다른 조약이나 관습법 규정이 없는 한 외교공관에 망명한 정치적 난민은 접수국에 인도될 수 있다고 본다. 하지만 오늘날 외교적 비호는 인권문제와 결부되면서 불법이라고 단정할 수 없다. 이는 Jozef Mindszenty 대주교와 중국의 반체제 물리학자 방려지 교수 사건에서 알 수 있다.

외교사절단은 공적 목적을 위하여 통신의 자유를 가지며 외부와의 통신에 외교전서사(diplomatic courier), 암호, 부호 등 적절한 수단을 사용할 수 있다.

(2) 외교관의 특권과 면제

외교관 개인에게 부여되는 가장 중요한 특권은 신체의 불가침권이다. 외교관은 어떤 경우에도 체포 또는 구금당하지 아니하며, 접수국은 외교관의 신체·자유·품위가 침해받지 않도록 필요한 조치하여야 한다.

외교관은 접수국의 재판관할권으로부터 면제를 누린다. 특히 형사재판관할권의 면제는 절대적이어서, 외교관은 접수국 형법에 위반된 행위로 인하여 소추되거나 처벌되지 아니한다. 외교관들은 접수국의 민사재판 및 행정재판 관할권으로부터도 면제된다. 그러나 접수국내 부동산에 관한 소송, 외교관이 관계된 상속에 관한 소송, 외교관이 접수국에서 하는 영업활동에 관한 소송에서는 재판관할권 면제를 누리지 못한다.

4) 영사관계

영사는 비자와 여권을 발급하는 등 행정 및 사법사무를 수행하며 접수국 내에서 자국의 상업적 이익을 증진하기 위하여 노력한다. 영사들은 접수국의 수도뿐 아니라 지방의 주요 도시에도 주재한다. 그러나 영사들은 정치적 기능을 거의 수행하지 않기 때문에 외교관들보다는 좁은 범위에서 특권과 면제를 누린다.

하지만, 오늘날 외교관계와 영사관계 간에는 융화현상이 나타나고 있다. 외교관의 직무 중에서 경제외교가 중요해지고, 영사들도 정치적 일들을 일부 수행하게 되면서 업무가 유사해지고 있는 것이다. 또한 외교관들과 영사관 직원들은 대부분 같은 외교담당 부서에 속하는바, 조직과 인원에 있어서도 융화현상이 나타나고 있다.

2. 분쟁의 평화적 해결

1) 분쟁의 평화적해결 의무

분쟁의 평화적해결은 국내법과 국제법을 불문하고 모든 법의 가장 중요하고 현실적인 목적이다. 국제법에서 국제분쟁의 평화적해결 의무가 각국에 부과되기 시작한 것은 20세기 들어서이며, 구체적으로는 1919년 국제연맹규약과 1928년 부전조약에 이르러 확립되었다. 오늘날의 유엔도 헌장 제2조 3항에서 모든 회원국은 국제분쟁을 평화적 수단에 의해 해결해야 한다고 하여, 회원국들에게 분쟁의 평화적해결 의무를 부과하였다.

2) 분쟁해결방법

국제분쟁의 해결방법은 크게 두 가지로 나눌 수 있다. 그 하나는 외교적 방법이라고 부르는 것으로, 교섭·중개·심사·조정이 여기에 포함된다. 다른 하나는 법적 방법으로 중재와 국제사법재판소에 의한 사법적 해결이 여기에 속한다. 외교적 방법에서는 분쟁당사국들이 분쟁 자체에 대한 통제권을 계속 보유하며 그 결정이 법적구속력을 가지지 못하는 데 비해, 법적 방법에서는 제3자가 구속력있는 결정을 내린다는 점에서 차이가 있다.

3) 외교적 방법

(1) 교섭

교섭은 분쟁해결 시 제일 먼저 거치는 방법으로 다양한 분쟁해결 방법 중에서 가장 많이 사용되고 있다. 교섭이란 분쟁당사국이 다른 국가나 국제기구의 도움이 없이 직접 만나서 그들 간의 분쟁을 해결하는 것이다.

교섭은 제3자의 개입 없이 당사국들 사이에서 직접 이루어지므로 분쟁이 악화되기 전에 이를 신속히 해결하는바, 이 방법에 의해 분쟁이 해결되면 당사국 간 화해가 증진되는 장점이 있다. 그러나 분쟁이 악화되어 당사국들이 만나기조차 꺼리는 경우에는 교섭은 시작될 수 없으며, 교섭에는 제3자의 개입이 차단되어 있으므로 당사국들의 협상력(bargaining power)에 큰 차이가 있으면 불공정한 결과가 초래될 수 있다.

(2) 주선과 중개

교섭을 통한 분쟁해결에 실패하는 경우에는 특정한 국가·국제기구·개인과 같은 제3자가 개입하는 분쟁해결 방법이 시도된다. 제3자가 개입하는 분쟁해결 방법으로는 주선과 중개가 있다. 주선이란 분쟁당사국이 다시 교섭에 임할 수 있도록 제3자가 도와주는 것이며, 중개란 분쟁당사국의 만남을 주선하는데 그치지 않고 나름대로 분쟁내용을 조사하며 해결방안도 제시하기도 하는 것이다.

주선과 중개는 많은 국제분쟁의 해결을 통해서 그 진가를 발휘하였다. 그러나 주선과 중개에 의한 분쟁해결도 몇 가지 한계를 가지고 있다. 특히 성공적인 주선과 중개를 위해서는 양쪽 분쟁당사자 모두로부터 신뢰를 얻고 있는 중개자가 필요한데, 그 적격자를 발견하는 것이 쉬운 일은 아니다.

(3) 국제심사

국제심사위원회와 같은 국제적인 기관이 분쟁의 원인이 된 사실들을 명확히 밝혀서 분쟁을 해결하는 것이다. 따라서 국제심사는 사실문제에 관한 견해차이나 오해가 분쟁의 주요 원인인 국제분쟁 해결에 매우 효과적이다. 1905년 도거뱅크 사건은 국제심사를 통해 해결된 대표적인 사건이다.

(4) 조 정

조정이란 조정위원회라 부르는 국제기관이 분쟁해결에 나서는 방법이다. 조정위원회에서는 분쟁에 관련된 사실들은 물론이고 법률문제도 함께 검토하는데, 사실만을 검토하는 국제심사제도의 한계를 극복하기 위하여 도입된 제도이다. 조정위원회가 작성하는 조정안은 판결이 아니라 제안이므로 구속력을 가지지는 못하지만, 당사국들은 일정한 기간 내에 수락여부를 통보해야 한다.

조정제도가 생겨난 이후 현재까지 조정에 부탁된 국제분쟁은 기대에 미치지 못한다. 조정제도의 사용이 이처럼 저조한 데에는 몇 가지 이유가 있는데, 조정은 절차는 복잡하지만 정치적 권위가 없어 분쟁 해결수단으로서 매력적이지 못하다는 평가를 받았다.

4) 법적 방법

(1) 중재(재판)

중재재판이란 외교적해결과는 달리 구속력있는 결정을 하면서도, 사법적해결과는 달리 재판정의 구성과 재판절차 및 준칙을 마련하는 데 있어 당사국들의 폭넓은 재량이 허용되는 분쟁해결 방법이다. 중재재판소는 분쟁당사국들이 지명하는 중재재판관들로 구성되는데, 분쟁당사국에 의해 임시로 설치되기도 하고 일정한 범주에 속하는 분쟁들을 다루기 위해 상설적인 조직으로 설립되기도 한다.

중재는 이처럼 분쟁해결에 분쟁당사자들의 의사가 많이 반영되므로 사법적 해결에 비하여 유연하고 절차도 비공개로 진행할 수 있어 분쟁당사국들이 선호한다.

(2) 국제사법재판소

① 개요

중재재판과는 달리 국제사법재판소(International Court of Justice; ICJ)는 상설적인 재판기관으로 적용할 법과 절차가 미리 정해져 있는 보다 제도화된 국제분쟁 해결 기관이다. ICJ의 전신은 상설국제사법재판소(Permanent Court of International Justice: PCIJ)로 국제연맹 시대에 존재하였다. 현재의 국제사법재판소(ICJ)는 1945년 채택된 유엔헌장과 재판소규정(Statute of the Court)에 의해 창설되었다. ICJ는 출범 이후 한동안은 부탁되는 사건 수가 많지 않았으나, 1980년대 후반부터 부탁 사건 수가 크게 증가하고 있어서 명실상부한 세계법원으로 기능하고 있다.

② 구성

국제사법재판소는 임기 9년인 15명의 재판관들로 구성되며, 동일한 국적의 재판관이 2명 이상이면 안된다. 재판관 선출은 유엔총회와 안보리에 의하여 이루어지는데, 총회와 안보리 양쪽에서 절대다수표를 획득한 사람이 재판관이 된다. 그러나 재판관의 지역할당에 관한 신사협정이 있다.

ICJ의 특징의 하나는 임시재판관(ad hoc judge) 또는 국적재판관(national judge) 제도이다. ICJ 규정 제31조는 "각 당사자의 국적재판관은 재판소에 제기된 사건에 출석할 권리를 가진다"고 하여 분쟁당사국은 자국출신 재판관을 재판에 참여시킬 수 있게 하였다. 따라서 분쟁당사국 중 자국의 국적재판관이 재판관단에 없는 국가는 자국의 국적재판관 또는 임시재판관을 선정하여 소송에 참여시킬 수 있게 하였다.

③ 인적관할과 물적관할

국제사법재판소에 소송을 제기할 수 있는 자격은 국가에 한한다. 유엔의 주요기관들은 소송의 당사자는 될 수 없으나 법적인 문제에 관하여 권고의견을 재판소에 요청할 수 있다. 개인이나 법인도 법원에 소송을 제기할 수 없다.

국제사법재판소는 임의관할을 원칙으로 하므로 원칙적으로 당사국들이 합의하여 법원에 부탁하는 사건만 다룬다. 이러한 합의를 특별협정(Special Agreement)이라고 한다. 그러나 ICJ는 명시적 합의가 없더라도 당사국들의 묵시적인 합의를 추정할 수 있는 경우에는 관할권 성립을 인정해 왔다. 이는 피소국의 사후동의에 의한 관할권 성립이라고 할 수 있으며, 이를 통해 성립되는 재판소의 관할권을 확대관할권(forum prorogatum)이라고 한다. 아울러 재판소규정 제36조 2항 즉 선택조항(optional clause)의 수락 여부는 각국이 스스로 결정하지만, 일단 수락한 다음에는 이를 수락한 국가 간에 법적인 분쟁이 발생하면 특별협정 없이도 일방당사자의 제소로 ICJ의 관할권이 성립된다.

④ 판 결

국제사법재판소는 판결을 포함한 모든 문제를 출석한 재판관 과반수 찬성으로 결정한다. 국제사법재판소의 판결은 당사자 사이에서 당해 사건에 대해 구속력을 가지며, 최종적이므로 상소할 수 없다.

제4절 무력충돌

무력충돌법은 크게 두 분야로 나누어지는데, 하나는 무력충돌에 이르는 데 관한 법인 개전권(jus ad bellum)에 관한 법이고, 다른 하나는 무력충돌 자체를 규율하는 전쟁법(jus in bello) 이다. 개전권 문제는 어떤 무력충돌이 합법적인가 불법적인가 하는 문제를 다루는 데 비하여, 전쟁법에서는 해적수단의 합법성을 주로 다룬다. 특히 오늘날 전쟁법에서는 무력충돌시 적용되는 국제인도법이 중요하다.

1. 무력행사금지

1) 서 론

 전쟁이란 무엇일까? 프로시아의 유명한 전략가 클라우제비츠(Karl von Clausewitz; 1780-1831)는 전쟁을 "한 국가가 다른 국가로 하여금 자국의 의사를 따르도록 하고자 무력을 행사하는 것"이라고 정의하였다. 이러한 정의는 전쟁을 하고자 하는 국가의 의도를 명확히 하여 주지만 전쟁의 시작시점을 판단하는데 필요한 기준을 제시하지 못하는 약점이 있었다. 오스트리아의 베어드로스(Alfred Verdross; 1890-1980)는 전쟁을 정의하여 "평화관계가 종료된 국가간 무력충돌상태"라고 하였다. 전쟁에 대한 전통적 정의로 간주되는 베어드로스의 전쟁에 대한 정의는 전쟁이 국가 간의 분쟁이고 전쟁으로 양국 간의 평화관계가 단절되는 점을 분명히 하였다.

 전쟁에 대한 사람들의 인식과 함께 전쟁에 대한 사람들의 시각도 시대에 따라 변해 왔다. 그러나 인류 역사에서 아주 오랫동안 전쟁은 국가 간 분쟁을 해결하는 최종적인 수단으로서 인식되어 온 것이 사실이다. 그러나 오늘날에는 과학기술과 무기의 발달로 전쟁의 피해가 커져서 전쟁이 인류의 생존 자체를 위협하는 상황에 이르게 됨으로서 전쟁을 포함한 무력행사를 금지하는 국제법원칙이 보편적으로 인정되게 되었다.

2) 무력행사금지의 역사

(1) 고대와 중세

 동양과 서양을 불문하고 고대와 중세에는 무력행사금지나 정전론이 현실적으로 국가들의 지지를 받기는 어려웠다. 전쟁의 정당성 여부를 판단해 줄 어떤 국제적인 조직이 없었던 것은 물론이고 국가 간의 관계에 양육강식의 논리가 편만해 있었기 때문이다. 그렇지만 정당한 사유가 있는 전쟁만이 허용되어야 한다는 정당한 전쟁에 대한 생각은 그리스·로마시대 때에도 있었다. 더구나 로마제국이 기독교 국가가 되고 기독교도들이 신의 의지에 따른 무력행사를 지지하면서 정전론(doctrine of just war)은 체계화되기 시작하였다.

 아우구스티누스(St. Augustine)는 어떤 국가에게 피해를 준 국가가 범죄자를 처벌하거나 부당하게 취득한 물건을 반환하지 않는 경우, 그 불법을 응징하고 평화상태를 회복하기 위한 전쟁은 정당한 전쟁이라 하여 정전론을 주장하였다. 13세기 토마스 아퀴나스(Thomas Aquinas)는 정전개념을 더욱 발전시켜 불법행위자의 처벌과 같이 정당한 사유가 있는 경우에 전쟁은 정당화된다고 하였다.

(2) 근 대

근대 유럽에서는 교황권과 신성로마제국과 보편적 권위가 쇠퇴하면서 민족국가들이 국제사회의 주역으로 등장하였으며 국가간에 전쟁이 빈발하였다. 그에 따라 유럽에는 고전적인 형태의 세력균형(balance of power) 체제가 들어서게 되면서 정전론에 대한 시각도 바뀌게 되었다.

16세기 후반부터는 정당한 전쟁과 부당한 전쟁 간의 구분이 무너지고 무차별전쟁관이 유행하기 시작하였다. 전쟁 당사자 모두에게 어느 정도는 정당한 사유가 있다는 생각이 등장하면서 전쟁의 정당성에 대한 관심은 희석되었다. 법실증주의가 득세해가는 상황에서, 17세기 그로티우스(Grotius)는 자위, 재산보호, 불법행위 응징이라는 측면에서 정당한 전쟁을 다시금 정의하려고 시도하였다. 그러나 무차별전쟁관의 득세를 막을 수는 없었다. 1648년 웨스트팔리아강화조약(Peace of Westphalia) 체결을 계기로 세력균형 체제가 수립되면서, 정전론은 법실증주의에 자리를 물려주고 국제법에서 거의 자취를 감추게 되었다.

(3) 국제연맹 시대

헤이그평화회의는 제1차 세계대전을 막지 못하였으며, 전쟁 중 독가스 사용, 공습, 무기의 발달을 저지하지도 못하였다. 이러한 새로운 형태의 전쟁이 등장하면서 전쟁에 대한 최소한의 낭만적인 환상은 사라지고, 이제 비로소 사람들은 전쟁을 끔찍한 재앙으로 생각하게 되었다.

국제연맹(League of Nations)은 국제평화와 안전의 유지를 자신의 가장 중요한 임무로 삼게 되었고, 그 규약(Covenant)은 서문에서 회원국들은 분쟁을 전쟁으로 해결하지 않기로 하는 의무를 수락한다고 하였다. 그렇지만 국제연맹은 전쟁을 완전히 금지하지는 못하였다. 국제연맹은 모든 전쟁을 불법화한 것이 아니라 연맹규약이 요구하는 조건, 즉 사전에 분쟁을 평화적 해결 절차에 부탁하지 아니한 전쟁과 3개월의 유예기간을 지키지 아니한 전쟁을 불법화한 것이다. 국제연맹은 1931년 일본의 만주침략, 1934년 이탈리아-에티오피아 전쟁, 1936년 독일의 라인란트 진주와 오스트리아 합병 등을 막지 못하고 붕괴되었다.

1928년 부전조약이라고 부르는 「전쟁포기에 관한 일반조약」(General Treaty for the Renunciation of War)이 체결되었다. 조약체결을 위해 노력한 프랑스 외무장관 브리앙(Briand)과 미국 국무장관 켈로그(Kellog)의 이름을 따서 「브리앙-켈로그 조약」 또는 부전조약이라 부르기도 하는 이 조약은, 제1조에서 당사국들은 각 당사국 국민의 이름으로 국제분쟁 해결을 위한 전쟁을 규탄하고 국가간 관계에서 국가정책의 수단으로 전쟁을 포기한다고 선언하였다. 부전조약은 자위를 위한 전쟁과 연맹이 결정한 조치를 집행하기 위한 전쟁을 제외한 모든 전쟁을 금지하였으나, 제2차 세계대전을 막지 못하였다.

3) 유엔에서의 무력행사금지

(1) 전쟁개념의 혼란

전쟁 양상의 변화와 전쟁을 금지하는 국제법 원칙의 대두로 전쟁에 대한 전통적인 정의는 다음과 같이 한계를 드러내게 되었다. 첫째, 과거에 전쟁이란 국가간의 무력충돌 만을 의미하였으나, 내전이나 민족해방운동과 같이 당사자 일방이 국가가 아닌 무력충돌이 발생하면서 적용에 한계가 있게 되었다. 둘째, 전통적인 국제법에서 전쟁이란 선전포고에 이은 무력충돌을 의미하였다. 1928년 부전조약과 유엔헌장이 전쟁을 금지함에 따라, 국가들은 선전포고는 정치적 자해행위라 판단하여 이를 기피하게 되었다. 무력충돌은 있으나 선전포고는 없는 전쟁이 빈발하게 된 것이다.

(2) 무력행사금지의 내용

전쟁개념의 상대화에 따라 유엔헌장은 전쟁을 금지하는데 그치지 아니하고 무력의 행사(use of force)를 일반적으로 금지하게 되었다. 유엔헌장은 제2조 4항에서 "모든 회원국은 그 국제관계에 있어서 다른 국가의 영토보전이나 정치적 독립에 대하여 또는 국제연합의 목적과 양립하지 아니하는 어떠한 기타 방식으로도 무력의 위협이나 무력행사를 삼간다"고 하였다. 이 조문이 전통적인 의미에서의 전쟁을 금지한 것은 분명하지만, 유엔헌장 2조 4항이 '전쟁'(war)이란 용어 대신에 '무력'(force)이란 표현을 사용한 것은 1930년대 이후 선전포고도 없고 전쟁이라 부르지도 아니하는 무력충돌 즉 '전쟁에 이르지 아니하는 적대행위'(hostilities falling short of war)들이 자주 발생하였기 때문이다. 유엔헌장이 전쟁이 아니라 '무력'의 사용과 위협을 금지함으로써 오늘날 국제법에서는 전쟁은 물론 전쟁에 이르지 아니하는 군사적 조치들도 대부분 금지된 것으로 보아야 한다.

(3) 국제사회의 실행과 예외

유엔은 유엔헌장 제2조 4항을 넓게 해석하였다. 총회는 1970년 채택한 「국제법원칙선언」(Declaration on Principles of International Law)에서 유엔의 목적에 위배되는 사례를 제시하였다. 선언은 기존의 국경선을 침범하거나 국제분쟁을 해결하고자 하는 무력행사, 인민들의 자결권과 독립권 박탈을 위한 강압적 조치, 외국영토 침범을 위한 비정규군 조직의 활동, 외국에서 내전이나 테러활동을 조직·선동·원조하는 것은 금지된다고 하였다.

유엔헌장 제2조 4항은 무력의 위협과 무력행사를 대부분 금지하였으나, 헌장 제7장 강제조치에 따른 무력행사와 자위권 행사를 위한 무력행사는 예외적으로 허용된다.

(4) 자위권

1837년 미국과 영국 간 캐롤라인호(the Caroline) 사건은 자위권에 관한 전통국제법의 입장을 정리하는 계기가 되었다. 캐롤라인호 사건은 당시 미국 국무장관 웹스터(Daniel Webster)와 영국 특별교섭관 애쉬버튼경(Lord Ashburton) 간의 협상에서 다루어졌다. 캐롤라인호 사건을 계기로 정립된 자위권 발동을 위한 조건들을 보면 다음과 같다. 첫째, 한 국가의 영토나 군대에 대한 무력공격이 이루어졌거나 임박해 있어야 한다. 둘째, 상대방의 도발이 다른 수단의 선택을 생각할 여유가 없을 정도로 임박해 있고 대규모이어서 방어조치가 시급하여야 한다. 셋째, 무력사용 외에 현실적 대안이 없어야 한다. 넷째, 자위권 행사로 취해진 조치들은 사태의 심각성에 비례하는 것이어야 하며, 상대방의 공격을 중단·예방하는 정도에 머물러야 한다.

유엔도 자위(self-defence)를 위한 무력행사는 합법적인 것으로 보았다. 헌장 제51조는 "이 헌장의 어떠한 규정도 국제연합회원국에 대하여 무력공격이 발생한 경우, 안전보장이사회가 국제평화와 안전을 유지하기 위하여 필요한 조치를 취할 때까지 개별적 또는 집단적 자위의 고유한 권리를 침해하지 아니한다."고 하였다. 헌장의 자위권에 관한 규정에도 불구하고 자위권 행사의 조건 등과 관련하여 검토되어야 할 부분들이 있다.

첫째, 자위권행사의 시기와 기간이다. 유엔헌장 제51조에는 명시적인 언급이 없지만, 캐롤라인호 사건에서 수립된 규칙에 의하면, 무력공격에 대한 자위권의 발동은 즉시 이루어져야 한다. 상대방의 공격이 있은 후 즉시 대응이 이루어지지 아니하면 자위권은 소멸되는 것으로 보아야 한다는 것이다.

둘째, 자위권의 행사가 적법하려면 무력공격의 심각성에 비례하는 수준 즉 '비례성'(proportionality)이란 기준을 벗어나지 않아야 한다.

셋째, 자위권 행사의 시점과 관련하여 예방적 자위를 어느 정도까지 허용할 것인가 하는 것이다. 유엔헌장 제51조는 '무력공격이 발생하면'(if an armed attack occurs) 자위권 발동이 가능하다고 하였다. 이 조문을 문장 그대로 해석하면 자위권 발동 이전에 무력공격이 이미 행하여졌어야 하므로, 임박한 공격위험에 대한 예방적 자위(preventive self-defence)는 허용되지 않는다. 예방적 자위가 이론상으로나 국가관행에 의해 일반적으로 인정되고 있다고 할 수는 없다. 그러나 예방적 자위를 전적으로 부인하는 것 또한 쉽지는 않다. 특히 다른 국가에 의한 무력공격이 분명히 임박해 있는 상황에서 모든 외교적 수단을 동원하였으나 효과가 없는 경우에는, 예외적으로 제한된 범위에서나마 예방적 자위를 허용할 수밖에 없다는 것이다. 특히 오늘날처럼 대량살상무기가 발달 된 시기에 협소한 국토를 가진 국가에게 무력공격이 발생한 이후에 자위권을 행사하도록 요구한다면 그것은 가혹한 일이다.

2. 집단안전보장

1) 의 의

20세기 이전에는 국제평화와 안전을 유지하는 방법으로 세력균형(balance of power) 정책이 사용되었으나, 이러한 정책은 불가피하게 군비경쟁을 불러일으켰다. 따라서 오늘날에는 세력균형체제의 결점을 극복한 집단안전보장(collective security) 제도가 도입되었다. 집단안전보장이란 국제사회를 구성하는 국가들이 상호불가침을 약속하고, 이러한 약속을 위반하는 국가에 대해서는 다른 국가들이 공동으로 대처하는 제도이다. 집단안전보장은 국제연맹에 의해 최초로 시도된 바 있다.

2) 유엔의 집단안전보장제도

(1) 개요
유엔은 국제연맹의 약점들을 보완하여 매우 강력한 집단안전보장제도를 수립하였다. 유엔헌장은 분쟁의 평화적 해결의무를 규정하고 무력행사 및 위협을 금지하였으며 헌장에 위반되는 행위를 한 국가를 제재하기 위한 제도를 마련하였다.

유엔헌장 제24조는 유엔의 신속하고 효율적인 조치를 확보하기 위하여 안보리에 국제평화와 안전의 유지에 관한 주된 책임을 부여한다고 하였다. 총회는 국제평화와 안전의 유지에 관한 문제를 토의하고 권고할 수는 있지만, '행동'(action)을 요하는 문제에 대해서는 토의 이전 또는 이후에 안보리에 회부하여야 한다.

집단적 안전보장을 위한 안전보장이사회의 조치는 평화의 위협이나 파괴 또는 침략행위의 인정, 잠정조치, 비무력적 제재, 무력적 제재의 순서로 진행된다.

(2) 평화의 위협, 평화의 파괴, 침략
유엔헌장은 제7장 '평화에 대한 위협, 평화의 파괴 및 침략행위에 관한 조치'의 첫 번째 조문인 제39조에서 "안전보장이사회는 평화에 대한 위협(threat of the peace), 평화의 파괴(breach of the peace) 또는 침략행위의 존재를 결정하고, 국제평화와 안전을 유지하거나 이를 회복하기 위하여 권고하거나, 또는 제41조 및 제42조에 따라 어떠한 조치를 취할 것인지를 결정한다."고 하였다. 즉 우선 평화의 위협, 평화의 파괴, 침략행위가 있었는지를 판단한다는 것이다.

(3) 잠정조치
유엔헌장 제40조는 안보리는 어떠한 권고를 하거나 조치를 결정하기 이전에 사태의 악화를 방지하기 위해 필요하다고 인정되는 잠정조치(provisional measures)를 따르도록 요청한다고 하였다. 유엔은 이제까지 이러한 잠정조치로서 분쟁당사자들에게 정전, 전투행위 중지, 병력철수, 휴전협정체결을 요청하였다. 안보리가 1960년 콩고사태 때 벨기에에게 병력철수를 요청한 것, 1965년 인도와 파키스탄에게 휴전을 요청한 것, 1967년 이스라엘과 아랍국가간의 '6일 전쟁' 때 양측에 정전을 요청한 것이 그러한 예이다.

(4) 비무력적 제재
안전보장이사회는 평화의 회복을 위하여 먼저 비무력적 조치를 취한다. 유엔헌장 제41조는 "안전보장이사회는 그의 결정을 집행하기 위하여 병력의 사용을 수반하지 아니하는 조치 즉 경제관계 및 철도, 항해, 항공, 우편, 전신, 무선통신 및 다른 교통통신수단의 전부 또는 일부의 중단과 외교관계의 단절을" 요청할 수 있다. "이

것은 안전보장이사회가 자신의 결정을 집행하기 위한 비군사적 조치로서 회원국에게 특정한 국가와의 경제관계, 통신수단, 외교관계의 단절을 요청할 수 있음을 규정한 것이다.

(5) 무력적 제재

헌장 제41조에 따른 비무력적 조치들이 제대로 효력을 발생하지 못하게 되면, 안전보장이사회는 군대를 동원하는 무력적 제재조치를 취할 수 있다. 유엔헌장 제42조는 "국제평화와 안전의 유지 또는 회복에 필요한 공군, 해군 또는 육군에 의한 조치를 취할 수 있다."고 하였다.

그런데 유엔헌장에 의하면, 안보리가 회원국들에게 국제평화의 회복에 필요한 병력의 제공을 요청하여도 안보리와 특별협정(special agreement)을 체결하지 아니한 국가는 그러한 요청에 응해야 할 의무가 없다. 유엔헌장 제43조는 국제평화와 안전의 유지를 위해 안보리가 요청하면 안보리와 회원국 간에 체결된 특별협정에 따라 회원국이 제공하는 병력으로 유엔군을 구성하도록 하였으나, 그러한 특별협정은 체결되지 않았다. 본래 유엔헌장이 의도하였던 모습의 유엔군은 조직될 수 없게 된 것이다.

그럼에도 안전보장이사회는 국제평화의 회복을 위하여 무력적 제재조치를 취하였다. 유엔이 취한 대표적인 무력적 제재조치로는 1950년 한국전쟁 당시 채택된 결의를 들 수 있다. 소련대표가 불참한 가운데 채택된 이 결의는 한국에 대한 군사지원과 군대파견을 권고하는 내용을 담고 있었다. 1991년 안전보장이사회는 쿠웨이트를 침공한 이라크에 대해서도 무력적 제재조치를 취하였다.

(6) 평화유지활동

유엔이 국제평화와 안전의 유지를 위해 고안해 낸 하나의 방법은 평화유지활동(Peace-Keeping Operation)이다. 평화유지활동은 본래 분쟁의 정치적 해결이 모색되는 동안 분쟁이 국제평화와 안전을 위협할 정도로 악화되는 것을 방지하기 위해 휴전상태를 유지하고 교전당사자 간에 완충지대(buffer zone)를 형성함으로서 충돌을 방지하고 분쟁의 평화적 해결을 돕는 제도이었다. 그러나 냉전체제 붕괴이후 평화유지활동의 내용과 성격에도 커다란 변화가 있었으니, 평화유지활동은 광범위해지고 적극적이 되었다.

3. 전쟁과 인도법

1) 의 의

전쟁을 어떻게 할 것인지를 다루는 전쟁법(law of war)의 존재는 사람들을 혼란스럽게 한다. 오늘날 국제법은 분명히 전쟁을 비롯한 무력행사를 전반적으로 금지하였는데 전쟁에 관한 법이 왜 존재해야 하는지 의문인 것이다. 전쟁법에 대한 또

다른 비판자들은 생사를 다투는 전장에서 실제로 국제법이 지켜질 수 있겠느냐는 의문을 제기한 것이다. 그러나 인간의 존엄과 기본적 인권이 철저하게 유린되는 전장에서 인도주의를 실천하고자 하는 전쟁법과 국제인도법(international humanitarian law)은 오히려 진가를 발휘한다. 전쟁법에서는 포로, 상병자, 민간인의 보호와 해적수단의 제한 등 인도주의 원칙들이 중요하게 다루어지고 있다. 따라서 오늘날 전쟁법 또는 무력충돌법(law of armed conflict)에는 국제인도법적 요소들이 많이 포함되어 있다.

2) 연 혁

전쟁법은 18, 19세기 무차별전쟁관이 유행할 때에 전투행위를 규율하는 법규칙으로 등장하였다. 그러나 많은 사람에게 있어서 법질서 자체의 파멸을 가져오는 전쟁을 법에 따라 수행해야 한다는 논리는 어색하게 받아들여 졌고, 전쟁 중에 있는 국가가 법에 구속받아야 하는가 하는 의문도 제기되었다. 중세 기독교와 기사도 정신으로부터 많은 영향을 받은 전쟁법은 다른 국제법 분야와 마찬가지로 관습법에서 시작되었다. 이러한 관습법은 17세기 초 「전쟁과 평화의 법」(De Jure Belli ac Pacis)을 저술한 그로티우스(Grotius) 등에 의해 일부는 체계화되었으며, 19세기 후반이후에는 성문화 작업을 통해 점차 조약으로 대체되었다.

러시아 황제의 초청으로 26개국 대표가 참가한 가운데 개최된 1899년 제1차 헤이그평화회의와 1907년 제2차 헤이그평화회의는 군비제한을 위한 다자간 합의를 도출하는 성과를 거두어 오늘날 전쟁법의 기초를 다지게 되었다.

제1, 2차 대전 이후에는 수시로 전쟁법 관련 조약들이 체결되었다. 1929년 제네바에서는 상병자와 포로들의 대우를 개선하기 위해 두 개의 조약이 체결되었으며, 제2차 대전 이후인 1949년 제네바에서는 상병자와 포로의 대우에 관한 3개 협약과 민간인 보호를 위한 1개 협약이 채택되었다. 1977년에는 1949년 제네바협약에 대한 2개의 추가의정서가 제정되어 전쟁법과 인도법은 국제적 무력충돌은 물론 비국제적 무력충돌에도 적용되게 되었다. 1980년에는 제네바에서 하나의 협약과 세 개의 의정서가 채택되어 네이팜탄, 지뢰, 부비트랩과 같은 무기의 무차별적인 사용을 통제하게 되었다.

3) 전쟁의 개시, 휴전, 종료

역사적으로 보면 전쟁개시에 관한 관행은 매우 다양하여 전쟁은 선전포고, 조건부 선전포고, 적대행위의 시작으로 개시되었지만, 특히 선전포고가 중요하였다. 16세기까지는 서신이나 전령을 통하여 전쟁의사를 미리 통고하는 관습이 있었다. 이러한 상황에서 17세기 그로티우스는 전쟁을 하려면 전쟁선언(declaration of war)이 있어야 한다고 하였으며, 1904년 일본이 전쟁선언 없이 러시아를 공격한 뒤

1907년 헤이그에서 채택된 협약은 전쟁은 전쟁선언이나 조건부 전쟁선언을 담고 있는 최후통첩(ultimatum containing a conditional declaration of war)이 없이는 시작될 수 없다고 하였다.

하지만 선전포고 없는 전쟁이 자주 발생하면서 전쟁의 유무를 판단하는 데 상당한 어려움이 발생하였다. 20세기에는 그러한 경향이 더욱 심해졌고 제2차 세계대전 이후에는 선전포고는 거의 사라졌기 때문이다. 이처럼 전쟁개념에 혼돈이 초래되면서 오늘날에는 전쟁법의 적용에 있어서 전쟁이 아닌 무력충돌의 유무에 대한 판단이 중요해 졌다.

전쟁이 시작되면 교전국 간의 관계는 평시관계에서 전시관계로 전환되고 양국 간에는 전시법이 적용된다. 전쟁이 시작되면 대개 교전국간의 외교관계는 단절되며, 외교공관과 잔류하는 국민 및 그들의 재산은 '이익보호국'이라 부르는 제3국의 보호를 받는다. 양국 간 조약들 중에서 정치적·군사적 목적의 조약들은 대부분 종료되지만, 그 외의 조약들은 조약별로 운명이 결정된다. 교전국내 적국인은 과거에는 일정한 지역에 억류할 수 있었으나, 오늘날에는 상대방의 전투능력에 보탬이 되는 사람을 제외하고는 퇴거가 허용된다. 교전국내 적국인의 재산 역시 과거에는 몰수할 수 있었으나, 오늘날에는 이를 압수하여 전쟁에 사용하더라도 나중에 보상을 해야 한다.

휴전(armistice)이란 전투행위가 교전국 간의 합의에 의해 일시적으로 중지되는 것으로 휴전기간이 끝나게 되면 적대행위는 다시 시작된다. 휴전은 그 지역적 범위에 따라 두 가지로 나누어진다. 전반적휴전(general armistice)은 교전지역 전체에서 모든 전투행위를 중지하는 것이고, 부분적휴전(partial or local armistice)은 일부지역에서의 전투행위를 중지하는 것이다. 반면에 정전(suspensions of arms)은 상병자 처리와 같은 특수한 목적을 위해 단기간 전투를 중지하는 것이다. 과거에는 휴전은 전쟁의 종료가 아니라 전투행위의 일시적인 중지이므로 휴전기간 중 양국 간에는 전쟁상태가 계속되는 것으로 보았으나, 오늘날에는 휴전기간이 장기화되면서 휴전이 전쟁의 사실상의 종료를 의미하게 되었다. 이러한 맥락에서 1953년 체결된 한국의 휴전협정도 실제로는 전쟁의 종료를 가져온 것으로 이해되어야 한다는 입장이 있다.

전쟁은 강화조약의 체결, 적대행위의 중지, 정복의 완료에 의하여 종결된다. 전쟁종료를 위한 당사국 간 합의인 강화조약 또는 평화조약(peace treaty)은 영토문제와 전쟁포로 처리 등 전쟁의 결과를 정리하는 조약으로 가장 완벽한 형태의 종전방법이라 할 수 있다. 강화조약을 체결하지 않고 교전당사국들이 모든 적대행위를 중지하여 평화관계를 회복하는 경우에도 전쟁은 종료된 것으로 본다.

4) 합법적인 군사목표와 공격방법

무력충돌시 누가 그리고 어떤 것이 합법적인 군사목표가 되는가 하는 것과 관련하여 두 가지 원칙이 있다. 하나는 '구별의 원칙'(principle of distinction)으로, 전투원과 군사목표는 합법적인 목표이지만 민간인과 민간인 목표는 공격목표가 아니라는 것이다. 다른 하나는 '비례의 원칙'(principle of proportionality) 인데, 공격으로 인한 민간인 사상자와 피해가 공격이 가져올 구체적이고 직접적인 군사적 이익을 초과하는 경우에는 군사목표라고 할지라도 공격하면 아니 된다는 것이다.

군사목표가 되는 사람의 범위는 비교적 간단하게 정해진다. 전투원의 지위를 가지는 사람은 부상을 당하거나 포로가 되어 전투에 참가할 수 없게 되지 않는 한 합법적인 군사목표가 된다. 전투원이 아닌 사람은 민간인이며 직접 적대행위에 참가하지 않는 한 공격당하지 아니한다. 반면에 민간인 목표와 군사적 목표를 구분하기 위해서는 무엇이 군사목표인지를 정해야 하는데, 과학기술의 발달 등으로 그 경계는 가변적인 것이 되어 간단하지가 않다.

본질적으로 군사목표(military objectives)는 무력공격 대상으로 적절한 것으로, 원칙적으로 민간인과 민간인의 재산은 군사목표도 아니고 무력공격의 대상도 아니다. 일반적으로 전시라고 할지라도 공격하거나 파괴할 수 없는 불법적인 목표에는 시민, 상병자, 병원, 의무부대, 상선, 민간식량, 문화재, 종교적인 장소, 핵발전소와 같은 위험시설이 포함된다. 군사적으로 사용되고 있고 민간인들에 의해서도 사용되는 '2중사용 목표'(dual use object)의 경우에는 논란이 있을 수 있다. 적국의 발전소를 공격하는 것이 그러한 예에 해당하는데, 공격에 의하여 민간인에게 초래되는 피해와 군사적 이익을 비교하여 공격의 허용 여부가 결정되어야 한다.

5) 무기의 제한

(1) 불필요한 고통의 원칙
전쟁수단의 제한에 관해서는 몇 가지 원칙이 있다. 첫째는 불필요한 고통이나 과도한 피해를 초래하는 전쟁수단과 방법은 금지되어야 한다는 '불필요한 고통'(unnecessary suffering)의 원칙이다. 둘째는 특정한 군사목표를 타격할 수 없어서 군사목표와 민간인 목표를 구별하지 못하는 전쟁수단과 방법은 금지되어야 한다는 '차별'(discrimination)의 원칙이다. 셋째는 적대행위에 있어서 기만적인 수단의 사용을 금지하는 '배신'(treachery)의 원칙이다. 넷째는 최근에 조약을 통해서 등장한 것으로 환경에 악영향을 미치는 전쟁수단과 방법의 사용을 금지하는 원칙이다.

(2) 금지된 무기
국제법상 사용이 금지되는 무기는 불필요한 고통을 줄이기 위하여 지정되는 경우가 많다. 그러나 그러한 무기 중에는 앞에서 언급한 차별의 원칙과 관련된 것들도 있다. 어떤 전쟁수단이나 방법이 무차별적이어서 민간인에게 피해가 확산될 가능성이 있는 때에는 그 사용이 금지되는 것처럼, 피해의 범위가 무차별적인 무기들은 사용이 금지되는 것이다. 무기의 설계나 기능상의 문제로 인하여 군사적 목표를 향할 수 없는 무차별적 무기(indiscriminate weapons)의 사용도 금지된다. 생화학무기가 대표적인 예이다.

전쟁법에서 인도적 요소가 중요해지면서, 19세기 이후 체결된 각종 조약에 의해 점차 많은 무기들의 사용이 금지되었다. 그러한 무기로는 1868년 상페터스부르크 선언에 의해 사용이 금지된 소이탄, 헤이그선언에서 금지된 담담탄(dum-dum bullets), 1907년 헤이그육전법규에 의해 금지된 독가스, 1925년 제네바의정서에 의해 사용이 금지된 질식성·독성가스 등이 있으며, 1981년 재래식무기협정에 따라 X선으로 탐지할 수 없는 무기(제1의정서), 대인지뢰와 부비트랩(제2의정서), 민간인에 대한 소이성 무기(제3의정서), 실명 레이저무기(제4의정서)의 사용이 금지되었다.

(3) 핵무기

무기와 관련하여 가장 논란이 많은 문제는 핵무기의 사용이 국제법에 대한 위반인가 하는 문제이다. 이와 관련하여 1961년 유엔총회는 「핵무기와 수소폭탄 사용 금지선언」(Declaration on the Prohibition of the Use of Nuclear and Thermo-Nuclear Weapons)에서 핵무기의 사용은 불법이라고 선언하였으며, 유사한 선언들이 있었다. 그러나 유엔총회의 결의는 권고적 효력을 가지며 기껏해야 관습법의 증거로 활용될 뿐인 데다가 결의 채택시 표결결과를 보면 이 결의를 일반적으로 수락된 관습으로 인정하기는 어렵다.

핵무기 사용의 합법성 문제는 세계보건기구(WHO)와 유엔총회가 권고의견을 요청함으로써 국제사법재판소에서도 다루어졌다. 1993년 9월 3일 WHO는 건강과 환경에 대한 효과라는 점에서 핵무기의 사용이 WHO 헌장을 포함하는 국제법상의 의무위반이 아닌가 하는 점을 문의하였으며, 유엔총회는 1996년 1월 6일 유사한 문제에 대한 의견을 요청하였다. 1996년 7월 8일 ICJ는 양측의 요청에 대해 의견을 제시하였다. WHO의 요청은 국제기구의 권한의 한계를 설정하는 '전문성 원칙'(principle of speciality)에 어긋난다는 이유로 거부되었다. WHO는 핵무기의 합법성 문제를 다룰 권한이 없다는 것이었다. 유엔총회가 제출한 요청에 대해서는 문제마다 상이한 의견이 제시되었다. ICJ는 핵무기의 위협과 사용을 허용하는 관습법이나 조약이 없다는 데 대해서는 만장일치를 보였으나, 핵무기 사용을 포괄적이고 보편적으로 금지하는 관습법이나 조약이 없다는 데 대해서도 11대 3으로 이를 긍정하였다.

6) 포로, 상병자, 민간인의 보호

(1) 포로의 대우

과거에는 포로는 노예가 되거나 가혹행위의 대상이 되는 등 비인도적인 학대를 받는 일이 많았으나, 19세기 후반 들어 전쟁포로들에게도 인간적인 대우가 부여되기 시작하였다. 포로의 대우에 관한 가장 중요한 합의는 1949년 8월 제네바에서 체결된 「포로의 대우에 관한 협약」(Convention relative to the Treatment of

Prisoners of War)이다. 협약 제12조가 규정한대로 포로는 그를 체포한 국가에 의해 억류되어 있는 것이지 그를 생포한 부대나 그 지휘관의 권력 안에 있는 것이 아니다. 따라서 억류국은 항상 포로를 인도적으로 대우할 책임이 있다. 포로를 사망케 하거나 그 건강에 중대한 위해를 가하는 어떠한 불법적인 행위도 금지되며, 폭행, 협박, 모욕 및 대중의 호기심으로부터 항상 보호되어야 하고, 포로에 대한 복구도 금지된다(협약 제13조). 포로들은 고문을 받지 아니하며, 포로수용소의 환경은 협약의 기준에 부합하여야 하고, 포로들을 위험하거나 전쟁에 직접적으로 관련되는 작업에 종사하도록 하면 안 되며, 수용소에 대한 불만을 전달할 수 있는 절차도 마련되어 있어야 한다. 포로를 인간방패(human shield)로 사용할 수 없음은 물론이다.

(2) 상병자의 보호

상병자란 신분을 불문하고 부상을 당하였거나 병에 걸려 전투능력을 상실한 자를 말한다. 국제사회는 1949년 제네바에서 채택된 「육전에 있어서의 군대의 부상자 및 병자의 상태개선에 관한 협약」(Convention for the Amelioration of the Wounded and Sick in Armed Forces in the Field) 등에서 상병자 보호를 위한 국제법적 근거를 마련하였다.

육전과 해상에서의 상병자 보호에 관한 제네바협약 제도는 상병자를 해치지 않을 의무와 함께 그들을 지원하기 위하여 일정한 조치를 취해야 하는 적극적인 의무를 담고 있다. 상병자들은 적대행위 당사국들에 의하여 성별, 인종, 국적, 종교 등에 의하여 차별받지 아니하고 인도적으로 대우받고 간호되어야 하며, 그들의 생명에 대한 위협이나 신체에 대한 폭행은 엄중히 금지되고, 살해하거나 고문 또는 생물학적 실험 대상이 되면 아니된다.

(3) 민간인 보호

전시 민간인의 보호에 관해서는 이전에도 여러 조약들이 규정을 두고 있었으나, 독립된 조약으로는 1949년 제네바에서 체결된 「전시에 있어서 민간인의 보호에 관한 협약」(Convention Relative to the Protection of Civilian Persons in Time of War)이 중요하다. 협약은 제4조에서 협약에 의하여 보호되는 자는 "무력충돌의 당사국 또는 점령국의 권력 내에 있는 자로서 무력충돌의 당사국이나 점령국의 국민이 아닌자"라고 하였다. 협약에 따른 피보호자들은 신체, 명예, 신앙 및 종교상의 행사, 관습을 존중받을 권리를 가지며 항시 인도적인 대우를 받는다. 특히 폭행, 협박, 모욕 및 공중의 호기심으로부터 보호되며, 부녀자들은 특별한 보호를 받는다.

제5절 국제법각론

1. 국제해양법

1) 해양의 중요성과 해양법

해양은 지구표면의 70%이상을 덮고 있다. 해양에는 풍부한 어족자원이 있을 뿐 아니라 석유와 심해저 자원 같은 광물자원들이 매장되어 있다. 또한 해양은 국가간 교통로로서 전략적으로도 매우 중요하다. "바다를 지배하는 자가 세계를 지배한다"는 말은 이러한 배경에서 나온 말이다.

해양의 이러한 중요성으로 인하여 해양은 수많은 국제분쟁의 원인이 되어왔다. 해양법(the law of the sea)은 해양에 관련된 국가들의 이익과 활동을 조정하여 분쟁을 방지하고, 분쟁이 발생한 경우에는 이를 평화적으로 해결하는 국제법 분야이다.

2) 해양법의 역사와 해양의 구분

과거에 해양은 '만인의 만인에 대한 투쟁' 상태에 있었으니, 실제로 14세기에 이르기까지 바다는 대부분 해적들의 지배하에 있었다. 근대 해양법은 그로티우스의 '해양자유론'(Mare Liberum, 1609)이 발표된 17세기 경에 시작되었다고 본다. 그로티우스의 해양자유론은 영국이 스페인의 제해권에 도전하는 데 사용되었으나, "좁은 영해, 넓은 공해" 패러다임은 수백년간 해양질서의 근간을 형성해 왔다.

오늘날의 해양질서는 1982년 제3차 유엔해양법회의가 채택한 '유엔해양법협약'(United Nations Convention on the Law of the Sea)에 의해 규율되고 있다. 해양법협약은 320개 조문과 9개의 부속서로 구성되어 해양공간, 경계획정, 환경보호, 과학조사, 기술이전, 분쟁해결 등 거의 모든 해양문제를 다루고 있어서 '해양의 헌법'이라고 부른다. 해양법협약은 영해를 12해리로 확장하였고, 국제해협 통행제도를 정비하였으며, 경제수역과 심해저 제도를 새로이 도입하였다.

과거에는 해양에는 영해와 공해만 있었다고 해도 과언이 아니다. 그러나 인간의 해양사용방법이 다양해지고 해양개발능력이 향상됨에 따라, 국가의 해양관할권은 점차 확대되고 그에 따라 새로운 제도가 등장하였다. 오늘날 해양은 연안국의 관할권이 미치는 수역인 영해, 대륙붕, 경제수역과 국제공역인 공해, 심해저로 나눌 수 있다.

3) 국가관할권이 미치는 수역

(1) 영해

영해란 영해기준선부터 일정한 거리까지의 수역으로 연안국의 주권이 미치는 곳이다. 영해는 영토, 영공과 함께 국가의 영토주권이 미치는 국가영역을 구성한다.

영해의 너비를 측정하기 위한 출발선이 기준선(baseline)이다. 기준선은 일반적으로 썰물시 드러나는 해안선을 연결하는 저조선(low-water line)으로 한다. 그러나 해안의 굴곡이 심하고 연안에 많은 섬이 있는 경우에는 육지나 섬의 외측점을 직선으로 연결하여 기준선으로 삼는다. 영해의 폭에 관해서는 착탄거리설에 이어서 오랫동안 3해리가 유지되었다. 그러나 해양법협약은 영해의 너비를 12해리까지로 할 수 있다고 하였다.

연안국은 영해에서 주권을 갖는다. 연안국은 영해는 물론 그 상공과 해저에서 별다른 제한이 없는 한 포괄적·배타적 관할권을 행사한다. 그러나 다른 국가의 선박들은 연안국에게 피해를 주지 않고 영해를 통행할 수 있는 무해통행권을 갖는다. 하지만 군함의 무해통행권 인정 여부에 대해서는 찬성과 반대의 의견이 충돌하고 있다.

(2) 대륙붕

1945년 미국은 대륙붕에 인접해 있는 국가가 대륙붕의 지하와 해저의 천연자원에 대해 관할권을 갖는다는 트루만선언을 발표하였다. 그후 많은 국가가 미국의 조치를 따르게 되었고, 1958년에는 대륙붕협약이 채택되어 연안국은 수심 200미터까지 또는 천연자원 개발이 가능한 곳까지의 해저와 지하에 있는 각종 자원에 대해 관할권을 행사할 수 있게 되었다. 해양법협약에 의해 오늘날 대륙붕의 범위는 기준선에서 200해리까지 또는 대륙변계가 미치는 곳까지 이르게 되어 더욱 확대되었다. 연안국은 대륙붕에서 주로 해저와 지하의 자원에 관할권을 갖는다.

▶ **한일 대륙붕공동개발구역(JDZ)** 1969년 유엔극동경제위원회(ECAFE)가 동중국해와 황해가 세계에서 가장 유망한 유전이 될 가능성이 높다는 보고서를 발표하면서 동북아 각국은 대륙붕에 관한 국내법을 서둘러 제정하고 해저광구를 설치하였으므로, 각국이 설치한 광구는 서로 중복되었다. 해양자원개발을 촉진하기 위하여 한국과 일본은 1974년 1월 30일 「대한민국과 일본국 간의 양국에 인접한 대륙붕 남부구역공동개발에 관한 협정」(남부대륙붕협정)에 서명하였으며, 이 협정은 1978년 6월 22일 효력발생에 들어갔다. 이 협정에 따라서 양국의 대륙붕 주장이 중복되는 82,000㎢의 동중국해 해저와 지하에 공동개발구역이 설치되었다. 협정이 효력발생에 들어간 후 초기에는 양국 간 대화와 합의를 통해 일부 구역에서 탐사활동이 이루어지기도 하였으나, 최근에는 일본 측의 소극적인 태도로 탐사 및 개발작업이 제대로 수행되지 못하는 가운데 협정의 종료 시점인 2028년이 다가오고 있다.

(3) 배타적경제수역

해양법협약은 국가관행으로 내려오던 어업수역 등 어업관련 주장들을 배타적경제수역(Exclusive Economic Zone : EEZ)으로 성문화하였다. 기준선에서 200해리까지 연안국의 관할권을 인정해주는 이 제도의 등장으로 연안국의 해양에 대한 관할권은 더욱 강화되었다. 경제수역에서 연안국은 해저·지하·상부수역의 자원에 대해 주권적 권한을 가지며, 인공섬이나 각종 시설을 건설하여 사용하고, 해양환경을 보호하는 데 있어 우선적인 권한을 갖는다.

▶ 한국과 일본 간의 신한일어업협정 협상은 1996년 5월 시작되어 1998년 11월

28일 서명으로 마무리되었다. 신한일어업협정에 의하면 각국은 자국의 경제수역에서 어업과 관련하여 주권적 권리를 행사하며, 합의를 통해 상호입어를 허용하기로 하였다. 또한 우리나라에서는 '중간수역' 일본에서는 '잠정수역'이라 부르는 수역을 동해 중간 부분에 창설하였다.

한국과 중국 간의 어업협정은 1993년 12월 시작되어 2001년 4월 최종 타결되었다. 한중어업협정은 협정수역을 몇 가지로 구분하여 차등화된 어업관리 조치를 도입하였다. 배타적경제수역은 양국이 국내법에 따라 배타적 관할권을 행사하는 수역으로 합의를 통하여 서로 상대방 국민과 어선에게 입어를 허가한다. 잠정조치수역에서 양국은 해양생물자원의 합리적 이용을 위하여 어업공동위원회의 결정에 따라 보존관리조치를 취하였다. 한중어업협정의 체결로 황해와 동중국해에서의 어업질서는 어느 정도 정비되었으나 협정의 실시와 관련하여 몇 가지 과제가 제기되었다. 특히 중국 어민들의 우리 수역에서의 불법조업이 성행하여 양국 간 분쟁원인이 되었다. 현재 진행중인 양국간 해양경계획정 회담에서도 중국은 어업문제를 포함시킬 것을 주장하고 있다.

4) 국제공역에 속하는 수역

(1) 공해

공해(high sea)란 영해, 경제수역처럼 연안국의 관할권에 속하는 해양을 제외한 나머지 해양을 말한다. 원래 해양은 대부분이 공해였으나, 영해에 이어 경제수역과 같이 연안국의 관할권이 미치는 수역들이 등장하면서 그 범위가 축소되었다.

일찌기 그로티우스(Grotius)는 소유를 불가능하게 하는 해양의 자연적 유동성, 무궁무진한 해양자원, 자연법적 통상권을 근거로 해양은 모든 사람 모든 국가에게 개방된다고 하여 공해의 자유를 주장하였다. 그 결과 공해에서는 항해의 자유, 어업의 자유, 상공비행의 자유, 해저전선과 도관 설치의 자유 등의 공해의 자유가 인정되었다.

하지만 공해의 자유는 다른 국가가 누리는 공해의 자유를 방해하면 아니 되므로 결코 무제한 한 것이 아니다. 공해상을 항해하는 선박은 다른 선박들의 이익을 고려하여 항해의 안전과 해양환경보존에 관한 규칙들을 준수해야 하며, 공해상을 나르는 항공기도 항공규칙을 지켜야 한다. 특히 어업의 자유는 공해 생물자원의 보호와 관련하여 최근 많은 제한을 받게 되었다.

해양에서의 사람들의 활동은 선박을 사용해 이루어지므로 해양법은 공해상 선박에 대한 관할권 행사를 통해 공해의 질서를 유지하는 방법을 선택하였으며, 결국 기국주의를 원칙으로 삼게 되었다. 따라서 공해에서 선박은 원칙적으로 국제법과 그 기국의 법에 종속되게 되었다. 그러나 어떤 선박이 해적행위, 노예거래, 무허가방송에 종사하거나 무국적선 혐의가 있는 경우에는 모든 국가의 군함은 이 선박을 단속할 수 있다.

(2) 심해저

1982년 해양법협약에 의해 처음으로 성문화된 심해저는 어떠한 국가의 관할권에도 속하지 아니하는 해저와 그 지하를 의미한다. 이곳에는 구리·닉켈·코발트·망간과 같은 상업적 이익을 갖는 광물들을 함유하고 있는 엄청난 양의 망간단괴 등이 있어서 세인의 관심을 끌어왔다.

해양법협약은 심해저와 그 자원은 인류의 공동유산(common heritage of mankind)이라고 하여 국제공동체 전체에 귀속시켰다. 또한 심해저 자원개발에 따른 이익 가운데 일부는 인류전체 특히 개발도상국 국민의 복지를 위해 사용되게 하였다. 그간 광물자원 가격의 하락과 기술적인 문제로 인하여 심해저 자원개발은 적극적으로 추진되지 못하였으나, 심해저기구가 중심이 되어 탐사와 개발에 관한 규칙이 마련되는 등 국제관리제도는 정비되어 가고 있다.

2. 국제환경법

1) 서 론

최근 국제사회에서는 지구의 환경이 직면한 위험에 대한 우려가 크게 높아졌으며, 대기오염과 해양오염, 자연생태계의 파괴와 같은 갖가지 환경문제는 국가 간의 관계는 물론 사람들의 생활관계에도 직접적으로 영향을 미치는 중요한 관심사가 되었다.

국제환경법이란 환경보호와 관련하여 발달해 온 국제법원칙이 적용되는 국제법 분야라고 정의할 수 있다. 그렇지만 '환경' 등 핵심적인 개념에 대한 정의가 아직 확실하게 정립되지 않고 있다.

역사적으로 환경보호와 경제개발요구 간의 관계는 국제환경법의 발달에서 중요한 변수이다. 과거에 사람들은 경제성장과 환경파괴는 불가분의 관계에 있다고 보았으나, 오늘날에는 환경적으로 건강하고 지속가능한 개발이 가능하다는 주장이 우세하다. 환경보호와 경제성장이 동시에 도달될 수 있다는 '지속가능개발'(sustainable development) 개념이 오늘날 환경보호 정책의 목표인 것이다.

2) 역 사

국제환경보호 운동은 환경보호에 관심을 가진 지식인들을 중심으로 시작되었으며, 환경과 생태계 보존이 인류 전체의 이익이라는 인식이 퍼져가면서 확산되었다. 그러나 20세기 초까지 국제환경운동의 관심은 이동성야생동물(migratory wildlife) 보호를 위한 국제협력 차원에 머물러 있었다.

1972년 스톡홀름에서 열렸던 유엔인간환경회의(United Nations Conference on

the Human Environment : UNCHE)는 환경에 관한 새로운 패러다임을 세우고 환경정책을 국제적인 관심사가 되게 하였다. 회의에는 114개국이 참가하여 26개의 원칙(principle)을 담고 있는 스톡홀름선언 등을 채택하였다. 이들은 법적구속력이 있는 조약은 아니지만 국제환경법의 보편적인 원칙들을 밝히는 중요한 문서가 되었다.

1992년 6월 3일부터 14일까지 브라질 리우에서는 '지구정상회담'(Earth Summit)이라 부르는 '유엔환경개발회의'(United Nations Conference on Environment and Development: UNCED)가 개최되었다. 170개 이상의 국가와 103명의 국가원수·정부수반이 참가한 이 회의는 '지속가능개발' 개념에 법적인 의미를 부여하는 등 국제환경법 발달에 중요한 계기가 되었다.

3) 초국경적 환경오염

'초국경적 환경오염' 또는 '국경을 넘는 환경오염'(transboundary pollution)이란 한 국가에서 발생한 오염물질이 국경을 넘어 다른 국가의 영역으로 넘어 들어가 그 국가의 환경에 피해를 주는 것이므로, 가해국과 피해국 간에 국가책임 문제를 발생시킬 수 있다. 초국경적 환경문제를 다루기 위해 부딪치는 중요한 문제는 국제법이 전통적으로 인정해 온 영토주권과 환경보호의무 간의 갈등을 해결하는 것이다.

국가는 환경피해방지의무를 부담한다. ICJ는 1949년 코르푸(Corfu) 해협 사건에서 모든 국가는 자국 영토를 다른 국가의 권리를 방해하는 데 사용하면 안 된다고 하여 피해방지의무에 대하여 언급하였다. 그 후 환경피해방지의무는 1965년 트레일제련소(Trail Smelter) 사건에 대한 중재판정에서 분명하고 체계적으로 표명되었다.

환경보호를 위한 국제협력 의무와 관련해서는 사전협의의무, 환경영향평가의무, 신속한 통고의무가 인정된다. 사전협의의무는 댐건설, 하천의 수로변경 등과 같은 대형프로젝트 추진 시 이를 주변국가에게 통고하고 협의할 것을 요구한다. 신속한 통고의무는 다른 국가에게 환경피해를 유발할 우려가 있는 사건이나 사고가 발생하는 경우, 주변 국가들이 보호조치를 취할 수 있도록 즉시 통고할 의무이다. 1986년 체르노빌 핵발전소 사건이 중요한 계기가 되었다.

4) 해양환경보호

해양은 인간의 다양한 목적을 위해 사용되어 왔다. 특히 해양은 지구상 최대의 쓰레기 처리장으로 취급되어 갖가지 활동을 통해 발생한 온갖 쓰레기들이 이곳에 버려졌다. 뿐만아니라 대형유조선 등 각종 선박에 의한 유류오염, 방사능물질 투기, 해저석유 개발에 따른 석유유출, 해양쓰레기와 프라스틱 등으로 해양오염은 점점 더 심각해져 가고 있다.

해양법협약 제192조는 "각국은 해양환경을 보호하고 보전할 의무를 진다"고 하여 국가들의 해양환경보호의무를 밝히고 있다. 또한 동 협약 제197조는 해양환경보호를 위한 전지구적 또는 지역적 차원에서의 국제협력을 규정하였다.

5) 대기오염

(1) 산성비 문제

1979년 「장거리월경대기오염협약」(Convention on Long-Range Transboundary Air Pollution: LRTAP)은 산성비 문제 해결을 위해 체결된 것으로, 유럽국가들을 중심으로 미국과 캐나다 등 34개국이 참가하였다.

(2) 오존층 보호

1974년 롤랜드(Sherwood Roland)와 몰리나(Mario Molina)는 성층권의 오존층 파괴로 자외선 침투가 발생할 것이라고 경고하였으나 오랫동안 무시되었다. 그러나 결국 남극상공 오존층에 거대한 구멍이 발견되면서 경고는 현실이 되었다.

「오존층 보호를 위한 비엔나협약」(Vienna Convention for the Protection of the Ozone Layer)은 1985년 채택되어 1988년 발효하였으며, 1987년 몬트리올에서 채택된 「오존층 파괴물질에 관한 몬트리올의정서」는 오존층 파괴물질인 염화불화탄소(CFC) 즉 프레온가스와 할론 생산의 단계적인 감축을 규정하였다. 국제사회가 오존층 보호를 위하여 노력한 결과 오존층 파괴물질의 생산은 크게 감소하였으며 오존층은 회복되고 있다.

(3) 기후변화(온난화)

수증기와 이산화탄소(CO_2), 메탄가스(CH_4), 산화이질소(N_2O), 염화불화탄소(CFCs), 오존(O_3) 등은 태양열을 받아 지구를 따뜻하게 하여 생물들이 살아갈 수 있는 환경을 제공해 주는 온실가스이다. 그러나 산업혁명 이후 누적되어 온 온실가스는 지구온난화를 가져와 기상이변과 해수면 상승 등 환경피해를 초래하고 있다.

기후변화협약(Framework Convention on Climate Change)은 1992년 5월 채택되어 1994년 3월 효력발생에 들어갔다. 협약은 구체적이고 구속력 있는 규정들을 담아내지 못하고 기본협약으로 채택되었다. 1997년 12월 일본 교토에서 열렸던 제3차 당사국회의에서는 「교토의정서」(Kyoto Protocol)가 채택되어, 기후변화협약 제1부속서에 등재되어 있는 국가들은 이산화탄소와 같은 온실가스 배출량을 배출한도와 감축양허에 따라 2008년에서 2012년 사이에 1990년 대비 최소한 5% 감축하도록 하였다.

파리협정은 2020년 만료되는 '교토의정서'를 대체할 새로운 기후협정이다. 프랑스 파리에서 개최된 제21차 유엔기후변화협약 당사국총회는 2015년 12월 12일 '파리협정(Paris Agreement)'을 세계 195개국의 만장일치로 채택했다. 파리협정은 선진국과 개발도상국 모두가 온실가스 감축에 동참하기로 한 최초의 세계적 기후합의이다. 선진국의 선도적 역할을 강조하는 가운데, 거의 모든 국가가 전지구적인 기후변화 대응에 참여한다는 선언을 했으며, 특히 온실가스 배출 1, 2위인 중국과 미국은 물론 전 세계 국가의 실질적 참여를 이끌어냈다는 데 큰 의미가 있다.

그러나 파리협정은 각국이 온실가스 감축목표를 스스로 정하도록 하고 있어서 목표의 설정과 이행에 국제법적 구속력이 없다.

6) 자연보존

국제적인 습지보존을 위해서는 람사르협약이 있다. 1971년 이란의 람사르(Ramsar)에서 체결된 「람사르협약」(Ramsar Convention) 즉 「국제적으로 중요한 습지의 보존에 관한 협약」은 특정한 생태계 즉 조류들의 서식지인 습지의 보존과 지혜로운 사용(wise use)을 위해서 마련된 국제협약이다.

멸종위기의 동식물보호를 위해서 체결된 CITES 협약이 있다. 1973년 워싱턴에서 체결된 「멸종위기의 야생동식물 국제거래에 관한 협약」(Convention on International Trade in Endangered Species of Wild Fauna and Flora: CITES협약)은 멸종위기에 처한 동식물 종과 그 생산품의 국제거래를 통제하고 금지하여 동식물 종의 감소에 대처하려는데 그 목적이 있다.

생물의 다양성을 보존하기 위해 체결된 생물다양성협약이 있다. 일종의 기본협약인 이 협약은 생물자원을 현지내 보존과 현지외 보존의 방법을 사용하여 보존하고자 한다.

7) 유해물질이동규제

1989년 3월 체결된 「유해폐기물의 국가간 이동과 처리의 통제에 관한 바젤협약」이 중요하다. 바젤협약의 가장 중요한 원칙은 유해폐기물의 국경을 넘는 이동을 최소한으로 감축한다는 것과 유해폐기물은 가능한 생산지에 가까운 곳에서 처리되어야 한다는 원칙이다.

3. 국제경제법

1) 의의

국제경제관계에 관한 법인 국제경제법은 오늘날 국제법의 가장 중요한 분야의 하나가 되었다. 이처럼 국제법에서 국제경제법이 중요해진 것은 최근들어 세계 경제의 국제화와 상호의존이 심화된 데 따른 것이다.

국제경제법의 정의에 대해서는 매우 다양한 견해들이 있다. 국제경제법에는 국제적 요소와 경제적 요소를 담고 있는 모든 법적인 주체들을 포함할 수 있으나, 그러면 국제경제법에는 기본적인 국제경제질서부터 통화·금융·투자·무역 등 국제경제활동에 관련된 모든 법적인 문제들이 포함되어 그 범위가 지나치게 넓어진다. 국제법은 전통적으로 최소한 법률관계의 한쪽 당사자가 국가이어야 한다는 기준을 유지해 왔는바, 기본적인 국제경제질서와 국가 간의 또는 국가와 외국기업 간의 경제관계를 다루는 것으로 보는 것이 옳다고 하겠다. 국제경제법의 주요 주제는 국제무역·국제통화·국제투자이다.

2) 국제통화제도와 IMF

(1) IMF

화폐는 국제금융과 국제무역의 필수적인 수단이므로 건전한 국제경제질서 수립을 위해서는 통화의 안정이 필수적이다. 2차대전 이전에는 각국이 자국화폐의 환율을 자유로이 변경할 수 있는 주권을 보유하고 있어 폐해가 컸다. 따라서 1930년대 대공황과 같은 파국을 면하기 위하여 환율의 안정을 위한 장치가 필요해졌고, 그러한 요구에 부응하여 1944년 브레튼우즈회의를 통해 국제통화기금(IMF)이 설립되었다.

IMF는 국제무역의 확대와 균형성장, 고용 및 소득증대는 물론 다자간 결제제도 수립과 외환거래규제의 철폐를 목적으로 한다. 유엔 전문기구의 하나인 IMF는 모든 회원국 대표들로 구성되는 총회와 집행이사회를 가지고 있는데, 양 기관에서의 표결에는 투표가중치제도가 적용되어 각국의 투표는 분담액에 상응하는 가치를 가지게 되므로 분담액이 큰 서구국가들에 의해 좌지우지되고 있다.

(2) 외환제도

외환문제와 관련하여 IMF는 본래 금본위제에 입각한 환율안정과 회원국간 통화의 강제태환을 원칙으로 삼았다. 그러나 1978년 킹스턴협정에 따라 금본위제는 공식적으로 종식되고 변동환율제로 이행하였다.

변동환율제는 일부 긍정적인 기능에도 불구하고 국제수지의 불균형을 해소하지 못한다는 비판을 받는다. 오늘날에는 정부나 중앙은행이 외환시장에 전혀 개입하지 않는 자유변동환율제도가 아닌 관리변동환율제도를 취하는 국가들이 많다. 장기적으로는 수요와 공급에 따른 환율 결정을 수용하되 단기적으로는 환율의 지나친 등락을 방지하기 위하여 정부가 외환시장에 미세하게 개입하도록 하여 환율의 급변에 따른 부작용을 축소하는 것이다.

(3) 대여제도

IMF는 극심한 수지불균형을 겪고 있는 회원국에 대해서는 외환을 제공하고 정책조정을 지원하는 등 세계경제의 경찰 역할을 수행하고 있다. 수지불균형으로 외환위기를 겪고 있는 국가는 여러 가지 방법으로 재원을 조달할 수 있지만, 그들이 최종적으로 기댈 수 있는 곳은 IMF이다.

IMF의 여신에는 조건이 부가되어 있다. IMF와 채무국이 체결하는 '대기성협정'(stand-by arrangements)을 통해 채무국은 경제개혁조치를 취할 것을 약속해야 하는데, 개혁조치에는 대개 인플레 억제, 임금상승 억제, 정부지출 축소 등 긴축조치들이 포함되는바, 국가들은 그러한 조건들을 부담스러워하여 IMF에 신용공여를 요청하기를 꺼려했다. IMF로부터 신용공여를 받은 국가는 대기성협정의 긴축조치들을 부담스러워하여 스스로 IMF의 관리를 받고 있다고 비하하거나 자신의 주권이 침해당하고 있다고 생각하기도 하였다.

▶ 이제까지 IMF의 신용공여를 받은 국가에는 멕시코와 브라질, 1997년 외환위기 당시 우리나라와 인도네시아 등이 있었다. 그러나 2007년 미국발 금융위기이후 IMF는 헝가리와 리투아니아 등 EU 국가들을 처음으로 지원하였고, 2010년 이후 그리스는 유로존 국가 중에서는 처음으로 IMF의 신용공여를 받았다.

3) 국제투자

전통국제법에서 외국인투자 문제는 전적으로 영토국가의 주권에 속하는 사항이었다. 따라서 얼마 전까지 국제법에서 외국인투자 문제는 외국인의 손해에 대한 국제책임이란 관점에서 다루어졌다. 그러나 세계의 경제환경이 바뀌면서 이제 국제투자문제도 국제경제법의 주요 관심사로 등장하였다.

외국인투자의 모든 것을 규율하는 포괄적인 조약이나 문서는 아직 존재하지 않는다. 따라서 외국인투자에 관한 국제법은 여러 종류의 규범들과 문서로 짜집기된 상태에 있다고 말할 수 있다. 즉 외국인 직접투자에 관한 국제법은 국제관습법과 양국간 또는 다자간에 체결된 조약들로 구성되어 있다.

국제투자제도와 관련된 주요 문제들로는 외국자본 도입에 대한 각국의 태도, 일단 도입된 외국자본에 대한 대우, 국유화 등으로 인한 투자활동 파탄시 분쟁해결방법 등이 있다. 외국인투자를 제한하였던 각국의 법은 1990년대 초 대부분 외국인투자를 장려하는 방향으로 바뀌었다. 이러한 변화는 경제협력을 위한 지역협정이나 GATT/WTO와 같은 보편적 협정에 가입하면서 확산되었다. 중국은 외국인투자를 금지하던 헌법조항을 1978년에 개정한 후 1979년 합작기업에 관한 법을 개정하여 외국인들에게 투자를 허용하였다.

다국적기업의 참입과 활동에 대한 제한은 다양한 형태로 이루어진다. 합작 형태의 기업을 허용하는 국가들은 외국인 소유지분에 상한선을 정하거나 경영권을 제한하는 경우가 많다. 기업활동에 대한 규제는 최소한의 현지부품사용(minimum local content), 현지 노동력 사용, 생산기술의 종류를 명시하는 방법에 의해 이루어지기도 한다.

외국인 직접투자와 관련하여 과거에는 외국인재산의 국유화 또는 몰수가 중요한 이슈로 다루어져 왔으며, 국유화 조치를 할 수 있는 합법적인 조건과 보상 문제가 논의되었다. 그러나 최근에는 국유화의 주요 대상이었던 양허계약(concession)이 거의 자취를 감추었을 뿐 아니라, 국가중심의 사고도 개선되어 외국인재산의 국유화 조치는 거의 취해지지 않고 있다. 하지만 영토국가가 외국인에 의한 투자활동에 파탄을 초래할 조치를 취할 가능성은 여전히 남아있는 바, 외국투자자를 보호하기 위한 다양한 방안들이 등장하였다. 종래에는 피해를 입은 외국인 투자자가 직접 영토국가의 법원에 제소하거나 본국에 외교적 보호를 요청하는 방법이 주로 사용되었으나, 오늘날에는 국제투자분쟁해결센터(ICSID)나 국제상업회의소(ICC)의 중재절차가 자주 사용되고 있다. 오늘날의 투자조약들은 대부분 한 국가와 외국인 투자자 간의 분쟁을 국제중재 등에 의해 해결하기 위한 규정을 두고 있기 때문이다.

4) 국제무역

(1) GATT와 WTO

국제적인 상거래는 오래전부터 행하여져 왔다. 따라서 국제무역질서를 역사적으로 추적해 보면 상당히 오래전까지 소급해 올라간다. 그러나 오늘날의 국제무역질서와 유사한 형태의 제도가 뿌리를 내린 것은 2차대전 이후이며 그 주역은 '관세 및 무역에 관한 일반협정'(GATT)이었다. 그런데 GATT는 본래 하나의 조약임에도 불구하고 1947년 아바나에서 열렸던 국제회의에서 설립하기로 합의되었던 국제무역기구(ITO)가 출범도 못하면서 갑자기 국제무역의 관리자가 된 것이다. GATT는 그사이 국제무역환경의 변화에 대응하기 위하여 여러 차례 다자간 무역협상을 가져왔으나, 그 한계를 극복하지 못하고 세계무역기구(WTO)에 그 임무를 넘겨주게 되었다.

1986년 우루과이에서 시작된 우루과이라운드는 1994년 4월 모로코의 마라케쉬에서 대단원의 막을 내렸는데, GATT 체제의 한계를 극복하고 보다 효율적인 무역질서를 세우기 위하여 세계무역기구(WTO)를 설립하기로 하였다. WTO 출범을 계기로 세계경제는 비로소 하나의 규범과 하나의 기구로 통일되어 한지붕 경제권을 형성하게 되었으며, 산업과 무역의 명실상부한 세계화와 국경없는 무한경쟁 시대가 개막되었다.

(2) WTO의 기본원칙

GATT와 WTO는 '차별없는 무역의 원칙'과 '수량제한금지의 원칙'을 기본원칙으로 삼고 있다. 차별없는 무역의 원칙은 다시 '최혜국대우의 원칙'과 '내국인대우의 원칙'으로 나누어진다.

최혜국대우란 한 국가 내에서 외국상품 간의 차별을 금지하는 원칙이다. GATT 협정 제1조는 수출입과 관련하여 부과되는 관세와 과징금, 규칙, 절차의 적용에 있어서 모든 국가들에게 가장 유리한 대우를 해야 한다는 '최혜국대우' 원칙을 규정하였는바, 이는 한 국가에게 부여된 무역상의 혜택은 다른 모든 체약국에게도 허용되게 하기 때문이다. 사례로는 캐나다 자동차관세 사건이 있다.

내국인대우는 상품이 일단 한 국가에 수입된 후 수입품과 국산품 간의 비차별을 요구한다. 내국인대우 원칙은 국내적으로는 수입상품의 마케팅을 제한하려는 각국의 의도를 억제하여 국내상품과 수입품 간의 공정한 경쟁을 보장하는 데 목적이 있다.

국제무역에서 WTO 회원국들은 쿼타, 수입허가, 수출허가, 기타 조치를 사용하여 다른 회원국들로부터의 수입과 수출을 금지하거나 제한하지 못한다. 쿼타의 사용이나 수출입 허가와 같은 수량제한(quantitative restriction) 조치들은 시장경제에 필수적인 가격메커니즘 기능을 방해하므로 금지된다. 수량제한은 특정한 상품의 수입물량을 직접 규제하는 제도로 주로 수량할당 즉 쿼터(quota)를 설정하는 방식으로 이루어진다. 수량제한은 수입국이 수입물량을 직접 통제하므로 수입규제 효과가 확실하지만 대표적인 비관세장벽으로서 국제무역을 위축시킬 우려가 있어 이를 규제하고자 하는 것이다.

(3) 관세 및 비관세장벽

최근 국제무역은 빠른 속도로 자유화되고 있다. 그러나 현재에도 갖가지 제한적인 조치들로 인하여 국가 간 상품이동은 제한받고 있다. 수입제한 조치들은 크게 관세장벽(tariff barrier)과 비관세장벽(non-tariff barrier)으로 나뉜다.

관세는 외국으로부터의 수입을 억제할 뿐 아니라 국부를 증가시키고, 국내기업을 보호하며, 자국 내 일자리를 보호하고, 자국의 특수한 산업을 보호하므로 외국제품의 수입을 억제하는 가장 편리하고 효과적인 수단이다. 그러나 관세의 부과는 국제무역의 자유화를 방해하기 때문에 GATT와 WTO는 관세인하를 위하여 노력하였다.

제2차 세계대전 이후 GATT/WTO를 중심으로 이루어져 온 다자간무역협상의 결과 세계 각국 특히 선진국들의 관세는 크게 낮아졌다. 이처럼 관세장벽이 낮아지면서 대신에 비관세무역장벽(nontariff trade barrier: NTBs)이 중요해졌다. 비관세장벽에는 건강과 안전관련 규정, 환경관련 규정, 표준관련 규정, 정부조달관련 규정, 통관관련 규정이 속한다.

특히 WTO 협정의 체결로 농·수·축산물 무역이 자유화되면서 환경기준이라고 볼 수 있는 위생 및 검역조치가 중요해졌다. 그리하여 「위생 및 검역조치협정」(Agreement on the Application of Sanitary and Phytosanitary Measures: SPS협정)이 체결되었는데, 이 협정은 미국과 EU간의 '호르몬쇠고기'(hormon-treated beef)를 둘러싼 장기간의 분쟁이 진행중인 가운데 무역에 대한 비관세장벽으로의 위생 및 검역조치의 남용을 억제하기 위해 체결된 것이다. 협정은 모든 위생 및 검역조치는 "과학적 원칙에 근거해야 하며 충분한 과학적 증거가 없이는 유지되어서는 안 된다"는 원칙을 확고히 하였다.

(4) 공정무역규범

오늘날의 국제무역질서는 일찍이 리카아도(Ricardo)에 의해 체계화된 비교우위론에 입각하여 자유무역이 모든 국가에게 이익이 된다는 국제공동체의 공통된 신념에 기초해 있다. 그런데 자유무역질서는 공정한 경쟁을 보장하는 '공정무역'이 보장되지 않는 한 공허한 구호가 된다. 국제무역이 공정한 경쟁하에 이루어지도록 보장하기 위하여 국제사회는 덤핑이나 보조금 지급에 따른 시장왜곡을 시정하기 위해 '반덤핑관세'(anti-dumping duties)와 '상계관세'(counterveiling duties)를 부과할 수 있게 하였으며, 긴급수입제한조치의 발동을 엄격히 제한하였다.

덤핑(dumping)이란 생산업자나 수출업자가 자국 내에서 통상적으로 거래되는 정상가격(normal price)보다 낮은 가격으로 상품을 수출하는 불공정 무역관행이다. 덤핑이 있는 경우에는 GATT와 WTO 협정에 따른 반덤핑관세 부과 대상이 되는데, 체약국은 덤핑행위로 인하여 자국산업에 피해가 발생하였거나 피해발생이 우려될 때에는 덤핑을 상쇄하거나 방지하기 위하여 덤핑마진(dumping margin)을 초과하지 아니하는 범위 내에서 반덤핑관세(Anti-Dumping Duties)를 부과할 수 있다.

보조금(subsidies)이란 정책당국이 어떤 목표의 달성을 위하여 산업이나 기업에게 제공하는 각종의 지원을 의미한다. 각국 정부나 지방자치단체가 자국기업에게 '특정성'이 있는 보조금을 지급하게 되면 자국 산업은 경쟁력이 생기지만 시장의 가격메커니즘이 붕괴되어 시장질서를 교란하게 된다. GATT와 WTO 협정에서는 보조금 지급으로 피해를 입은 국가에게 보조금 지급의 효과를 상쇄하는 상계관세(Countervailing Duties)를 부과할 수 있게 하였다.

GATT 협정과 WTO 협정의 「긴급수입제한협정」(Agreement on Safeguards: 세이프가드협정)은 예상치 못한 사태 진전이나 양허로 인하여 특정 상품이 한 국가에 대량으로 수입되어 동종의 또는 직접경쟁물품을 생산하는 국내산업에 심각한 피해(serious injury)가 초래되었거나 초래될 가능성이 있으면 그 의무를 잠정 중단하거나 양허를 철회할 수 있게 하였다. 그러나 이러한 조치는 심각한 피해를 예방하고 치유하며 조정을 가능하게 하는 선에서 허용되며, 수량제한이 허용되는 경우에도 최근 3년간의 평균수입량 이하로는 감축할 수 없다.

(5) WTO의 분쟁해결절차

GATT의 최대 약점 중의 하나는 분쟁해결절차의 미비이었다. 따라서 분쟁해결제도의 개혁은 우루과이라운드에서도 가장 중요한 의제의 하나가 되었으며, 그 결과 '분쟁해결규칙과 절차에 관한 양해'(USD)가 채택되어 보다 체계화된 분쟁해결제도가 수립되었다.

WTO에서의 분쟁해결은 협의절차, 패널에 의한 조사 및 보고서 작성, 패널보고서에 대한 상소기구의 재심, 패널과 상소기구 결정의 채택, 채택된 결정의 집행의 단계를 거치면서 진행된다. 이 중에서 가장 중요한 절차는 패널절차이다. 3인 또는 5인의 위원으로 구성되는 패널은 분쟁사실을 조사하고 관련 법규정을 검토하여 보고서를 작성하는데, 그 보고서는 분쟁해결기구의 결정에 절대적인 영향을 미친다. WTO 분쟁해결절차에 상소절차가 도입된 것은 분쟁해결제도의 법적성격을 강화한 것으로 해석된다.

제6장 형법

제1절 형법서론
제2절 범죄론
제3절 미수범과 공범
제4절 형벌론
제5절 형법각론

제1절 형법서론

1. 형법의 의의와 기능

1) 형법의 의의

형법이란 어떤 행위가 범죄에 속하고 그러한 범죄에는 어떤 형벌이 부과되는지 규정하는 법이다. 구체적으로는 범죄가 성립하기 위한 조건(구성요건)과 그에 부과되는 형사적 제재(형벌과 보안처분)를 담고 있다.

좁은 의미의 형법은 1953년에 제정되어 그간 개정되어 온 '형법'을 의미한다. 반면에 넓은 의미의 형법에는 범죄와 형벌에 관한 제 규범이 포함되므로, '국가보안법' '특정범죄가중처벌법' 등의 형사관련 규범은 물론이고, 행정법이나 노동법·상법 등 다른 법 분야에서 형벌을 규정해 놓은 경우도 포함된다.

2) 형법의 기능

형법은 규제적 기능을 갖는다. 형법은 범죄의 일반예방과 특별예방을 통하여 국민들의 행위를 규율하여 국가와 사회의 질서를 유지한다.

형법은 보호법익의 보호와 사회윤리적 가치의 보호 등 보호적 기능을 갖는다. 형법은 사람의 생명과 신체의 안전, 개인의 재산, 공공의 안전과 평온 등 법익을 침해하거나 위태롭게 하는 행위를 범죄로 정하여 보호한다. 형법은 사회의 윤리적 가치들을 담고 있는 규범을 지켜내기 위한 역할도 수행한다. 그러나 형법은 보충적 역할을 맡는다. 형법은 국가의 제재수단 중 가장 강력한 방법인 형벌을 수단으로 사용하므로, 가능하면 최후에 최소한으로 개입하여야 한다.

형법은 보장적 기능을 갖는다. 형법은 국가권력의 사용에 일정한 한계를 둠으로써, 거기에 저촉되지 않는 국민의 자유와 권리를 보장한다. 형법은 범죄행위의 처벌을 추구하지만, 거기에 해당되지 않는 행위에 대해서는 이를 보장하는 역할을 한다.

2. 형법의 적용범위

1) 시간적 적용범위

형법 제1조(범죄의 성립과 처벌) 1항은 "범죄의 성립과 처벌은 행위 시의 법률에 의한다"고 하여 행위시법주의를 선택하였다. 이는 사후입법을 통한 처벌을 금지한다는 의미이다.

그렇지만, 동조 2항은 "범죄후 법률의 변경에 의하여 그 행위가 범죄를 구성하지 아니하거나 형이 구법보다 경한 때에는 신법에 의한다."고 하였으며, 동조 3항은 "재판확정후 법률의 변경에 의하여 그 행위가 범죄를 구성하지 아니하는 때에는 형의 집행을 면제한다."고 하였다. 신법이 구법에 비해 국민에게 유리한 경우에는 예외적으로 신법우선의 원칙을 적용하도록 한 것이다.

형법 제1조 2항은 재판 도중 피고에게 유리한 법률 개정이 있는 경우에는 소급효를 인정한다. 가령 간통죄 폐지 전에 소추되었으나 확정판결 이전에 헌재의 결정으로 간통죄가 폐지되어 간통이 범죄를 구성하지 아니하면 면소판결을 받는다. 만일 간통죄 개정 이전에 소추되었으나 재판 도중에 법령의 개정으로 인해 간통죄의 형량이 낮아졌다면, 신법에 의한다는 것이다. 반면에 당해 규정이 형량을 중하게 개정한 경우, 가령 간통죄의 형량이 징역 5년 이하에서 징역 10년 이하로 개정되었다면 신법이 아닌 구법을 적용한다.

2) 장소적 적용범위

(1) 속지주의

형법은 적용범위와 관련하여 속지주의를 원칙으로 하고 속인주의와 보호주의를 보충적으로 적용하고 있다. 형법 제2조는 "본법은 대한민국영역내에서 죄를 범한 내국인과 외국인에게 적용한다."고 하여 속지주의를 규정하였는데, 여기서 말하는 '대한민국영역'은 영토·영해·영공은 물론 북한지역도 포함한다. 제4조는 "본법은 대한민국영역 외에 있는 대한민국의 선박 또는 항공기내에서 죄를 범한 외국인에게 적용한다."고 하여 기국주의를 채택하였는데, 이는 우리 국적을 가지는 선박과 항공기를 우리나라의 영역의 일부로 간주한 것이라고 해석할 수 있다(참고, 페스카마호 사건).

(2) 속인주의, 보호주의, 세계주의(보편주의)

형법 제3조는 "본법은 대한민국영역 외에서 죄를 범한 내국인에게 적용한다."고 하였다. 이는 우리 국민의 경우에는 비록 외국에서 범한 범죄에 대하여도 우리나라가 관할권을 가질 수 있다는 것으로 속인주의를 규정한 것이다. 여기에서 관할권의 기초는 우리나라와 국민을 연결하는 국적이란 인연이다.

형법은 보호주의도 규정하였다. 보호주의란 자국 또는 자국민에 대한 범죄에 대하여는, 그것이 누구에 의하여 어디에서 발생하였던 자국의 형법을 적용하는 것이다. 그러나 보호주의에 따른 관할권 행사를 위해서는 외국과의 관할권 조정이 필요할 것이다. 형법 제5조는 대한민국영역 외에서 다음에 기재한 죄를 범한 외국인에게 적용한다고 하면서, 내란의 죄, 외환의 죄, 국기에 관한 죄, 통화에 관한 죄, 유가증권 우표와 인지에 관한 죄 등을 제시하였다.

보편주의는 국제사회의 연대성에 기반하여 해적, 인신매매, 마약거래, 테러 등 인류의 공동이익을 침해하는 범죄와 반인도적 범죄에 대해서는 누가 어디에서 범행을 저질렀는지 불문하고 자국의 형법을 적용하는 것으로, 아직은 널리 받아들여지지 않고 있다. 아덴만 여명작전 당시 아덴만에서 체포된 해적사건에 대한 재판을 계기로 우리나라에서도 관련법(형법과 해상강도법)의 보편주의 수용여부 문제가 논의된 바 있다.

3. 죄형법정주의

1) 의 의

죄형법정주의란 어떤 행위를 범죄로 정하고 일정한 형벌을 부과하려면 그러한 행위 이전에 국회가 제정한 법률에 그러한 범죄와 형벌이 명확하게 규정되어 있어야 한다는 원칙이다. 포이에르바하(Feuerbach)는 "법률이 없으면 범죄가 없고 형벌도 없다"라는 말로 이를 잘 표현하였다. 따라서 아무리 사회적으로 많은 비난을 받는 행위라도 법률이 범죄로서 규정하지 않았다면 처벌할 수 없으며, 범죄에 대하여 법률이 규정한 형벌 이외의 벌을 과할 수도 없다는 것이다.

2) 연 혁

죄형법정주의는 과거 유럽에서 봉건세력 또는 절대왕정의 가혹하고 자의적인 법의 해석과 적용에 맞서서 기본권을 보장하기 위해 나타난 주장이었다. 죄형법정주의의 기원은 영국의 1215년 마그나카르타(Magna Charta)이다. 그 후 17, 18세기 자연법사상과 결합하면서 영국에서는 1629년의 권리청원과 1689년의 권리장전 통해서 확립되었고, 미국 헌법과 프랑스 인권선언에도 등장하였다. 죄형법정주의는 1810년 나폴레옹 형법 제4조에 규정된 이래 유럽 각국에 전파되었고, 현재는 거의 모든 국가의 헌법과 형법에 기본원칙으로 규정되었다.

3) 헌법과 형법의 규정

헌법은 제12조 1항에서 "모든 국민은 신체의 자유를 가진다. 누구든지 법률에 의하지 아니하고는 체포·구속·압수·수색 또는 심문을 받지 아니하며, 법률과 적법한 절차에 의하지 아니하고는 처벌·보안처분 또는 강제노역을 받지 아니한다." 하였다. 이어서 헌법 제13조는 1항에서 "모든 국민은 행위시의 법률에 의하여 범죄를 구성하지 아니하는 행위로 소추되지 아니한다."고 하여 죄형법정주의를 규정하였고, 2

항에서는 "모든 국민은 소급입법에 의하여 참정권의 제한을 받거나 재산권을 박탈당하지 아니한다."고 하였다. 형법은 제1조 1항에서 "범죄의 성립과 처벌은 행위시의 법률에 의한다."하여 역시 죄형법정주의를 규정하였다.

4) 내 용

죄형법정주의는 법률주의, 소급효금지의 원칙, 명확성의 원칙, 유추해석금지의 원칙, 적정성의 원칙을 그 내용으로 한다.

(1) 법률주의

범죄와 형벌은 법률에 규정되어 있어야 한다는 것이다. 여기서 말하는 법률이란 국회가 제정한 형식적 의미의 법률을 의미하므로 명령이나 조례와 같은 하위규범이 범죄와 형벌을 규정할 수는 없다. 또한 법률에는 추상적인 금지와 형벌만을 규정하고 구체적인 사항은 명령이나 조례에 의하도록 위임하는 백지형법은 엄격히 제한된다.

법률주의의 결과 관습형법은 금지된다. 민법 등 사법에서는 관습법과 조리가 법원으로 인정되지만, 형법에서는 관습법과 조리는 법원이 될 수 없다. 따라서 관습법을 근거로 처벌하거나 형을 가중하는 것도 금지된다.

(2) 소급효금지의 원칙

범죄와 형벌은 행위시의 법률에 의해서만 결정된다는 것이다. 소급입법이 허용되면 행위시에 범죄가 아니라고 믿었던 행위자를 처벌하게 되어 법에 대한 신뢰와 국민의 행동의 자유가 훼손될 것이다. 다만, 소급효금지의 원칙은 행위이후 존재하던 범죄가 사라지거나 형이 가볍게 바뀌어서 피고인에게 유리해진 경우에는 적용하지 않는다.

소급효금지의 원칙에도 불구하고 헌법재판소 등에서는 '중대한 공익'이 문제가 되는 때에는 소급입법을 허용할 수 있다는 입장이었다. '중대한 공익'이 무엇인지는 명확하지 않으나, 헌재는 "정의를 회복하여 왜곡된 우리 헌정사의 흐름을 바로잡고" "자유민주적 기본질서의 회복을 위하는" 것을 기준으로 제시하였다. 우리나라에서는 해방이후 '반민족행위처벌법'과 1960년 '부정선거관련자 처벌법'을 제정한 바 있으며, 국제사회에서는 제2차 세계대전 이후 독일 전범들을 처벌하기 위해 '뉘른베르크 법원의 지위에 관한 런던협정'을 채택한 바 있다.

(3) 유추해석금지의 원칙

법률에 규정이 없는 사항에 대하여 그것과 유사한 성질을 가지는 사항에 관한 법 규정을 적용하는 것을 유추해석이라고 한다. 형법에서 유추해석을 금지하는 것은 유추해석이란 법관에 의해 일종의 법이 창조되는 행위이기 때문이다.

(4) 명확성의 원칙

형법상 범죄의 구성요건과 형벌에 관한 규정은 명확해야 한다는 것이다. 범죄와 형벌에 관한 규정이 불명확하면 형벌권의 자의적인 행사가 가능해지기 때문이다.

범죄의 구성요건은 가능한 명확하여 일반인이면 누구나 범죄행위를 분명하게 인식할 수 있어야 한다. 형의 선고시 기간을 정하지 않고 집행단계에서 이를 정하는 부정기형 가운데 장단기가 정해지지 아니하는 절대적부정기형은 허용되지 않는다.

(5) 적정성의 원칙

범죄와 형벌을 규정하는 형법관련 법률의 내용은 합리적이고 정의로운 것이어야 한다는 원칙이다. 이는 범죄와 형벌 사이에 적절한 균형을 맞추기 위한 원칙이라고 할 수 있다. 부정의한 법률에 의한 국민의 자유 침해를 최소화하고 죄형법정주의의 실질적인 목적을 도출해내기 위한 것이다.

제2절 범죄론

1. 범죄의 성립

범죄가 성립하려면 3가지 요소가 충족되어야 한다. 즉 범죄의 성립과 처벌을 위해서는 구성요건해당성, 위법성, 책임에 관한 조건들이 충족되어야 한다.

첫째는 구성요건해당성이다. 범죄가 성립하려면 어떤 행위가 법률이 규정해 놓은 조건을 충족해야 한다. 구성요건은 객관적 구성요소(주체, 객체, 행위, 결과, 인과관계)와 주관적 구성요소(고의, 과실)로 나눌 수 있다.

둘째는 위법성이다. 구성요건을 충족한 행위는 대부분 위법한 행위이다. 그러나 구성요건을 충족하였으나 위법하지 아니한 행위가 있으니, 위법성을 사라지게 하는 위법성조각사유가 있는 경우에 그러하다. 따라서 정당행위, 정당방위, 긴급피난, 피해자의 승낙과 같은 위법성조각사유에 대한 검토가 필요하다.

셋째는 책임 즉 귀책가능성이다. 책임이란 범죄자가 그 행위에 대해 주관적으로 비난받을 가능성이 있는지 검토하는 것이다. 형사미성년자, 심신장애자, 강요된 행위의 경우에는 책임이 조각될 수 있다.

2. 범죄의 종류

(1) 결과범과 거동범

결과범은 구성요건이 일정한 결과 발생을 요구하는 범죄(살인죄, 절도죄, 강도죄 등)이고, 거동범은 결과의 발생없이 일정한 행위만으로 성립하는 범죄(주거침입죄, 무고죄, 위증죄 등)이다.

(2) 침해범과 위험범

침해범은 보호법익이 현실적으로 침해되어야 성립하는 범죄(살인죄, 주거침입죄)이고, 위험범은 보호법익의 침해위험성 만으로 성립하는 범죄(유기죄, 방화죄, 명예훼손죄)이다.

(3) 계속범과 즉시범

계속범은 범죄의 완성이후에도 상태가 지속되는 범죄(체포감금죄, 주거침입죄)이고, 즉시범은 범죄행위의 종료와 함께 범죄가 완성되는 범죄(살인죄, 절도죄, 상해죄)이다.

(4) 일반범, 신분범, 자수범

일반범은 정범의 자격에 제한이 없는 범죄이나, 신분범은 일정한 신분을 가진 자만이 정범이 될 수 있는 범죄이다. 신분범은 다시 오직 일정한 신분을 가진 자만이 정범이 될 수 있는 범죄(뇌물죄)인 진정신분범과, 일정한 신분의 사람에게는 형을 가중 또는 경감하는 범죄(존속살해죄, 업무상횡령죄)인 부진정신분범으로 나뉜다.

3. 구성요건

구성요건이란 형벌의 부과요건으로 추상적으로 규정된 위법행위의 요건을 말한다. 형법은 위법행위 중에서 특히 범죄로 처벌할 가치가 있는 작위 또는 부작위를 유형화(형법 각조문)하여 규정해 놓고 있는바, 범죄의 성립을 위해서는 우선 위법행위가 형법 각 본조의 구성요건에 해당되어야 하는 것이다.

구성요건은 주체, 객체, 행위, 결과, 인과관계 등 객관적 구성요소와 고의와 과실 등 주관적 구성요소로 구성되어 있다.

1) 행위주체

형법 각칙의 규정들은 '---한 자'라고 하여 행위주체에 대하여 규정하고 있다. 따라서 행위의 주체는 대부분 자연인이고, 실제로 대부분의 범죄행위는 사람에 의하여 이루어진다.

문제는 법에 의해 법인격이 부여된 법인도 범죄의 주체가 될 수 있는가 하는 것이다. 현재 판례와 다수의 지지를 받고 있는 부정설은 의사와 육체가 없는 법인은 의사능력과 행위능력이 없으며, 법인이 관여된 범죄는 자연인인 기관을 처벌하면 된다고 한다. 반면에 긍정설에서는 법인도 기관을 통하여 의사를 형성하고 행위를 할 수 있으므로 의사능력과 행위능력이 있다고 보아야 하며, 기관을 맡고 있는 개인의 행위와는 별도로 법인도 처벌해야 한다고 한다. 특히 재산형은 법인에게도 효과적인 제재수단이 된다는 점을 강조한다. 전설한대로, 판례는 전통적인 부정설의 입장을 취하고 있다. 대법원은 법인은 사법상의 의무 주체는 되지만 범죄능력은 없다고 보았다.

2) 행 위(작위와 부작위)

구성요건 가운데 하나인 행위에는 작위는 물론 부작위도 포함된다. 작위는 적극적으로 어떤 행위를 통하여 범죄행위를 하는 것인데 비해, 부작위는 기대되는 어떤 행동을 하지 않아서 즉 법적으로 어떤 행동이 요구될 때 이를 행하지 아니하여 범죄결과를 초래하는 것이다.

대부분의 범죄는 적극적인 행위 즉 작위에 의하여 발생한다. 살인죄는 작위를 통해서 '사람을 살해한 자'를 처벌하기 위한 죄이며, 상해죄는 적극적인 행위를 통해 '사람의 신체를 상해한 자'를 처벌한다.

부작위범은 구체적인 작위의무가 요구되는 상황에서, 명령규범이 요구하는 행위를 하지 않아서 구성요건이 충족되는 것이다. 예컨대, 수영장의 안전요원이 물에 빠진 사람을 보고도 구조하지 않아서 사망에 이르게 하였다면, 그는 부작위에 의한 살인의 죄를 범한 것이 된다. 부작위범은 퇴거불응죄나 다중불해산죄와 같이 법률이 명문으로 부작위에 의해서만 실현될 수 있게 규정한 진정부작위범과 규정의 형식은 작위범이지만 부작위에 의해서도 실현이 가능한 부진정부작위범(어머니가 영아에게 젖을 주지 않아서 아사케 한 경우)으로 나누기도 한다.

3) 인과관계

범죄가 성립하려면 가해자의 행위와 발생한 결과 사이에 인과관계가 존재해야 하는 경우가 많다. 형법 제17조도 "어떤 행위라도 죄의 요소되는 위험발생에 연결되지 아니한 때에는 그 결과로 인하여 벌하지 아니한다"고 하였다. 행위 이외에 일정한 결과의 발생을 필요로 하는 범죄인 결과범의 경우에는 행위와 결과 사이에 일정한 인과관계가 필히 존재하여야 한다. 하지만, 어떤 행위를 함으로써 범죄의 요건이 충족되는 거동범의 경우에는 이러한 인과관계는 꼭 필요한 것은 아니다.

인과관계의 판단기준과 관련하여 조건설, 합법칙적 조건설, 상당인과관계설이 대립하고 있다. 조건설은 행위와 결과 사이에 조건적 관계가 성립하면 인과관계를 인정한다는 견해로 결과에 대한 조건이 여러 가지가 있음을 고려할 때 인과관계의 인정범위가 지나치게 넓어진다는 비판이 있다. 상당인과관계설은 일반적인 경험법칙에 비추어 일정한 행위로부터 일정한 결과가 발생하는 것이 '상당한' 경우 인과관계를 인정하자는 주장이다. 이 학설은 특수한 사정이 개입하여 구성요건적 결과가 발생한 경우에는 인과관계를 부정함으로써 인과관계의 범위를 지나치게 넓힌 조건설의 문제점을 보완하였으며, 판례도 이 입장을 지지하고 있다.

대법원에서는 고등학교 교사인 피고인이 피해자의 뺨을 때리는 순간 허약한 피해자가 뇌압상승으로 뒤롤 넘어져 사망한 경우, 그 사인이 피해자의 두개골이 비정상적으로 얇고 뇌수종을 앓고 있는데 연유하였다면, 피고인의 행위와 피해자의 사망 간에 인과관계가 없다고 할 것이라고 하였다〔대법원 1978. 11.28, 78도 1961〕.

4) 고의와 과실

(1) 고 의

고의란 객관적 구성요소를 인식하고 그 내용을 실현하려는 의사이므로 범죄의 주관적 구성요건요소에 속한다. 형법은 제13조에서 "죄의 성립요소인 사실을 인식하지 못한 행위는 벌하지 아니한다."고 하여 소극적으로 규정하고 있을 뿐이므로, 고의와 과실의 문제는 학자들의 연구의 영역에 맡겨져 있다.

고의의 의미와 내용에 대해서는 다음과 같은 학설이 있다. 첫째, 인식설에서는 결과발생의 가능성에 대한 인식이 있으면 고의의 존재를 인정할 수 있다고 한다. 여기서는 '인식있는 과실'도 고의로 간주하여 고의의 범위가 너무 넓어지는 문제가 있다. 둘째, 의사설은 결과발생의 가능성에 대한 인식을 넘어서 이를 의욕 또는 희망하는 의사가 필요하다고 한다. '미필적 고의'의 불포함으로 고의의 성립범위를 너무 좁힌다는 비판이 있다. 셋째, 다수설인 절충설은 지적 요소인 객관적 사실에 대한 인식과 의지적 요소인 결과발생에 대한 의사가 필요하다고 하면서, 그 의사는 결과발생에 대한 의욕은 물론이고 용인이나 묵인도 포함된다고 본다.

고의의 존재는 구성요건에 해당하는 사실에 대한 인식과 함께 이를 실현하려는 의사가 있어야 하며, 이를 확정적 고의 또는 통상의 고의라고 한다. 여기에서 미필적 고의 및 인식있는 과실과의 구분이 필요하다. 미필적 고의란 행위자가 구성요건 결과의 발생을 확실히 인식한 것이 아니고 그 가능성을 예상하고도 실행에 옮긴 경우이다. 사람의 목을 조르면서 계속 그리하면 사람이 죽을 수도 있겠다고 생각하면서 그런 행동을 지속한 경우가 미필적 고의에 해당된다. 살인이나 방화에 대한 분명한 고의는 없었지만 결과발생의 가능성을 어느 정도 예상한 경우에는 고의를 인정할 것인가 하는 미묘한 문제가 제기된다. 예를 들어서 사장에게 꾸중을 들은 종업원이 화가 나 발화물질 옆에서 담배를 피우면서 그곳에서 담배 피우는 것이 위험한 것임을 알았지만 불이 나더라도 개의치 않겠다고 생각하고 담배를 피우다가 화재를 낸 경우에 방화죄의 미필적 고의가 인정되었다.

한편 인식있는 과실이란 결과발생의 가능성을 인식하였지만 필요한 주의의무 위반으로 범죄결과 발생을 막지 못한 경우로서 미필적 고의와 구분된다. 택일적 고의 즉 A와 B 중에 아무나 맞아도 좋다고 생각하고 총을 발사하는 경우에는 결과발생 가능성이 있는 모든 객체에 대하여 고의가 성립하며, A가 B를 살해할 목적으로 구타하여 B가 쓰러진 후 B가 사망한 줄 알고 매장하였으나 실제로는 매장으로 질식사한 경우와 같은 개괄적 고의의 경우에는 A의 행위를 전체적으로 보아 하나의 고의를 인정한다.

(2) 과실과 과실범

과실이란 정상의 주의의무 위반으로 구성요건의 결과발생을 예견하지 못하거나 회피하지 못한 것이며, 그로 인해 형벌이 부과되는 범죄를 과실범이라고 한다. 과실의 본질적 요소는 주의의무 위반이며, 주의의무란 자신의 행위로 인하여 구성요건적 결과가 발생하지 않을지 예견하고 그러한 결과의 발생을 방지하기 위한 조치를 취해야 할 의무이다.

과실범은 의도적으로 법칙 위반행위를 한 것이 아니라 부주의로 위반행위를 한 것이므로 그 불법성과 책임이 고의범에 비하여 약하다. 따라서 과실범은 법률에 특별한 규정이 있는 경우에 한하여 처벌한다. 형법 제14조도 "정상의 주의를 태만함으로 인하여 죄의 성립요소인 사실을 인식하지 못한 행위는 법률에 특별한 규정이 있는 경우에 한하여 처벌한다."고 하였다. 형법에서는 과실범은 실화(제170조), 과실 교통방해(제189조 1항), 과실치사상(제266, 267,268조) 등에서 처벌하며, 다수의 특별형법에 과실범 처벌에 관한 규정들이 포함되어 있다.

과실범의 주의의무는 예견의무와 결과회피의무로 이루어져 있다. 그러나 현실적으로 이러한 주의의무가 어떤 사람을 기준으로 한 것인가 하는 문제가 있다. 객관적인 평균인을 기준으로 하자는 입장(객관설)과 행위자의 주의능력을 기준으로 하자는 입장(주관설) 사이에 대립이 있다. 그러나 주의의무 문제는 법령(도로교통법, 식품위생법)에 규정되어 있는 경우가 많다.

현대사회는 다양한 위험요소가 상존하므로 법익침해가 있다고 하여서 바로 과실책임을 인정하지 아니한다. 행위자가 결과의 회피를 위하여 필요한 조치를 충분히 취하였다면 형사책임을 부과하지 않는 것이다. 이것이 허용된 위험의 이론인데, 과실범에서 객관적 주의의무의 범위를 좁혀주는 역할을 한다. 허용된 위험의 이론이 도로교통에 적용된 것이 신뢰의 원칙이다. 특히 교통사고 관련 사건에서 판례는 스스로 교통규칙을 준수한 운전자는 다른 운전자도 교통규칙을 준수할 것이라고 신뢰하면 족하며, 그가 교통규칙을 위반하여 비이성적으로 행동할 것까지 예견하고 방어조치를 취할 의무는 없다고 한다.

한편, '업무상 과실'은 일정한 업무에 종사하는 자가 자기 업무의 수행상 요구되는 주의의무를 태만히 한 것으로 예견가능성이 크기 때문에 보통의 과실에 비하여 중하게 처벌된다. '중과실'은 사소한 주의만으로도 결과발생을 회피할 수 있었던 경우로 주의의무를 현저히 태만히 한 것이므로 역시 중하게 처벌된다.

▶**결과적 가중범** : 결과적 가중범이란 고의에 의한 기본범죄에 의하여 행위자가 예견하지 않았던 중한 결과가 발생한 때 그 형이 가중되는 범죄를 말한다. 기본범죄는 대개 고의에 의한 것이어야 하며, 기본범죄와 인과관계가 있는 중한 결과는 대부분 사망이나 상해와 같은 법익의 침해이다. 상해치사죄(형법 제259조), 폭행치사죄(제262조), 낙태치사상죄(제269조), 강도치사상죄(제337, 338조) 등이 있다.

4. 위법성

1) 위법성과 위법성의 조각

형법상 구성요건을 충족한 행위는 일단 위법하다고 추정된다. 그러나 범죄의 성립을 위해서는 법질서 전체의 관점에서(형법 등 모든 성문법, 관습법, 사회상규, 조리 포함) 당해 행위에 위법성을 배제하는 사유 즉 위법성조각사유가 존재하는 것은 아닌지 검토가 필요하다. 위법성조각사유가 존재하면 그 행위는 위법성이 사라지므로 행위자는 형벌이나 보안처분을 받지 아니한다.

2) 위법성조각사유

위법성조각사유로는 정당행위, 정당방위, 긴급피난, 자구행위, 피해자의 승낙이 있다. 하나씩 보다 구체적으로 살펴본다.

(1) 정당행위

정당행위란 사회상규에 위배되지 아니하여 국가적·사회적으로 정당한 행위를 말한다. 관련하여 형법 제20조는 "법령에 의한 행위 또는 업무로 인한 행위 기타 사회상규에 위배되지 아니하는 행위는 위법성이 조각된다."고 하였다. 법령에 의한 행위, 업무로 인한 행위, 사회상규에 위배되지 아니하는 행위는 각자 독립적인 의미와 기능을 갖는다는 견해도 있으나, 통설은 법령에 의한 행위와 업무로 인한 행위를 사회상규에 위배되지 아니하는 행위의 예시에 해당하는 것으로 본다. 따라서 사회상규는 위법성 판단에 있어서 가장 일반적이고 보편적인 원칙이자 위법성 판단의 기준으로서, 관련 판단은 법질서 전체의 정신과 사회윤리에 비추어 이루어져야 한다.

법령에 의한 행위는 법령에 근거하여 정당한 권리 또는 의무로서 행하여지는 일체의 행위이다. 공무원의 직무집행행위(교도관의 사형집행, 상관명령복종, 징계행위(교사의 징계행위와 체벌, 자녀의 체벌), 노동쟁의 행위 등이 이에 해당된다. 업무로 인한 행위는 사람이 사회생활상 지위에서 계속적·반복적으로 행하는 사무를 말한다. 변호사의 업무행위(변론 중의 명예훼손), 의사의 치료행위, 운동선수의 운동경기 행위(프로권투 중의 폭행과 상해, 야구경기 중 투수가 던진 공에 상해) 등은 정당한 행위이다.

(2) 정당방위

정당방위란 자기 또는 타인의 법익에 대한 현재의 부당한 침해를 방어하기 위한 행위로서 대표적인 위법성조각사유이다. 형법은 제21조 1항에서 "자기 또는 타인의 법익에 대한 현재의 부당한 침해를 방위하기 위한 행위는 상당한 이유가 있는 때에는 벌하지 아니한다."고 하여 정당방위에 대하여 규정하였다. 정당방위란 현재의 부당한 침해에 대하여 자기 또는 타인의 법익과 국가적 사회적 법익의 방어를 위하여 침해 위험을 효과적으로 제거하는데 필요한 적합한 수단을 사용하게 하는 것이다. 그러나 2항은 "방위행위가 그 정도를 초과한 때에는 정황에 의하여 그 형을 감경 또는 면제할 수 있다."고 하였다. 이는 과잉방위의 위법성은 조각되지 아니한다는 의미이나, 정황에 따라서는 형을 감면할 수 있을 것이다. 오상방위의 경우에도 유사한 판단이 필요하다.
▶정당방위는 국제법에서도 위법성조각사유로 인정된다. 국제법에서도 전통적으로 정당방위는 일단 침해가 시작되었거나 임박한 경우에 행사할 수 있다고 하고 있지만, 대량살상무기(WMD)의 등장으로 그 조건을 완화할 필요가 있다는 주장이 설득력을 얻고 있다.

(3) 긴급피난

긴급피난이란 자기 또는 타인의 법익에 대한 현재의 위난에 직면하여 다른 법익을 희생시킴으로써 위난을 면하게 하는 것으로 역시 위법성조각사유에 해당된다. 형법 제22조도 "자기 또는 타인의 법익에 대한 현재의 위난을 피하기 위한 행위는 상당한 이유가 있는 때에는 벌하지 아니한다."고 하였다. 긴급피난에 의하여 보호되는 법익에는 자신을 비롯한 모든 자연인, 법인, 국가의 이익이 포함되며, 이익교량의 원칙이 적용되므로 긴급피난에 의하여 보호되는 이익이 침해될 이익보다 우월한 것이어야 한다. 광견병 걸린 이웃집 도사견을 막다른 골목길에서 만나서 그 개가 자신을 물려고 덤벼들자 주위에 있던 몽둥이로 내리쳐 죽인 경우에는, 사람의 생명이 타인의 재산보다 중요한 법익이므로 긴급피난이 인정될 것이다.

긴급피난이 인정된 국제법 사례도 살펴본다. 긴급피난은 적대적인 군대에 의해 억류된 자국민들을 구출하기 위해 군대를 외국영토에 침투시키는 경우에 원용되었다. 1976년 이스라엘에 의한 우간다 엔테베 공격과 1980년 미국이 시도한 이란 내 인질구출 작전 시 이스라엘과 미국은 긴급피난에서 자신들의 행위의 정당성을 구하였다. 환경보호를 위하여 긴급피난은 토리캐년(Torrey Canyon)호 사건 때에 원용되었다. 리베리아 선적의 유조선 토리캐년호가 영국 근해이지만 영해 밖인 수역에 좌초되어 엄청난 양의 원유를 유출하고 있을 때, 영국은 그 선박을 폭파하였다. 국제법위원회는 영국의 조치가 긴급피난 상태에서 행하여진 것이므로 합법적이라고 하였다.

(4) 자구행위

오늘날 권리침해가 있으면 구제는 공권력에 의하여 이루어지는 것이 원칙이다. 그러나 법적인 절차에 의한 권리보전이 불가능한 경우에는 자력으로 권리를 보전하는 조치를 취할 수 있는바 이를 자력구제라고 한다. 형법 제23조는 "법정절차에 의하여 청구권을 보전하기 불능한 경우에 그 청구권의 실행불능 또는 현저한 실행곤란을 피하기 위한 행위는 상당한 이유가 있는 때에는 벌하지 아니한다."고 하였다. 예를 들어, 국외로 도주하려는 채무자를 체포하는 행위, 무전숙박 후 도주하는 손님을 체포하는 행위 등이 자구행위에 속한다.

(5) 피해자의 승낙

피해자의 승낙이 있는 경우에도 위법성은 조각된다. 형법 제24조는 "처분할 수 있는 자의 승낙에 의하여 그 법익을 훼손한 행위는 법률에 특별한 규정이 없는 한 벌하지 아니한다."고 하였다. 그러나 피해자의 승낙이 모든 범죄에서 위법성조각사유가 되는 것은 아니므로, 법률에 특별한 규정이 있는 경우에는 적용되지 않는다.

또한 승낙에 의한 행위는 사회상규 즉 법질서 전체의 정신 내지 사회윤리에 비추어 용인될 수 있어야 한다. 형법 각칙은 피해자의 승낙이 있더라도 위법성이 조각되지 아니하는 사례에 대하여, 형을 감경하는 등 다양한 처리 방법을 규정하였다.

시합에 출전한 권투선수가 상대방에 의해 부상을 당한 경우, 장기이식을 위해 장기제공을 승낙한 경우, 헌혈 등의 경우에는 위법성이 조각된다. 그러나 형법 제305조의 13세 미만 여성 간음죄, 제252조 제1항의 승낙살인죄 등의 경우에는 그러하지 아니하다.

5. 책 임

1) 의 의

범죄가 성립하고 처벌이 가능해지려면 행위가 구성요건에 해당하고 위법한 것이어야 하지만, 또한 그 범죄자에게 책임을 돌릴 수 있어야 한다. 앞의 두 단계에서는 행위에 초점이 맞추어 지지만, 책임에서는 행위자를 개인적으로 비난할 수 있는지를 살펴보게 된다.

책임의 구성요소는 책임능력, 위법성의 인식, 기대가능성이다. 책임비난이 가능하려면 행위자는 책임능력을 갖추고 있고, 위법성에 대한 인식(가능성)이 있어야 하며, 적법행위에 대한 기대가능성이 있어야 한다. 기대가능성에서는 고의와 과실도 부분적으로 고려되는데, 주로 책임의 조각사유(면책사유)와 감경사유가 없는지 살펴보게 된다.

2) 책임임무능력자 및 한정책임능력자

행위자를 비난하려면 우선 행위자에게 유책한 행위를 할 수 있는 능력 즉 법규범에 따라서 행동할 수 있는 능력이 있어야 한다. 형법은 연령과 정신장애 및 농아자 여부를 일반적인 기준으로 정하여 사용한다.

형법 제9조는 14세가 되지 아니한 자 즉 형사미성년자의 행위는 벌하지 아니한다고 하였다. 정신적 성숙은 사람에 따라 차이가 있지만 형법은 14세미만인 자를 획일적으로 책임무능력자로 규정한 것이다. 그렇지만 '소년법'은 10세이상 14세 미만의 소년(촉법소년)과 우범소년에 대해서는 보호처분을 할 수 있게 하였다.

형법 제10조는 1항에서 "심신장애로 인하여 사물을 변별할 능력이 없거나 의사를 결정할 능력이 없는 자의 행위는 벌하지 아니한다."고 하여 정신장애로 인하여 선악을 판단할 능력을 상실한 심신상실자의 책임능력을 부인하였다.

형법 제10조는 2항에서는 "심신장애로 인하여 전항의 능력이 미약한 자의 행위는 형을 감경할 수 있다."고 하여 정신장애로 인하여 행위의 선악을 판단할 능력이

미약한 자의 행위는 형을 감경할 수 있게 하였다. 형법 제11조는 농아자의 행위도 형을 감경한다고 하였으나, 이 규정에 대해서는 비판이 있다.

　책임능력과 관련해서는 원인에 있어서 자유로운 행위에 대한 검토가 필요하다. 원인에 있어서 자유로운 행위란 행위자가 고의 또는 과실로 자신을 심신상실 또는 심신미약의 상태에 빠뜨린 후 범죄를 실행하는 것을 말한다. 책임능력은 범죄행위 당시에 존재해야 하므로 자신의 책임이 조각되거나 감경될 것을 기대하며 행하는 행위인 것이다. 여기에 대해서는 학설의 대립이 있으나 형법은 원인에 있어서 자유로운 행위를 책임조각 또는 형의 감경 사유로 인정하기를 거부하였다. 형법 제11조 3항은 "위험의 발생을 예견하고 자의로 심신장애를 야기한 자의 행위에는 전2항의 규정을 적용하지 아니한다."고 한 것이다. 따라서 고의로 폭음을 하거나 마약을 복용하고 환각상태에서 강도를 범한 경우에 행위자는 형법 제10조 제3항에 의하여 형벌의 면제나 감경을 받지 못한다.

3) 위법성의 인식

　위법성의 인식이란 자신의 행위가 법질서에 위반하여 허용되지 않는다는 행위자의 인식이다. 위법성의 인식은 자기의 행위가 법으로 금지됨을 알고도 그러한 행위를 하였을 때 그 행위자을 비난할 수 있지만, 반대로 그러한 인식이 결여되어 있으면 책임이 조각된다는 논리이다.

　관련하여 법률의 착오 즉 행위자에게 위법성의 인식이 결여되어, 행위자가 구성요건적 행위를 저지르면서도 그것이 허용되는 것으로 오인한 경우의 책임이 문제가 된다. 이에 대해 형법 제16조는 "자기의 행위가 법령에 의하여 죄가 되지 아니하는 것으로 오인한 행위는 그 오인에 정당한 이유가 있는 때에 한하여 벌하지 아니한다."고 하여 그러한 오인에 정당한 이유가 있으면 처벌하지 않는다고 하였다. 여기에서 위법성을 인식할 수 있는 유용한 수단은 행위자 자신의 심사숙고와 변호사와 같은 법률전문가의 의견조회이다.

　판례는 초등학교 교장이 교과내용에 나오는 양귀비를 교내에 비치하고자 그 종자를 사서 학교 화단에 심은 경우, 공무원이 허가가 불필요하다고 알려주어 이를 믿고 허가를 득하지 아니한 경우에 착오에 대하여 정당한 이유가 있는 것으로 보았다.

4) 기대가능성

　기대가능성이란 행위 당시의 구체적 사정에 비추어 보아 행위자가 범죄행위를 하지 않고 적법행위를 할 것으로 기대할 수있는 가능성이다. 이러한 기대가능성이 있을 때 행위자의 책임을 물을 수 있으므로, 반대로 행위자에게 적법행위를 기대할 수 없는 경우에는 행위자의 책임이 조각된다.

기대가능성을 이유로 한 책임조각사유로는 '강요된 행위'가 대표적이다. 형법 제12조도 "저항할 수 없는 폭력이나 자기 또는 친족의 생명, 신체에 대한 위해를 방어할 방법이 없는 협박에 의하여 강요된 행위는 벌하지 아니한다."고 하였다. 그 외에 친족간의 범인은닉, 증거인멸(형법 제151조 2항, 155조 4항)의 경우도 이에 해당한다.

제3절 미수범과 공범

1. 미수범

1) 의 의

범죄는 다음과 같은 단계를 거쳐서 완성된다.
① 범죄의 결의 : 양심과 사상의 자유는 제한할 수 없으므로 처벌불가
② 예비와 음모 : 범죄의 준비 즉 범행의 착수 이전단계로, 예비는 범죄실현을 위한 물적 준비행위이고, 음모는 2인 이상의 자 사이의 범죄실현을 위한 심적 준비행위이다. 예비·음모는 법률에 특별한 규정이 없는 한 벌하지 아니한다(형법 제28조).
③ 실행의 착수 : 범죄의 실행을 개시하는 것으로, 미수 성립을 위한 객관적 조건
④ 범죄의 완성 : 구성요건 전부를 실현한 경우로 기수가 된다. 반면에 범죄의 실행에 착수는 하였으나 구성요건인 사실 전부를 실현하지 못한 경우에는 미수이다.

미수란 범죄의 실행에 착수하였으나 행위를 종료하지 못하였거나 결과가 발생하지 않은 것을 말한다. 실행의 착수시기는 객관설, 주관설, 절충설 간에 의견의 대립이 있다. 그러나 실행의 착수 문제는 범죄의 구성요건마다 개별적으로 정해져야 하는 형법각론의 문제이다. 미수는 범죄의 완성에 이르지 못한 원인이 자기의 의사로 인한 것인지 여부에 따라 중지미수와 장애미수로 나뉘는데, 그냥 미수라고 할 때는 대부분 장애미수를 의미한다.

미수범은 기수범보다 형을 감경할 수 있다. 형법 제25조는 "범죄의 실행에 착수하여 행위를 종료하지 못하였거나 결과가 발생하지 아니한 때에는 미수범으로 처벌한다."고 하면서(1항), 미수범의 형은 기수범보다 감경할 수 있다고 하였다(2항).

2) 중지미수

중지미수 또는 중지범이란 범죄의 실행에 착수한 행위를 범죄가 완성되기 전에 자의로 중지하거나 결과의 발생을 방지한 것이다. 형법 제26조는 "범인이 자의로

실행에 착수한 행위를 중지하거나 그 행위로 인한 결과의 발생을 방지한 때에는 형을 감경 또는 면제한다."고 하여 중지범의 형의 감경 또는 면제를 규정하였다.

중지미수가 성립하려면 주관적 요건으로서 자의성과 객관적 요건으로서 실행의 착수에 이어 중지행위가 있어야 한다. 특히 중요한 것은 자의성인데, 사회통념상 범죄수행에 장애가 될 만한 사유가 있는 경우는 장애미수이고, 그런 사유가 부재함에도 자기의사에 의하여 중지한 경우에는 자의성이 있다고 보아서 중지미수로 보는 것이다.

3) 불능미수

불능범이란 실행의 착수가 있었으나 결과의 발생이 불가능하고 위험성이 없어서 처벌할 가치가 없는 경우를 말한다. 그러나 결과의 발생이 불가능하더라도 위험성이 있는 경우에는 처벌하는데 이를 불능미수라고 한다. 불능범(설탕에 살인력이 있다고 보고 복용시킴)과 불능미수(치사량 미달인 독약을 먹여 살해하고자 함) 간의 구분 역시 위험성을 기준으로 한다.

형법 제27조는 "실행의 수단 또는 대상의 착오로 인하여 결과의 발생이 불가능하더라도 위험성이 있는 때에는 처벌한다."고 하면서, "단, 형을 감경 또는 면제할 수 있다."고 하였다. 예를 들어, 감기약을 독약인 줄 알고 타인을 살해하기 위하여 먹인 경우(수단의 착오)와 타인의 물건인 줄 알고 자기의 물건을 훔친 경우(대상의 착오), 무협지에 나오는 장풍수련을 따라한 후 이를 통해 사람을 죽일 수 있다고 믿고 타인을 향해 장풍을 만들어내는 동작을 한 경우는 모두 불능범이다.

불능미수는 실행에 착수하였고 행위의 수단 또는 대상의 착오로 인하여 결과의 발생은 불가능하지만 위험성이 있는 경우이다. 위험성에 관해서는 행위자가 인식한 사실을 기초로 일반인의 관점에서 결과발생의 위험이 있는지를 판단한다(추상적위험설).

2. 공 범

1) 의 의

형법의 구성요건은 대부분 단독범행을 가정하여 마련된 것이다. 공범이란 이러한 범죄의 구성요건을 2인 이상이 함께 실현한 경우이다. 공범에는 필요적 공범과 임의적 공범이 있다. 필요적 공범은 구성요건 자체가 2인 또는 그 이상의 행동을 전제로 한다. 내란죄, 소요죄, 간통죄, 뇌물죄 등이 이에 해당된다. 임의적 공범은 단독범행으로 예정되어 있는 구성요건을 2인 이상이 실현한 경우로, 형법총칙에서 말하는 공범은 주로 여기에 관한 것이다.

형법에서 말하는 광의의 공범에는 공동정범(제30조), 교사범(제31조), 종범(제32

조), 간접정범(제34조)이 포함되나, 교사범과 종범을 협의의 공범이라고 본다.

2) 정범과 공범의 구분

정범과 공범(협의의 공범)을 구분하는 데 대해서는 객관설, 주관설, 절충설인 행위지배설이 주장되었다. 다수설인 행위지배설에서 '행위지배'란 구성요건에 해당되는 실행행위의 진행을 조종 장악하는 것이므로, 행위지배를 따라 구성요건의 실현을 주도하는 자가 정범이고, 자신의 행위지배에 의하지 않고 행위를 야기하거나 촉진한 자는 공범이 된다.

행위지배의 형태는 실행지배(범행의 진행을 직접지배-정범), 의사지배(우월적 지위에 있는 자의 강요와 착오에 의해 도구로 사용되는 경우-간접정범인 의사의 지시를 따른 간호사), 기능적 행위지배(공동의 결의와 분업적인 협력으로 범행실현-공동정범)가 있다.

3) 공동정범

형법 제30조는 "2인 이상이 공동하여 죄를 범한 때에는 각자를 그 죄의 정범으로 처벌한다."고 하였다. 이것이 공동정범에 관한 규정이다. 2인 이상이 각각 구성요건 전부를 실현하면(예를들면 갑과 을이 각각 칼로 살인행위에 나서면) 각자가 살인죄의 정범이 된다. 공동정범은 범인들이 공동의 결의 아래 기능적으로 역할을 분담하여 범죄행위를 분업적으로 실행한 경우에도 행위자 각인을 정범으로 처벌할 수 있게 하는데 그 의미가 있다. 예를들면, 갑과 을이 강도짓을 공모하여, 갑은 행인을 칼로 협박하고 을은 행인의 핸드백을 뒤져서 지갑을 꺼내간 경우, 갑은 협박죄 을은 절도죄로 처벌되는 것이 아니고 갑과 을 모두 강도죄의 공동정범이 되는 것이다.

공동정범이 성립하려면 함께 범행한다는 공동의 의사가 있어야 하며, 공동의 범행계획에 따라 범죄를 분담하여 실행한 사실이 있어야 한다. 예컨대 갑과 을이 절도를 공모하여 갑은 절취하고 을은 운반한 경우 실행행위의 분담이 있다고 본다. 또한 범죄계획의 필수적인 부분을 분담한 경우에는 현장에 참가하지 않아도 되는 바, 범죄계획을 수립하고 실행을 지휘한 조폭 두목은 공동정범이 된다.

공동정범 각자는 그 죄의 정범으로 처벌하며, 공동정범의 법정형은 정범의 법정형과 동일하다. 물론 처벌의 개별주의로 인하여 공동정범 각자에게 형의 가중과 경감이 이루어질 수는 있다.

4) 교사범

본래 범죄의사가 없던 타인(정범)으로 하여금 범죄실행의 결의를 하게 하고 그 결의에 의하여 범죄를 실행하게 한 자를 교사범이라고 한다. 형법은 제31조 1항에서 "타인을 교사하여 죄를 범하게 한 자는 죄를 실행한 자와 동일한 형으로 처벌한다."고 하여, 그 법정형을 정범의 법정형과 동일하게 하였다.

교사범이 성립하려면 본래 범죄의사가 없던 사람(피교사자)에게 범죄실행의 결의가 생기게 하고, 피교사자는 범죄실행을 결정하고 최소한 실행의 착수에 나서야 하며, 교사와 범죄실행의 결의 간에는 인과관계가 있어야 한다.

교사범의 법정형은 정범의 그것과 동일하나 양자의 선고형이 같아야 하는 것은 물론 아니다. 형법 제31조 2항은 피교사자가 범죄의 실행을 승낙하고 실행의 착수에 이르지 아니한 때에는 교사자와 피교사자를 음모 또는 예비에 준하여 처벌한다고 하였다. 아울러 형법 제34조 2항은 자기의 지휘·감독을 받는 자를 교사한 때에는 정범의 형의 2분의 1까지 가중할 수 있다고 하였다.

5) 종범(방조범)

종범이란 정범의 범죄실행을 방조한 자 즉 남의 범죄를 도와준 자이다. 교사범은 아직 범죄의 결의를 하지 아니한 자에게 범행의 결의를 하게 한다는 점에서 다르다.

방조란 정범의 실행행위를 용이하게 하는 행위이며, 그 방법에는 제한이 없다. 유형적 방법(범행도구 제공, 망보기), 무형적 방법(격려, 기술지원) 모두 가능하며 부작위에 의한 방조도 가능하다. 종범은 정범의 실행을 방조한다는 인식이 있어야 하며, 최소한 정범은 실행의 착수에 나서야 한다.

형법 제32조는 1항에서 "타인의 범죄를 방조한 자는 종범으로 처벌한다."고 하면서, 2항에서는 "종범의 형은 정범의 형보다 감경한다."고 하였다. 그러나 자기의 지휘·감독을 받는 자를 방조하여 결과를 발생하게 한 자는 정범의 형으로 처벌한다(형법 제34조 2항).

6) 간접정범

간접정범이란 타인을 도구로 이용하여 범행하는 자를 말한다. 예를 들면, 사정을 모르는 간호사에게 독약이 든 주사를 놓게하여 살인을 하는 경우이다. 형법 제34조 1항은 "어느 행위로 인하여 처벌되지 아니하는 자 또는 과실범으로 처벌되는 자를 교사 또는 방조하여 범죄행위의 결과를 발생하게 한 자는 교사 또는 방조의 예에 의하여 처벌한다."고 하였다.

간접정범이 성립하려면 어느 행위로 인하여 처벌되지 아니하는 자 또는 과실범으로 처벌되는 자를 교사 또는 방조하여 범죄행위의 결과를 발생시켜야 한다. 여기에서 어느 행위로 인하여 처벌되지 아니하는 자란 그의 행위가 범죄가 되지 않는 사람을 말한다(예를들면 의사와 간호사). 여기에서 말하는 '교사 또는 방조'는 사주 또는 이용의 의미로 해석된다.

형법 제34조는 1항에서 어느 행위로 인하여 처벌되지 아니하는 자 또는 과실범으로 처벌되는 자를 교사 또는 방조하여 범죄행위의 결과를 발생하게 한 자는 교사 또는 방조의 예에 의하여 처벌한다고 하였다. 이어서 2항에서는 자기의 지휘, 감독을 받는 자를 교사 또는 방조하여 전항의 결과를 발생하게 한 자에게는 가중하여 처벌하도록 하였다.

제4절 형벌론

1. 형벌의 의미

형벌이란 범죄에 대한 법률상의 효과로서 국가가 범죄자의 일정한 법익을 박탈하는 제재이다. 형법은 제41조에서 형의 종류는 사형, 징역, 금고, 구류, 자격상실, 자격정지, 벌금, 구류, 과료, 몰수 등 9가지가 있다고 하였다. 이들은 생명형(사형), 자유형(징역, 금고, 구류), 재산형(벌금형, 과료, 몰수), 명예형(자격상실, 자격정지)으로 나눈다.

2. 형벌의 종류

1) 사형(생명형)

사형은 가장 가혹한 형벌로 범죄자의 생명을 박탈하는 것이므로 생명형이라고 한다. 하지만, 오늘날 인간 생명의 존엄성을 이유로 사형제도 폐지에 대한 의견이 강해지고 있으며, 우리나라의 경우에도 상당한 기간 사형을 집행하지 않고 있어서 사실상 사형을 폐지한 국가로 간주되고 있다. 형법은 내란죄, 살인죄, 등 10여개의 범죄에 대하여 사형을 최고형으로 규정하고 있다.

2) 자유형

자유형은 수형자의 신체의 자유를 박탈하는 형벌로 근대 형벌제도의 중심으로 이루며, 징역과 금고가 중요하다.

징역은 수형자를 교도소에 구치하여 정역에 복무하게 하는 형벌이다. 징역에는 기한이 없는 무기징역과 1개월 이상 30년 이하인 유기징역이 있는데 가중시에는

50년까지도 가능하다.

금고도 징역처럼 교도소 내에 구치하지만 정역에 복무하지 않는다는 점에서 차이가 있다. 기간은 징역의 경우와 같다.

구류는 수형자를 1일 이상 30일 미만의 기간 동안 교도소 내에 구치하는 것이다.

3) 재산형

재산형이란 일정한 재산을 박탈하는 형벌이다.

가장 많이 적용되는 형벌인 벌금형은 일정한 금액의 지급의무를 강제로 부담시키는 것이다. 벌금은 5만원 이상이나, 감경하는 경우에는 5만원 미만이 될 수도 있다(형법 제45조). 벌금은 판결확정 후 30일 이내에 납입하며, 벌금을 납입하지 아니한 자는 1일 이상 3년 이하의 기간 노역장에 유치하여 작업에 복무하게 한다.

과료는 2천원 이상 5만원 미만의 재산형이다. 미납시 1일 이상 30일 미만의 기간동안 노역장에 유치하여 작업에 복무하게 한다.

몰수는 범죄의 반복을 방지하거나 범죄로부터 이득을 얻지 못하게 할 목적으로, 범죄행위에 사용하였거나 사용하려던 물건을 강제로 국가에 귀속시키는 재산형이다. 몰수는 원칙적으로 다른 형에 부가하여 과하는 부가형이다(형법 제48, 49조). 몰수의 대상인 물건의 몰수가 불가능한 경우에는 가액 상당액을 추징한다.

4) 명예형

범인의 명예와 자격을 박탈하거나 제한하는 형벌로 자격형이라고 부르기도 한다. 형법 제43조 1항은 자격상실에 관한 규정인데, 사형, 무기징역, 무기금고의 판결을 받은 자는 공무원이 되는 자격, 공법상의 선거권과 피선거권, 법률로 요건을 정한 공법상의 업무에 관한 자격, 법인의 이사, 감사, 지배인, 기타 법인의 업무에 관한 검사역이나 재산관리인이 되는 자격을 당연히 상실한다고 하였다.

자격정지는 일정한 기간 일정한 자격의 전부 또는 일부가 정지되는 것을 말한다. 범죄의 성질에 따라서 선택형 또는 병과형으로 부과되고, 일정한 형의 판결에 의한 당연정지와 판결의 선고에 의한 선고정지가 있다. 당연정지는 형법 제43조 2항 규정에 따라 유기징역 또는 유기금고의 판결을 받은 자에게 형의 집행이 종료하거나 면제될 때까지 공무원이 되는 자격, 공법상의 선거권과 피선거권, 법률로 요건을 정한 공법상의 업무에 관한 자격이 정지되는 것이다. 선고정지는 판결의 선고에 의해 자격의 전부 또는 일부를 정지시키는 것으로 정지기간은 1년 이상 15년 이하이다. 유기징역 또는 유기금고에 자격정지를 병과한 때에는 징역 또는 금고의 집행을 종료하거나 면제된 날로부터 정지기간을 기산한다(형법 제44조).

▶ **보안처분** 형법에는 책임원칙이 적용된다. 따라서 심신장애자, 마약과 알코올 중독자 등 책임무능력자와 일부 수형자의 사회복귀 준비를 위한 보안처분 제도가

도입되어 운용되고 있다. 여기에는 다음과 같이 두 가지 제도가 있다. 치료감호는 심신장애, 마약류와 알코올 중독, 정신장애 등으로 범죄행위를 한 자로서 재범의 위험이 있는 경우에 적절한 보호와 치료를 함으로써 재범을 방지하고 사회복귀를 돕기위한 처분이다. 치료감호는 법원이 선고하며 피치료감호자는 치료감호시설에 수용되어 필요한 치료를 받는다. 보호관찰은 보호관찰법에 의하여 도입된 것으로, 보호관찰을 조건으로 선고유예, 집행유예, 가석방, 가퇴원 된 자 등을 시설이 아닌 사회 내에서 지도 감독하는 시설외적 보안처분이다. 피보호관찰자는 보호관찰기간 동안 주거지에 상주하면서, 생업에 종사하되 보호관찰관의 지도와 감독에 따라야 한다.

3. 형의 양정

형법은 일정한 범죄에 대하여 형벌의 종류와 범위만을 규정하므로, 법원은 그 범위내에서 구체적인 사건에 적용할 형을 정해야 한다. 보다 구체적으로 살펴보면, 법원은 형벌을 결정할 때, 형법 각 조에 규정되어 있는 법정형을 고려하여, 형법 규정에 따라 누범과 미수 등 형을 가중하거나 감경하여 정해지는 처단형 범위 내에서, 구체적으로 형을 양정하여 당해 피고인에게 실제로 선고되는 선고형을 정한다.

형법은 형을 정하는 데 있어서 ①범인의 연령, 성행, 지능과 환경, ②피해자에 대한 관계, ③범행의 동기, 수단, 결과, ④범행 후의 정황 등을 참작해야 한다(형법 제51조).

4. 형의 가중과 감경

(1) 형의 가중
법률이 인정하는 가중사유가 있는 경우에 형을 가중한다. 가중사유에는 일반적 가중사유와 특수한 가중사유가 있다.

일반적 가중사유란 일반적으로 범죄에 공통적으로 적용되는 가중사유로, 경합범과 누범의 경우에 형은 가중된다.

특수한 가중사유란 형법 각칙에 규정된 사유이다. 특히 상습법의 가중, 특수범의 가중 등이 있다.

▶ 누범이란 금고 이상의 형을 받고 집행을 종료하거나 면제를 받은 후 3년 내에 금고 이상의 죄를 범한 자를 말한다. 형법은 누범을 그 죄에 정한 형의 장기의 2배까지 가중한다고 하였다.

(2) 형의 감경
형의 감경은 법률상 감경과 재판상 감경이 있다.
법률상 감경은 법률규정에 의한 것으로, 심신미약자, 농아자, 중지범, 종범은 반드시 감경하고, 미수범 등은 감경할 수 있다.

재판상 감경은 형법 제53조 규정대로, 범죄의 정상에 참작할 만한 사유가 있는 때에는 작량하여 그 형을 감경할 수 있다.

5. 선고유예, 집행유예, 가석방

1) 선고유예

선고유예란 비교적 경미한 범죄의 행위자에게 일정기간동안 형의 선고를 유예하고 그 기간을 경과한 때에는 면소된 것으로 간주하는 제도이다.

형법 제59조는 1년 이하의 징역이나 금고, 자격정지 또는 벌금의 형을 선고할 경우에 개전의 정상이 현저한 때에는 그 선고를 유예할 수 있다고 하였다. 다만 자격정지 이상의 형을 받은 전과가 있는 자는 제외하였다.

형법 제60조가 규정하였듯이 "형의 선고유예를 받은 날로부터 2년을 경과한 때에는 면소된 것으로 간주"된다. 그러나 형의 선고유예를 받은 자가 유예기간 중 자격정지 이상의 형에 처한 판결이 확정되거나 자격정지 이상의 형에 처한 전과가 발견된 때에는 유예한 형을 선고한다(형법 제61조).

2) 집행유예

집행유예란 일단 유죄를 인정하여 형을 선고하되 일정기간 동안 형의 집행을 유예하고, 그 기간을 특정한 사고없이 경과하면 선고된 형의 효력을 상실시키는 제도이다.

형법 제62조는 3년 이하의 징역이나 금고 또는 500만원 이하의 벌금의 형을 선고할 경우에 그 정상에 참작할 만한 사유가 있는 때에는 1년 이상 5년 이하의 기간 형의 집행을 유예할 수 있다고 하였다. 다만, 금고 이상의 형을 선고한 판결이 확정된 때부터 그 집행을 종료하거나 면제된 후 3년까지의 기간에 범한 죄에 대하여 형을 선고하는 경우에는 그러하지 아니하다.

집행유예의 선고를 받은 후 별문제없이 유예기간을 경과하면 형의 선고는 효력을 상실한다(형법 제65조). 그러나 집행유예의 선고를 받고 유예기간 중 고의로 범한 죄로 금고 이상의 실형을 선고받아 그 판결이 확정되면 집행유예의 선고는 효력을 잃는다(형법 제63조).

3) 가석방

가석방이란 자유형의 집행을 받고 있는 수형자가 개전의 정이 뚜렷하다고 인정될 때 형기만료 이전에 조건부로 석방하는 제도이다. 이는 불필요한 구금을 줄이고 수형자의 사회복귀를 앞당기며 수형자에게 조기석방의 희망을 갖게하는 점에서 긍정적이다.

형법 제72조는 가석방의 요건과 관련하여 징역 또는 금고의 집행 중에 있는 자가 개전의 정이 현저한 때에는 무기에 있어서는 20년 유기에 있어서는 형기의 3분의 1을 경과한 후, 벌금 또는 과료를 완납한 경우에, 행정처분으로 가석방 할 수 있다고 하였다. 이때에 형기에 산입된 판결선고전 구금 일수는 집행을 경과한 기간에 산입한다. 또한 제73조는 가석방의 기간은 무기형은 10년 유기형은 남은 형기로 하되 10년을 초과할 수 없다고 하였다.

가석방의 효과는 석방된 후 그 처분이 실효 또는 취소되지 아니하고 가석방기간을 경과하면 형의 집행을 종료한 것으로 보는데 있다(형법 제76조). 다만. 가석방중 금고 이상의 형의 선고로 판결이 확정된 때에는 가석방 처분은 효력을 잃으며, 감시에 관한 규칙을 위배하거나 보호관찰의 준수사항을 위반하는 때에는 가석방처분을 취소할 수 있다(형법 74, 75조).

제5절 형법각론

1. 총 설

형법에서 총칙은 형법의 기초를 이루는 범죄와 형벌의 본질, 구성요소 및 발생형태를 밝히는 것이라면, 각론은 개별적인 범죄의 구성요건과 형량 등을 규정하고 있다. 형법총론에서 설펴본 범죄의 성립요건, 고의와 과실, 작위와 부작위, 공범 등에 관한 논의는 형법각론의 범죄유형과 결합하여 각 범죄의 구성요건과 형벌로 연결된다.

우리형법은 개개의 형법법규에 의하여 보호되는 법익 즉 보호법익을 기준으로 국가적 법익에 대한 죄, 사회적 법익에 대한 죄, 개인적 법익에 대한 죄에 대하여 규정하고 있다. 국가적 법익에 대한 죄는 국가의 존립과 권위, 기능을 보호하기 위한 죄로서 각칙 제1장 내란의 죄에서부터 제11장 무고의 죄까지가 이에 해당된다. 사회적 법익에 대한 죄에는 인간의 공동생활의 기초가 되는 사회생활상의 법익을 보호하기 위한 범죄로서 제12장의 신앙에 관한 죄부터 제23장 도박과 복표에 관한 죄가 이에 해당한다. 개인적 법익에 대한 죄는 개인이 향유하는 인격적 가치와 재산적 가치를 보호하기 위한 범죄로서 제24장 살인의 죄부터 손괴의 죄까지가 포함된다.

2. 국가적 법익에 대한 죄

(1) 내란의 죄

국가의 존립과 권위를 보호하기 위한 죄 중에서 가장 중한 것이 내란의 죄이다. 형법 제87조(내란의 죄)는 국토를 참절하거나 국헌을 문란할 목적으로 폭동한 자를 처단한다고 하면서, 수괴는 사형, 무기징역 또는 무기금고에, 그리고 모의에 참여·지휘하거나 기타 중요한 임무에 종사한 자는 사형, 무기 또는 5년 이상의 징역이나 금고에 처한다고 하였다. 미수범도 처벌한다. 제90조는 내란 목적의 예비 또는 음모한 자도 처벌하도록 하였다. 그런데 내란죄와 관련해서는 특별법인 국가보안법이 우선하여 적용되고 있다.

(2) 외환의 죄

제92조(외환유치)는 외국과 통모하여 대한민국에 대하여 전단을 열게 하거나 외국인과 통모하여 대한민국에 항적한 자는 사형 또는 무기징역에 처한다고 하였으며, 제93조(여적죄)는 적국과 합세하여 대한민국에 항적한 자는 사형에 처한다고 하였다. 제98조(간첩)는 적국을 위하여 간첩하거나 적국의 간첩을 방조한 자는 사형, 무기 또는 7년 이상의 징역에 처한다고 하였다. 본죄는 미수범도 처벌하며, 예비 또는 음모한 자도 2년 이상의 유기징역에 처한다고 하였다.

(3) 국기에 관한 죄

제105조는 대한민국을 모욕할 목적으로 국기 또는 국장을 손상, 제거 또는 오욕한 자는 5년 이하의 징역이나 금고에 처한다고 하였다.

(4) 국교에 관한 죄

제107조는 대한민국에 체재하는 외국의 원수에 대하여 폭행 또는 협박을 가한 자는 7년 이하의 징역이나 금고에 처하도록 하고, 외국원수에게 모욕을 가하거나 명예를 훼손한 자는 5년 이하의 징역이나 금고에 처한다고 하였다. 제108조는 대한민국에 파견된 외국사절에 대하여 폭행 또는 협박을 가한 자는 5년 이하의 징역이나 금고에 처한다고 하였다.

(5) 공안(公安)을 해하는 죄

제114조는 범죄를 목적으로 하는 단체 또는 집단을 조직하거나 이에 가입 또는 그 구성원으로 활동한 사람을 처벌한다고 하였으며, 제115조(소요)는 다중이 집합하여 폭행, 협박 또는 손괴의 행위를 한 자도 처벌한다고 하였다.

(6) 폭발물에 관한 죄

제119조는 폭발물을 사용하여 사람의 생명, 신체 또는 재산을 해하거나 기타 공안을 문란한 자는 사형, 무기 또는 7년 이상의 징역에 처한다고 하였다. 미수범도 처벌하며, 전조의 죄를 범할 목적으로 예비 또는 음모한 자도 처벌하도록 하였다.

(7) 공무원의 직무에 관한 죄

제122조(직무유기죄)는 공무원이 정당한 이유없이 직무수행을 거부하거나 그 직무를 유기한 때에는 1년 이하의 징역이나 금고 또는 3년 이하의 자격정지에 처한

다고 하였으며, 제123조(직권남용죄)는 공무원이 직권을 남용하여 의무없는 일을 하게 하거나 사람의 권리행사를 방해한 때에는 5년 이하의 징역에 처한다고 하였다.

제124조(불법체포감금죄)는 재판, 검찰, 경찰 기타 인신구속에 관한 직무를 행하는 자가 직권을 남용하여 사람을 체포 또는 감금하면 7년 이하의 징역과 10년 이하의 자격정지에 처한다고 하였으며, 제126조(피의사실공표)는 검찰, 경찰 기타 범죄수사에 관한 직무를 행하는 자가 직무를 행하면서 지득한 피의사실을 공판청구전에 공표하면 3년 이하의 징역에 처한다고 하였다. 제127조는 공무원 또는 공무원이었던 자가 직무상 비밀을 누설한 때에도 처벌한다고 하였다.

제129조(수뢰죄)는 공무원 또는 중재인이 그 직무에 관하여 뇌물을 수수, 요구 또는 약속한 때에는 5년 이하의 징역 또는 10년 이하의 자격정지에 처한다고 하였다. 제130조(제삼자뇌물제공)는 공무원 또는 중재인이 그 직무에 관하여 부정한 청탁을 받고 제3자에게 뇌물을 공여하게 하거나 공여를 요구 또는 약속한 때에는 5년 이하의 징역 또는 10년 이하의 자격정지에 처한다고 하였다. 제133조(뇌물공여)는 뇌물을 약속, 공여 또는 공여의 의사를 표시한 자는 5년 이하의 징역 또는 2천만원 이하의 벌금에 처한다고 하였다. 여기에서 뇌물이란 직무에 대한 부당한 이익 또는 불법한 보수를 의미하는바, 뇌물죄의 성립을 위해서는 직무와 보수 사이에 대가관계가 인정되어야 한다. 여기에서의 직무에는 법령상 관장하는 직무는 물론 지무와 관련하여 사실상 처리하는 행위 및 영향을 줄 수 있는 직무행위도 포함된다.

뇌물죄와 관련하여 특정범죄가중처벌법은 공무원(정부관리기업체 간부직원 포함)의 수뢰액이 3,000에서 5,000만원 이상인 경우에는 5년이상의 유기징역을, 5,000만원 이상 1억원 미만인 경우에는 7년 이상의 유기징역, 1억원 이상인 경우에는 무기 또는 10년 이상의 유기징역에 처하도록 가중처벌 규정을 두었다.

(8) 공무방해에 관한 죄

제136조(공무집행방해)는 직무를 집행하는 공무원에게 폭행 또는 협박한 자는 5년 이하의 징역 또는 1천만원 이하의 벌금에 처한다고 하였다.

제137조(위계에 의한 공무집행방해)는 위계로써 공무원의 직무집행을 방해한 자는 5년 이하의 징역 또는 1천만원 이하의 벌금에 처한다고 하였다. 본 죄는 공무원의 부지 또는 착오를 이용하여 직무집행을 방해하는 경우에 성립하는데, 국가가 시행하는 시험에 대리시험을 보거나 운전면허 시험에 대리 응시하는 경우에 성립한다. 제144조(특수공무방해)는 단체 또는 다중의 위력을 보이거나 위험한 물건을 휴대하여 공무집행방해 등의 죄를 범한 때에는 각조에 정한 형을 2분의 1까지 가중한다고 하였다.

(9) 도주와 범인은닉의 죄

제145조(도주죄)는 법률에 의하여 체포 또는 구금된 자가 도주한 때에는 1년 이하의 징역에 처한다고 하였고, 제147조(도주원조죄)는 법률에 의하여 구금된 자를 탈취하거나 도주하게 한 자는 10년 이하의 징역에 처한다고 하였다. 도주와 범인은

닉의 죄의 미수범은 처벌하며, 예비 또는 음모한 자도 처벌한다. 제151조(범인은닉죄)는 벌금 이상의 형에 해당하는 죄를 범한 자를 은닉 또는 도피하게 한 자는 3년 이하의 징역 또는 500만원 이하의 벌금에 처한다고 하면서도, 친족 또는 동거의 가족이 본인을 위하여 앞의 죄를 범한 때에는 처벌하지 아니한다고 하였다.

(10) 위증과 증거인멸의 죄

제152조(위증, 모해위증)는 법률에 의하여 선서한 증인이 허위의 진술을 한 때에는 5년 이하의 징역 또는 1천만원 이하의 벌금에 처한다고 하면서, 형사사건 또는 징계사건에 관하여 피고인, 피의자 등을 모해할 목적으로 위증의 죄를 범한 때에는 10년 이하의 징역에 처한다고 하였다. 제153조(자백, 자수)는 전조의 죄를 범한 자가 그 공술한 사건의 재판 또는 징계처분이 확정되기 전에 자백 또는 자수한 때에는 그 형을 감경 또는 면제한다고 하였다. 제155조(증거인멸)는 타인의 형사사건 또는 징계사건에 관한 증거를 인멸, 은닉, 위조, 변조하거나 위조 또는 변조한 증거를 사용한 자는 5년 이하의 징역 또는 700만원 이하의 벌금에 처한다고 하였다.

(11) 무고의 죄

제156조(무고)는 타인으로 하여금 형사처분 또는 징계처분을 받게 할 목적으로 공무소 또는 공무원에 대하여 허위의 사실을 신고한 자는 10년 이하의 징역 또는 1천500만원 이하의 벌금에 처한다고 하였다.

3. 사회적 법익에 대한 죄

(1) 신앙에 관한 죄

제158조는 장례식, 제사, 예배 또는 설교를 방해한 자는 3년 이하의 징역 또는 500만원 이하의 벌금에 처한다고 하였다. 제159조는 사체, 유골 또는 유발을 오욕한 자는 2년 이하의 징역 또는 500만원 이하의 벌금에 처한다고 하면서, 제160조는 분묘를 발굴한 자는 5년 이하의 징역에 처한다고 하였다.

(2) 방화와 실화의 죄

방화의 죄는 불특정다수인의 생명·신체·재산에 위험을 초래할 수 있는 전형적인 위험범이다. 판례는 방화죄의 기수 시기에 대하여 화력이 매개물을 떠나서 목적물인 건조물 스스로 연소할 수 있는 상태에 이른 때라고 본다.

제164조(현주건조물방화죄)는 불을 놓아 사람이 주거로 사용하거나 사람이 현존하는 건조물, 기차, 전차, 자동차, 선박, 항공기 또는 광갱을 소훼한 자는 무기 또는 3년 이상의 징역에 처한다고 하면서, 이러한 죄를 범하여 사람을 상해에 이르게 한 때에는 무기 또는 5년 이상의 징역 그리고 사망에 이르게 한 때에는 사형, 무기 또는 7년 이상의 징역에 처한다고 하였다. 제165조(공용건조물 등에의 방화)는 불을 놓아 공용건조물 즉 공용 또는 공익에 공하는 건조물, 기차, 전차, 자동차, 선박, 항공기 또는 광갱을 소훼한 자는 무기 또는 3년 이상의 징역에 처한다고 하였다. 또한 제166조(일반건조물 등에의 방화)는 불을 놓아 앞에 기재한 이외의 건조물, 기

차, 전차, 자동차, 선박, 항공기를 소훼한 자는 2년 이상의 유기징역에 처한다고 하였다.

제170조(실화)는 과실로 인하여 화재가 발생한 경우에 성립되는 범죄로 1천500만원 이하의 벌금에 처한다고 하였다. 나아가 제171조(업무상실화, 중실화)는 업무상과실 또는 중대한 과실로 인하여 실화죄를 범한 경우에는 3년 이하의 금고 또는 2천만원 이하의 벌금에 처한다고 하였다.

(3) 일수와 수리에 관한 죄

일수란 물을 넘치게 하여 건조물 등을 침해하는 것을 말한다. 제177조(현주건조물등에의 일수)는 물을 넘겨 사람이 주거에 사용하거나 사람이 현존하는 건조물, 기차, 전차, 자동차, 선박, 항공기 또는 광갱을 침해한 자는 무기 또는 3년 이상의 징역에 처한다고 하였으며, 사람을 상해에 이르게 하거나 사망에 이르게 한 때에는 보다 무겁게 처벌하도록 하였다. 제178조(공용건조물 등에의 일수)는 물을 넘겨 공용 또는 공익에 공하는 건조물, 기차, 전차, 자동차, 선박, 항공기 또는 광갱을 침해한 자는 무기 또는 2년 이상의 징역에 처한다고 하였다.

(4) 교통방해의 죄

교통방해죄는 원활한 교통소통을 위하여 이를 방해하는 범죄를 처벌하기 위한 것이다. 제185조(일반교통방해)는 육로, 수로 또는 교량을 손괴 또는 불통하게 하거나 기타 방법으로 교통을 방해한 자는 10년 이하의 징역 또는 1천500만원 이하의 벌금에 처한다고 하였다. 제186조(기차, 선박 등의 교통방해)는 궤도, 등대 또는 표지를 손괴하거나 기타 방법으로 기차, 전차, 자동차, 선박 또는 항공기의 교통을 방해한 자는 1년 이상의 유기징역에 처한다고 하였다. 제187조(기차 등의 전복죄)는 사람의 현존하는 기차, 전차, 자동차, 선박 또는 항공기를 전복, 매몰, 추락 또는 파괴한 자는 무기 또는 3년 이상의 징역에 처한다고 하였다. 고의범 처벌을 원칙으로 하지만, 과실범도 일부 처벌한다.

(5) 음용수에 관한 죄

제192조(음용수의 사용방해)는 일상음용에 공하는 정수에 오물을 혼입하여 음용하지 못하게 한 자는 1년 이하의 징역 또는 500만원 이하의 벌금에 처한다고 하면서, 음용수에 독물 기타 건강을 해할 물건을 혼입한 자는 10년 이하의 징역에 처한다고 하였다.

(6) 아편에 관한 죄

제198조(아편 등의 제조 등)는 아편, 몰핀 또는 그 화합물을 제조, 수입 또는 판매하거나 판매할 목적으로 소지한 자는 10년 이하의 징역에 처한다고 하였으며, 제199조(아편흡식기의 제조 등)는 아편을 흡식하는 기구를 제조, 수입, 판매하거나 판매할 목적으로 소지한 자를 처벌한다고 하였다. 제200조는 세관의 공무원이 아편, 몰핀이나 그 화합물 또는 아편흡식기구를 수입하거나 그 수입을 허용한 때에는 1년 이상의 유기징역에 처한다고 하였고, 제201조(아편흡식, 동장소제공)는 아편을 흡식하거나 몰핀을 주사한 자는 5년 이하의 징역에 처한다고 하였다. 본죄는 미수범도

처벌하며, 상습범은 형의 2분1까지 가중한다고 하였다. 그러나 실제로는 마약류관리에 관한 법률이 제정되어 아편 등 마약류 관리에 적용되고 있다.

(7) 통화에 관한 죄

통화의 발권은 오직 국가(한국은행)가 할 수 있으므로 이를 위조하거나 변조하는 것은 엄격히 금지된다. 그리하여 제207조(통화의 위조)는 행사할 목적으로 통용하는 대한민국의 화폐, 지폐, 은행권을 위조 또는 변조한 자는 무기 또는 2년 이상의 징역에 처한다고 하였으며, 내국에서 유통하는 외국의 화폐, 지폐, 은행권을 위조 또는 변조한 자는 1년 이상의 유기징역에 처한다고 하였다. 아울러 외국에서 통용하는 외국의 화폐, 지폐 또는 은행권을 위조 또는 변조한 자는 10년 이하의 징역에 처한다고 하였다. 제211조(통화유사물의 제조)는 판매할 목적으로 내국 또는 외국에서 통용하거나 유통하는 화폐, 지폐 또는 은행권에 유사한 물건을 제조, 수입 또는 수출한 자는 3년 이하의 징역 또는 700만원 이하의 벌금에 처한다고 하였다.

(8) 유가증권, 우표와 인지에 관한 죄

유가증권이란 증권에 금전적 가치가 나타나 있어서 그 자체가 금전적 가치를 지니는 증권으로, 어음과 수표, 각종 공채증서 등이 포함된다. 유가증권에 관한 죄와 관련하여, 제214조(유가증권위조)는 대한민국 또는 외국의 공채증서 기타 유가증권을 위조 또는 변조한 자는 10년 이하의 징역에 처한다고 하였으며. 유가증권의 권리의무에 관한 기재를 위조 또는 변조한 자도 같은 형에 처한다고 하였다. 그 외에 자격모용에 의한 유가증권의 작성(제215조), 허위유가증권의 작성(제216조), 위조유가증권 등의 행사(제217조) 등도 처벌한다.

우표와 인지에 관한 죄와 관련하여 제218조(인지·우표의 위조)는 행사할 목적으로 대한민국 또는 외국의 인지, 우표 기타 우편요금을 표시하는 증표를 위조 또는 변조한 자는 10년 이하의 징역에 처하며, 위조 또는 변조된 인지, 우표 기타 증표를 행사하거나 행사할 목적으로 수입 또는 수출한 자도 같은 형에 처한다고 하였다.

(9) 문서에 관한 죄

문서란 문자와 부호 등에 의하여 일정한 의사와 관념이 표시된 것으로 사회생활에서의 계약이나 거래관계에서 중요한 법적효과를 가지는 경우 이를 보호하여 공공의 안전과 신용을 보장하고자 한다. 형법상 문서로 인정되려면 문서가 지속적 기능, 증명적 기능, 보장적 기능을 갖추어야 한다. 지속적 기능은 문서가 시각적 방법으로 인식가능한 유체물이어야 한다는 것이다. 다만, 1995년 형법개정을 통해서 컴퓨터 디스켓, 음반, 녹음테이프 등은 문서에 포함되었고, 전자복사문서와 팩스 등을 사용하여 복사한 것도 문서 또는 도화에 해당된다. 증명적 기능이란 문서에 기재된 의사표시가 일정한 법률관계를 증명하는 것이어야 한다는 것이며, 보장적 기능이란 문서를 작성한 자를 알 수 있어야 한다는 것이다.

문서 중에서 공문서란 공무원 또는 공무소에서 작성한 문서이며 사문서는 사인이 작성한 문서로 주로 권리와 의무 및 사실증명에 관한 문서 또는 도화를 의미한다.

위조의 형태와 관련하여, 유형위조는 작성권한이 없는 자가 타인의 이름으로 문서를 작성하는 것이며, 무형위조는 그 내용을 허위로 작성하는 위조로 허위문서이다. 공문서 위조는 유형위조와 무형위조 모두 처벌하나, 사문서 위조는 유형위조만을 처벌한다(다만, 허위진단서 작성은 처벌).

형법 제225조(공문서의 위조·변조)는 행사할 목적으로 공무원 또는 공무소의 문서 또는 도화를 위조 또는 변조한 자는 10년 이하의 징역에 처한다고 하였으며, 제226조(자격모용에 의한 공문서 등의 작성)는 공무원 또는 공무소의 자격을 모용하여 문서 또는 도화를 작성한 자는 10년 이하의 징역에 처한다고 하였다.

제227조(허위공문서작성등)는 공무원이 행사할 목적으로 그 직무에 관하여 문서 또는 도화를 허위로 작성하거나 변개한 때에는 7년 이하의 징역 또는 2천만원 이하의 벌금에 처하며, 사무처리를 그르치게 할 목적으로 공무원 또는 공무소의 전자기록등 특수매체기록을 위작 또는 변작한 자는 10년 이하의 징역에 처한다고 하였다. 이어서 제228조(공정증서원본 등의 불실기재)는 공무원에게 허위신고로 공정증서원본 또는 전자기록등 특수매체기록에 부실의 사실을 기재 또는 기록하게 한 자는 5년 이하의 징역 또는 1천만원 이하의 벌금에 처한다고 하였다. 제230조(공문서등의 부정행사)는 공무원 또는 공무소의 문서 또는 도화를 부정행사한 자는 2년 이하의 징역이나 금고 또는 500만원 이하의 벌금에 처하고록 하였다.

제231조(사문서등의 위변조)는 행사할 목적으로 권리·의무 또는 사실증명에 관한 타인의 문서 또는 도화를 위조 또는 변조한 자는 5년 이하의 징역 또는 1천만원 이하의 벌금에 처한다고 하였으며, 제232조(자격모용에 의한 사문서의 작성) 타인의 자격을 모용하여 권리·의무 또는 사실증명에 관한 문서나 도화를 작성한 자도 유사한 형벌을 받게 된다고 하였다. 한편, 233조(허위진단서등의 작성)는 의사, 한의사, 치과의사 또는 조산사가 진단서, 검안서 또는 생사에 관한 증명서를 허위로 작성하면 3년 이하의 징역이나 금고, 7년 이하의 자격정지 또는 3천만원 이하의 벌금에 처한다고 하였다.

(10) 인장에 관한 죄

인장은 특정인의 인격과 동일성을 증명하기 위하여 사용되는 상징이며, 서명은 특정인이 자기를 표시하는 자필문자이다. 제238조(공인 등의 위조, 부정사용)는 행사할 목적으로 공무원 또는 공무소의 인장, 서명, 기명, 기호를 위조 또는 부정사용한 자는 5년 이하의 징역에 처하게 하였다. 제239조(사인 등의 위조, 부정사용)는 타인의 인장, 서명, 기명 또는 기호를 위조 또는 부정사용한 자는 3년 이하의 징역에 처한다고 하였다.

(11) 성풍속에 관한 죄

성풍속을 해하는 죄 중 제241조의 간통죄에 대하여, 헌법재판소는 이것이 성적자기결정권 및 사생활의 비밀과 자유를 침해하여 헌법에 위배된다고 하였다(헌재 2015. 2. 26). 이 결정으로 간통죄는 조문삭제되었다.

제242조(음행매개)는 영리의 목적으로 사람을 매개하여 간음하게 한 자는 3년 이

하의 징역 또는 1천500만원 이하의 벌금에 처한다고 하였다. 제243조(음화반포)는 음란한 문서, 도화, 필름 기타 물건을 반포, 판매 또는 임대하거나 공연히 전시 또는 상영한 자는 1년 이하의 징역 또는 500만원 이하의 벌금에 처한다고 하였고, 제244조(음화제조)는 음란한 물건을 제조, 소지, 수입 또는 수출한 자도 동일한 형벌에 처하도록 하였다. 한편, 제245조(공연음란)는 공연히 음란한 행위를 한 자는 1년 이하의 징역, 500만원 이하의 벌금, 구류 또는 과료에 처한다고 하였다.

 (12) 도박과 복표에 관한 죄

본 죄와 관련해서는 제246조(도박, 상습도박), 제247조(도박장개설), 제248조(복표의 발매 등) 등이 규정하고 있다. 그러나 단순도박죄에 대해서는 비범죄화 하는 것이 바람직하다는 주장이 제기되는 가운데, 복표의 발매 등 죄는 특별법인 사행행위 규제 및 처벌특례법이 규율하고 있는바, 사실상 사문화되었다.

4. 개인적 법익에 대한 죄

 (1) 살인의 죄

살인죄는 고의로 사람을 살해하여 그 생명을 침해하는 오랜 역사를 지닌 범죄이며 가장 엄한 형벌로 처벌되는 범죄이다. 형법 제250조(살인, 존속살해)는 1항에서 사람을 살해한 자는 사형, 무기 또는 5년 이상의 징역에 처한다고 하였으며, 2항에서는 자기 또는 배우자의 직계존속을 살해한 자는 사형, 무기 또는 7년 이상의 징역에 처한다고 하였다. 또한 제252조(촉탁, 승낙에 의한 살인)는 사람의 촉탁 또는 승낙을 받아 그를 살해한 자와 교사 또는 방조하여 자살하게 한 자는 1년 이상 10년 이하의 징역에 처한다고 하였다. 살인죄는 미수범과 예비 또는 음모한 자도 처벌한다.

오늘날 살인죄와 관련해서는 안락사의 문제가 논란을 불러일으키고 있다. 사망이 임박한 환자의 고통을 덜어주기 위한 방법인 안락사는 적극적 안락사와 소극적 안락사로 구분할 수 있다. 적극적 안락사는 불치병으로 사망이 임박한 환자의 생명을 약물의 사용 등 작위적인 방법으로 단축시키는 것으로, 헌법상 이러한 안락사는 살인죄에 해당할 수 있다. 반면에 소극적 안락사는 사망이 임박한 환자의 고통을 경감하기 위해 '연명치료'의 중단 등의 방법으로 사망에 이르게 하는 것으로(존엄사), 일정한 조건하에 위법성조각사유를 인정하면(환자의 승낙 등) 이를 부분적으로 허용할 수 있을 것이다.

요즘에는 장기이식 등과 관련하여 사망시점을 둘러싸고 학설의 대립이 있다. 우리나라 판례와 통설은 맥박종지설을 지지하지만, 장기이식등에 관한 법률은 뇌사상태에서 장기이식을 허용하므로 예외적으로 뇌사설을 인정해야 할 필요가 있는 것이다.

 (2) 상해와 폭행의 죄

상해죄는 사람의 신체를 상해케 함으로서 성립하는 범죄이다. 폭행죄와의 구분이 필요한데, 상해죄는 신체의 건강을 보호함을 목적으로 하는 침해범이고, 폭행죄는 신체의 건재를 목적으로 하는 형식범이다.

상해죄와 관련하여, 제257조(상해, 존속상해)는 1항에서 사람의 신체를 상해한 자는 7년 이하의 징역, 10년 이하의 자격정지 또는 1천만원 이하의 벌금에 처한다고 하였고, 2항에서는 자기 또는 배우자의 직계존속의 신체를 상해한 자는 10년 이하의 징역 또는 1천500만원 이하의 벌금에 처한다고 하였다. 미수범도 처벌한다. 제258조(중상해)는 사람의 신체를 상해하여 생명에 위험을 발생하게 한 자는 1년 이상 10년 이하의 징역에 처한다고 하면서, 자기 또는 배우자의 직계존속에 대하여 그러한 죄를 범한 때에는 2년 이상 15년 이하의 징역에 처한다고 하였다. 한편 제258조의2(특수상해)는 단체 또는 다중의 위력을 보이거나 위험한 물건을 휴대하여 상해의 죄를 범한 때에는 형을 가중하도록 하였다. 제259조(상해치사)는 사람의 신체를 상해하여 사망에 이르게 한 자는 3년 이상의 유기징역에 처하며, 자기나 배우자의 직계존속에 대한 상해치사의 경우에는 무기 또는 5년 이상의 징역에 처한다고 하였다.

폭행이라 함은 사람의 신체에 폭력을 행사하여 성립하는 범죄이다. 여기에서 말하는 폭행은 사람의 신체에 대한 유형력의 행사를 의미하며, 사람에게 돌을 던지고 뺨을 때리고, 손이나 옷을 잡아당기고, 침을 뱉는 행위가 모두 포함된다(욕설이나 폭언은 불포함). 형법 제260조(폭행, 존속폭행)는 사람의 신체에 대하여 폭행을 가한 자는 2년 이하의 징역, 500만원 이하의 벌금, 구류 또는 과료에 처한다고 하면서, 직계존속에 대한 폭행의 경우에는 형을 가중하였다. 그러나 이러한 죄는 반의사불법죄로 피해자의 명시한 의사에 반하여 공소를 제기할 수 없다. 한편, 제261조(특수폭행)는 단체 또는 다중의 위력을 보이거나 위험한 물건을 휴대하여 제260조 제1항 또는 제2항의 죄를 범한 때에는 5년 이하의 징역 또는 1천만원 이하의 벌금에 처한다고 하였으며, 폭행치사상 상습범의 경우에는 가중처벌하도록 하였다.

(3) 과실치사상의 죄

과실로 인하여 사람의 신체를 상하게 하거나 사망에 이르게 한 경우에 성립하는 범죄이다. 형법 제266조(과실치상)는 과실로 인하여 사람의 신체를 상해에 이르게 한 자는 500만원 이하의 벌금, 구류 또는 과료에 처하게 하되 반의사불벌죄로 하였고, 제267조(과실치사)는 과실로 사람을 사망에 이르게 한 자는 2년 이하의 금고 또는 700만원 이하의 벌금에 처한다고 하였다. 하지만, 제268조(업무상과실·중과실치사상)는 업무상과실 또는 중대한 과실로 인하여 사람을 사상에 이르게 한 자는 5년 이하의 금고 또는 2천만원 이하의 벌금에 처한다고 하여 중하게 처벌하도록 하였다. 여기에서 업무란 사회생활상의 지위에 의하여 계속하여 행하는 업무를 말한다.

(4) 낙태의 죄

낙태의 죄는 태아를 자연분만기 이전에 인위적으로 밖으로 배출하여 태아를 살해하는 범죄이다. 그리하여 형법 제269조(낙태)는 부녀가 약물 기타 방법으로 낙태한 때에는 1년 이하의 징역 또는 200만원 이하의 벌금에 처하며, 부녀의 촉탁 또는 승낙을 받아 낙태하게 한 자의 형도 같다고 하였다. 제270조(의사 등의 낙태, 부동의 낙태)는 의사, 한의사, 조산사, 약제사 또는 약종상이 부녀의 촉탁 또는 승낙을 받어 낙태하게 한 때에는 2년 이하의 징역에 처한다고 하였다.

그러나 모자보건법은 낙태의 범주에 들어가는 인공임신중절수술과 그것을 허용하는 조항(낙태죄에 대한 위법성조각사유)을 두고 있다. 동법 제14조는 산모의 우생학적·유전학적 사유, 윤리적 사유(강간 등), 산모의 건강관련 사유가 있는 경우에는 의사의 시술, 본인과 배우자의 동의, 임신 24주내 시술 등을 조건으로 중절수술을 허용하였다. 보다 큰 문제는 형법이 산아제한 등과 관련하여 낙태가 성행하고 있는 현실을 반영하고 있지 못하고 있어서 관련 조항이 사실상 사문화된 상태라는데 있다.

(5) 유기와 학대의 죄

유기란 노유와 질병 등으로 부조를 요하는 사람을 보호할 의무가 있는 자가 유기함으로써 성립하는 범죄이다. 우리나라에서 본죄의 주체는 법률상·계약상 의무있는 자이므로 신분범이어서 극단적인 개인주의적 입장을 취한 것으로 평가된다. 독일 등의 경우에는 소위 '선한 사마리아인 법'(Good Samaritan rule)이라는 규정을 두고 있어서 부조를 거부하면 구조불이행죄의 처벌을 받는다.

우리 형법 제271조(유기, 존속유기)는 1항에서 노유, 질병 기타 사정으로 부조를 요하는 자를 보호할 법률상 또는 계약상의무 있는 자가 유기한 때에는 3년 이하의 징역 또는 500만원 이하의 벌금에 처한다고 하면서, 2항에서는 자기 또는 배우자의 직계존속에 대하여 제1항의 죄를 범한 때에는 형을 가중하여 10년 이하의 징역 또는 1천500만원 이하의 벌금에 처한다고 하였다. 제272조(영아유기)는 직계존속이 치욕의 은폐나 양육불능을 예상하거나 참작할 만한 동기로 인하여 영아를 유기한 때에는 형을 경감하여 2년 이하의 징역 또는 300만원 이하의 벌금에 처한다고 하였다.

학대란 자기의 보호 또는 감독을 받는 사람을 육체적으로 또는 정신적으로 고통을 가하는 행위(음식, 수면, 휴식의 불허 등)이다. 학대와 관련하여, 형법 제273조(학대, 존속학대)는 1항에서 자기의 보호 또는 감독을 받는 사람을 학대한 자는 2년 이하의 징역 또는 500만원 이하의 벌금에 처한다고 하면서, 2항은 자기 또는 배우자의 직계존속에 대하여 그러한 죄를 범한 때에는 5년 이하의 징역 또는 700만원 이하의 벌금에 처한다고 하였다. 제274조(아동혹사)는 자기의 보호 또는 감독을 받는 16세 미만의 자를 그 생명 또는 신체에 위험한 업무에 사용할 영업자에게 인도한 자는 5년 이하의 징역에 처하며 인도를 받은 자도 같다고 하였다.

(6) 체포와 감금의 죄

체포는 사람의 신체에 직접적 구속을 가하여 행동의 자유를 박탈하는 것이고, 감금은 사람을 일정한 장소 밖으로 나가지 못하게 하여 장소이전의 자유를 제한하는 것이다. 따라서 본 죄의 보호법익은 사람의 신체활동의 자유 특히 장소선택의 자유이다.

형법 제276조(체포, 감금)는 사람을 체포 또는 감금한 자는 5년 이하의 징역 또는 700만원 이하의 벌금에 처한다고 하면서, 자기 또는 배우자의 직계존속에 대하여 그러한 죄를 범하면 형을 가중한다고 하였다. 제277조(중체포, 중감금)는 사람을 체포 또는 감금하여 가혹한 행위를 가한 자는 7년 이하의 징역에 처하며. 자기 또는 배우자의 직계존속에 대하여 그러한 죄를 범하면 2년 이상의 유기징역에 처한다고 하였다. 제278조(특수체포감금)는 단체나 다중의 위력을 보이거나 위험한 물건을 휴대하여 체포와 감금의 죄를 범한 때에는 그 죄에 정한 형의 2분의 1까지 가중한다고 하였다.

(7) 협박의 죄

협박이란 개인의 의사결정의 자유를 보호법익으로 하므로 상대방에게 해악을 고지하여 공포심을 일으키는 것을 의미한다. 그리고 여기에서의 협박은 행위자가 직접 해악의 발생을 야기할 수 있는 것이어야 하므로, '천벌운운' 하거나 '번개 맞을 것이다' 하는 등의 발언은 협박이 아니다. 구체적으로 어떤 실현가능한 해악을 가하겠다는 것을 고지하는 것이어야 한다.

형법 제283조(협박)는 사람을 협박한 자는 3년 이하의 징역, 500만원 이하의 벌금, 구류 또는 과료에 처한다고 하면서도, 협박죄는 피해자의 명시한 의사에 반하여 공소를 제기할 수 없다고 하였다. 제284조(특수협박)는 단체 또는 다중의 위력을 보이거나 위험한 물건을 휴대하여 협박의 죄를 범한 때에는 7년 이하의 징역 또는 1천만원 이하의 벌금에 처한다고 하였다. 상습범과 미수범에 대한 처벌규정도 두었다.

(8) 약취, 유인 및 인신매매의 죄

약취란 폭행·협박을 사용하여 피해자의 의사에 반하여 자기나 제3자의 실질적 지배하에 놓는 것이고, 유인이란 기망·유혹을 통하여 사람을 자기 또는 제3자의 실질적 지배 아래에 놓는 것이다. 약취와 유인의 죄의 보호법익은 신체활동의 자유 중에서 장소선택의 자유이다. 체포감금죄가 일정한 장소에 한정된 것인데 비해 본 죄는 장소에 제한이 없다는 점에서 다르다. 인신매매죄는 2013년 형법개정을 통하여 도입되었다.

형법 제287조(미성년자의 약취유인)는 미성년자를 약취 또는 유인한 사람은 10년 이하의 징역에 처한다고 하였다. 제288조(추행 등 목적 약취, 유인)는 추행, 간음, 결혼 또는 영리의 목적으로 사람을 약취 또는 유인한 사람, 노동력 착취, 성매매와 성적 착취, 장기적출을 목적으로 사람을 약취 또는 유인한 사람, 국외에 이송할 목적으로 사람을 약취 또는 유인한 사람과 약취 또는 유인된 사람을 국외에 이송한 사람을 처벌하도록 하였다. 제289조(인신매매)는 사람을 매매한 사람은 7년 이하의 징역에 처한다고 하였다. 이어서 추행, 간음, 결혼, 영리의 목적으로 사람을 매매한 사람, 노동력 착취, 성매매와 성적 착취, 장기적출을 목적으로 사람을 매매한 사람, 국외에 이송할 목적으로 사람을 매매하거나 매매된 사람을 국외로 이송한 사람도 처벌하도록 하였다. 제292조는 약취, 유인, 매매 또는 이송된 사람을 수수 또는 은닉한 사람도 7년 이하의 징역에 처한다고 하였으며, 죄를 범할 목적으로 사람을 모집, 운송, 전달한 사람도 동일한 형으로 처벌한다고 하였다. 제296조의2는 세계주의 입장에서 약취·유인·인신매매에 관한 조문들은 대한민국 영역 밖에서 죄를 범한 외국인에게도 적용한다고 하였다.

(9) 강간과 추행의 죄

강간과 추행의 죄는 개인의 성적자기결정의 자유를 침해하는 범죄이다. 강간죄란 사람을 폭행·협박하여 간음하여 성립하는 범죄로 과거에는 고소권자의 고소가 있어야 기소할 수 있는 친고죄이었으나, 2012년 형법개정을 통하여 친고죄 규정은 삭제되었다. 과거에 존재하였던 혼인빙자간음죄는 헌재가 부녀의 성적자기결정권의 침해가 없고 과도한 국가형벌권의 개입이라는 이유에서 위헌으로 판결하여 폐지되었다. 강간죄에서의 폭행과 협박은 피해자의 항거를 불가능하게 하거나 현저히 곤란하게 할 정도의 것이어야 한다. 따라서 물리적 힘의 사용, 수면제 사용, 최면술 사용은 물론 심리적으로 반항을 포기하게 하는 것도 포함된다. 강제추행에서 추행이란 객관적으로 일반인에게 성적 수치심과 혐오의 감정을 일으키는 일체의 행위이다. 강제추행도 폭행 또는 협박을 동반하는 것이나 강간죄의 경우에 비하여 다소 약한 정도로도 죄의 성립이 인정된다.

형법 제297조(강간)는 폭행 또는 협박으로 사람을 강간한 자는 3년 이상의 유기징역에 처한다고 하였으며, 유사강간 행위를 한 사람도 2년 이상의 유기징역에 처한다고 하였다. 제298조(강제추행)는 폭행 또는 협박으로 추행을 한 자는 10년 이하의 징역 또는 1천500만원 이하의 벌금에 처한다고 하였다. 제299조(준강간, 준강제추행)는 사람의 심신상실 또는 항거불능의 상태를 이용하여 간음 또는 추행을 한 자에 대한 처벌규정을 두었다.

제301조(강간 등 상해·치상)는 강간과 강제추행의 죄를 범한 자가 사람을 상해하거나 상해에 이르게 한 때에는 무기 또는 5년 이상의 징역에 처하며, 동일한 죄를 범한 자가 사람을 살해한 때에는 사형 또는 무기징역에 처한다고 하였다. 제302조(미성년자간음)는 미성년자 또는 심신미약자에 대하여 위계 또는 위력으로써 간음 또는 추행을 한 자는 5년 이하의 징역에 처한다고 하였고, 제303조(업무상위력에 의한 간음)는 업무, 고용 기타 관계로 인하여 자기의 보호 또는 감독을 받는 사람에 대하여 위계 또는 위력으로써 간음한 자는 7년 이하의 징역 또는 3천만원 이하의 벌금에 처한다고 하였다.

(10) 명예에 관한 죄

명예란 사람의 인격적 가치에 대한 사회의 객관적 평가이다. 명예훼손이란 공연히 사실이나 허위의 사실을 적시하여 특정 자연인 또는 법인의 명예를 저하시키는 것이다. 여기에서 공연성은 불특정 다수를 상대로 한 사실의 적시인데, 형법은 공연히 사실을 적시하여도 오직 공공의 이익을 위하여 그렇게 한 경우에는 위법성이 조각된다고 하였다.

형법 제307조(명예훼손)는 공연히 사실을 적시하여 사람의 명예를 훼손한 자는 2년 이하의 징역이나 금고 또는 500만원 이하의 벌금에, 공연히 허위의 사실을 적시하여 사람의 명예를 훼손한 자는 5년 이하의 징역, 10년 이하의 자격정지 또는 1천만원 이하의 벌금에 처한다고 하였다. 또한 제308조(사자의 명예훼손)는 공연히 허위의 사실을 적시하여 사자의 명예를 훼손한 자는 2년 이하의 징역이나 금고 또는 500만원 이하의 벌금에 처한다고 하였으며, 제309조(출판물등에 의한 명예훼손)는 사람을 비방할 목적으로 신문, 잡지 또는 라디오 기타 출판물에 의하여 명예훼손의 죄를 범한 자는 3년 이하의 징역이나 금고 또는 700만원 이하의 벌금에 처한다고 하였다. 그러나 제310조(위법성의 조각)는 명예훼손 행위가 진실한 사실로서 오로지 공공의 이익에 관한 때에는 처벌하지 아니한다고 하였으며, 제312조는 피해자의 고소가 있어야 공소를 제기할 수 있다고 하였다.

(11) 신용, 업무와 경매에 관한 죄

형법 제313조(신용훼손)는 허위의 사실을 유포하거나 기타 위계로써 사람의 신용을 훼손한 자는 5년 이하의 징역 또는 1천500만원 이하의 벌금에 처한다고 하였으며, 제314조(업무방해)는 신용훼손 또는 위력으로써 사람의 업무를 방해한 자는 5년 이하고 의 징역 또는 1천500만원 이하의 벌금에 처한다고 하였다. 제315조(경매, 입찰의 방해) 위계 또는 위력 기타 방법으로 경매 또는 입찰의 공정을 해한 자의 처벌에 관한 규정도 두었다.

(12) 비밀침해의 죄

형법 제316조(비밀침해)는 봉함 기타 비밀장치한 사람의 편지, 문서 또는 도화를 개봉한 자는 3년 이하의 징역이나 금고 또는 500만원 이하의 벌금에 처한다고 하였다. 317조(업무상비밀누설)는 의사, 한의사, 치과의사, 약제사, 약종상, 조산사, 변호사, 변리사, 공인회계사나 그 직무상 보조자이었던 자가 그 직무처리 중 지득한 타인의 비밀을 누설하면 3년 이하의 징역이나 금고, 10년 이하의 자격정지 또는 700만원 이하의 벌금에 처한다고 하였으며, 종교의 직에 있는 자가 그 직무상 지득한 사람의 비밀을 누설한 때에도 같은 형에 처한다고 하였다. 비밀침해죄와 업무상비밀누설죄는 모두 고소가 있어야 공소를 제기할 수 있다.

(13) 주거침입의 죄

주거침입의 죄는 사람의 주거 또는 관리하는 건조물(가옥, 빈 집, 공장, 창고, 극장, 관공서 청사, 학교 등), 선박이나 항공기 또는 점유하는 방실(빌딩의 사무실, 호텔이나 여관의 객실, 연구실 등)에 침입하거나 퇴거요구에 불응하는 경우에 성립한다. 주거침입죄의 행위는 침입인데, 주거자나 관리자의 의사에 반하여 진입하는 것이다.

형법 제319조(주거침입, 퇴거불응)는 사람의 주거, 관리하는 건조물, 선박이나 항공기 또는 점유하는 방실에 침입한 자와 이러한 곳에서 퇴거요구를 받고 응하지 아니한 자는 3년 이하의 징역 또는 500만원 이하의 벌금에 처한다고 하였다. 제320

조(특수주거침입)는 단체 또는 다중의 위력을 보이거나 위험한 물건을 휴대하여 주거침입의 죄를 범하면 5년 이하의 징역에 처한다고 하였다. 주거침입의 죄는 미수범도 처벌한다.

(14) 권리행사를 방해하는 죄

권리행사방해죄는 타인의 점유 또는 권리의 목적인 자기의 물건에 대한 타인의 권리행사를 방해하거나 강제집행을 면할 목적으로 채권자를 해하는 데 따른 범죄이다. 본죄의 보호법익은 소유권이 아닌 타인의 제한물권과 채권이다.

형법 제323조(권리행사방해)는 타인의 점유 또는 권리의 목적이 된 자기의 물건 또는 전자기록등 특수매체기록을 취거, 은닉 또는 손괴하여 타인의 권리행사를 방해한 자는 5년 이하의 징역 또는 700만원 이하의 벌금에 처한다고 하였다. 제324조(강요)는 폭행 또는 협박으로 사람의 권리행사를 방해하거나 의무없는 일을 하게 한 자는 5년 이하의 징역 또는 3천만원 이하의 벌금에 처한다고 하였다. 제327조(강제집행면탈)는 강제집행을 면할 목적으로 재산을 은닉, 손괴, 허위양도 또는 허위의 채무를 부담하여 채권자를 해한 자도 처벌한다. .

(15) 절도와 강도의 죄

절도죄는 타인의 재물을 절취함으로써 성립하는 범죄이며, 그 객체는 소유자 또는 점유자가 점유하고 있는 재물이다. 절취란 타인이 점유하고 있는 재물을 그 의사에 반하여 자기나 제3자의 점유로 옮기는 것인데, 여기에서 재물은 꼭 재산적으로 가치가 있어야 하는 것은 아니므로 서신, 사진, 주민증 등 소유자나 점유자가 가진 주관적 가치만 있어도 된다. 강도죄는 폭행 또는 협박으로 타인의 재물을 강취하거나 기타 재산상의 이익을 본인이 또는 제삼자로 하여금 취득하게 하는 것이다. 여기에서 폭행과 협박은 상대방의 의사를 억압하여 반항을 불가능하게 할 정도이어야 한다.

형법은 제329조(절도)에서 타인의 재물을 절취한 자는 6년 이하의 징역 또는 1천만원 이하의 벌금에 처한다고 하였다. 이어서 제330조(야간주거침입절도)는 야간에 사람의 주거, 간수하는 저택, 건조물이나 선박 또는 점유하는 방실에 침입하여 타인의 재물을 절취한 자는 10년 이하의 징역에 처한다고 하였고, 제331조(특수절도)는 야간에 문호 또는 장벽 기타 건조물의 일부를 손괴하고 침입하여 타인의 재물을 절취한 자는 1년 이상 10년 이하의 징역에 처한다고 하였다. 제332조는 상습범에 관한 규정으로 상습으로 절도의 죄를 범한 자는 형의 2분의 1까지 가중한다고 하였다.

형법 제333조(강도)는 폭행 또는 협박으로 타인의 재물을 강취하거나 기타 재산상의 이익을 취득하거나 제삼자로 하여금 이를 취득하게 한 자는 3년 이상의 유기징역에 처한다고 하였다. 제334조(특수강도)는 야간에 사람의 주거, 관리하는 건조물, 선박이나 항공기 또는 점유하는 방실에 침입하여 또는 흉기를 휴대하거나 2인 이상이 합동하여 강도의 죄를 범한 자는 무기 또는 5년 이상의 징역에 처한다고 하였다. 제336조(인질강도)는 사람을 체포·감금·약취 또는 유인하여 인질로 삼아

재물 또는 재산상의 이익을 취득하거나 제3자로 하여금 취득하게 한 자는 3년 이상의 유기징역에 처한다고 하였다. 제337조는 강도상해치상의 경우, 제338조는 강도살인·치사의 경우, 제339조는 강도강간의 경우에 형을 가중하였다. 강도죄는 상습범의 경우에 이를 가중 처벌하며, 미수범도 처벌한다.

제340조(해상강도)는 다중의 위력으로 해상에서 선박을 강취하거나 선박내에 침입하여 타인의 재물을 강취한 자는 무기 또는 7년 이상의 징역에, 해상강도죄를 범한 자가 사람을 상해에 이르게 한 때에는 무기 또는 10년 이상의 징역, 사람을 살해 또는 사망에 이르게 하거나 강간한 때에는 사형 또는 무기징역에 처한다고 하였다.

(16) 사기와 공갈의 죄

사기죄는 사람을 기망하여 상대방으로 하여금 착오상태에서 재산상의 처분행위를 하게 함으로서 재물을 교부받거나 재산상의 이득을 취하는 범죄이다. 공갈죄는 사람을 공갈하여 재물의 교부를 받거나 재산상의 이익을 취득하거나 제삼자로 하여금 그렇게 하게 함으로서 성립하는 범죄이다. 여기서 공갈이란 재산상의 이득을 취하기 위하여 상대방에게 폭행 또는 협박으로 공포심을 일으켜 의사결정과 행동의 자유를 제한하는 것이다.

형법 제347조(사기)는 사람을 기망하여 재물의 교부를 받거나 재산상의 이익을 취득하거나 제삼자로 하여금 재물의 교부를 받거나 재산상의 이익을 취득하게 한 자는 10년 이하의 징역 또는 2천만원 이하의 벌금에 처한다고 하였으며, 컴퓨터등 정보처리장치에 허위의 정보 등을 입력하거나 정보를 입력·변경하여 정보처리를 하게 함으로써 재산상의 이익을 취득하거나 제3자로 하여금 취득하게 한 자는 10년 이하의 징역 또는 2천만원 이하의 벌금에 처한다고 하였다. 제348조(준사기)는 미성년자의 지려천박 또는 사람의 심신장애를 이용하여 재물의 교부를 받거나 재산상의 이익을 취득한 자는 10년 이하의 징역 또는 2천만원 이하의 벌금에 처한다고 하였고, 부정한 방법으로 대가를 지급하지 아니하고 자동판매기, 공중전화 기타 유료자동설비를 이용하여 재물 또는 재산상의 이익을 취득한 자도 처벌한다고 하였다.

제349조(부당이득)는 사람의 궁박한 상태를 이용하여 현저하게 부당한 이익을 취득한 자 및 제삼자로 하여금 부당한 이익을 취득하게 한 자는 3년 이하의 징역 또는 1천만원 이하의 벌금에 처한다고 하였다. 이어서 제350조(공갈)는 사람을 공갈하여 재물의 교부를 받거나 재산상의 이익을 취득한 자 또는 제삼자로 하여금 재물의 교부를 받게 하거나 재산상의 이익을 취득하게 한 때에는 10년 이하의 징역 또는 2천만원 이하의 벌금에 처한다고 하였다. 아울러 단체 또는 다중의 위력을 보이거나 위험한 물건을 휴대하여 공갈죄를 범한 자(특수공갈)는 1년 이상 15년 이하의 징역에 처한다.

사기죄와 공갈죄를 상습으로 범한 자는 그 죄에 정한 형의 2분의 1까지 가중하며, 미수범도 처벌한다.

(17) 횡령과 배임의 죄

횡령이란 타인의 재물을 보관하는 자가 그 재물을 횡령하거나 그 반환을 거부하는 경우에 성립하는 범죄이다. 횡령죄의 주체는 타인의 재물을 보관하는 자이므로 신분범이다. 여기에서 타인의 재물을 보관하는 자란 타인의 재물(돈, 예금, 유가증권)을 점유하거나 소유하고 있는 자인데, 재물에는 절도죄와 달리 부동산도 포함된다. 이처럼 부동산을 사실상 지배하고 있는 자도 보관자가 되지만, 부동산 명의신탁을 받은 자는 '부동산실권리자 명의등기에 관한 법률'에 의해 소유자가 될 수 없으므로 그 부동산의 보관자로 볼 수 없다. 반면에 배임이란 타인의 사무를 처리하는 자가 그 임무에 위배된 행위를 하여 자신이 재산상의 이익을 취득하거나 제삼자로 하여금 이를 취득하게 하는 것이다.

제355조(횡령, 배임)는 타인의 재물을 보관하는 자가 그 재물을 횡령하거나 그 반환을 거부한 때에는 5년 이하의 징역 또는 1천500만원 이하의 벌금에 처한다고 하면서, 타인의 사무를 처리하는 자가 그 임무에 위배하는 행위로써 재산상의 이익을 취득하거나 제삼자로 하여금 이를 취득하게 하여 본인에게 손해를 가한 때에도 전항의 형과 같다. 제356조(업무상의 횡령과 배임)는 업무상의 임무에 위배하여 횡령과 배임의 죄를 범한 자는 가중하여 10년 이하의 징역 또는 3천만원 이하의 벌금에 처한다고 하였다. 제357조(배임수증재)는 타인의 사무를 처리하는 자가 그 임무에 관하여 부정한 청탁을 받고 재물 또는 재산상의 이익을 취득하거나 제3자로 하여금 이를 취득하게 한 때에는 5년 이하의 징역 또는 1천만원 이하의 벌금에 처하며, 그러한 재물 또는 이익을 공여한 자도 2년 이하의 징역 또는 500만원 이하의 벌금에 처한다고 하였으며, 범인 또는 정(情)을 아는 제3자가 취득한 제1항의 재물은 몰수한다고 하였다. 횡령죄와 배임죄의 미수범은 처벌한다. 제360조(점유이탈물횡령)는 유실물, 표류물 또는 타인의 점유를 이탈한 재물을 횡령한 자와 매장물을 횡령한 자는 1년 이하의 징역이나 300만원 이하의 벌금 또는 과료에 처한다고 하였다.

(18) 장물에 관한 죄

장물이란 재산범죄인 절도·강도·사기·횡령·공갈·장물죄의 결과 취득한 물건이다(뇌물죄는 불포함). 장물의 취득은 유무상을 불문하며, 양여는 장물인줄 모르고 취득하였다가 이를 알고 타인에게 유상 또는 무상으로 수여하는 것이고, 보관은 장물임을 알고하는 것으로 유무상과는 관계가 없다. 장물의 알선은 장물의 취득과 양여, 보관을 매개 또는 주선하는 행위이다.

형법 제362조(장물의 취득과 알선)는 장물을 취득, 양도, 운반 또는 보관한 자와 그러한 행위를 알선한 자는 7년 이하의 징역 또는 1천500만원 이하의 벌금에 처한다고 하였다. 제363조(상습범)는 상습으로 그러한 죄를 범한 자의 처벌규정이며, 제364조(업무상과실, 중과실)는 업무상과실 또는 중대한 과실로 인하여 장물에 관한 죄를 범한 자는 1년 이하의 금고 또는 500만원 이하의 벌금에 처한다고 하였다.

(19) 손괴의 죄

손괴란 객체에 직접 물리력을 행사하여 손괴와 은닉의 방법으로 타인의 재물과 문서 등의 효용을 해하는 것이다. 본죄는 순재물죄이며 손괴의 고의만 있으면 된다. 은닉이란 객체의 소재를 불분명하게 하여 발견을 어렵게 하여 이용가능성을 침해하는 것이다.

 형법 제366조(재물손괴)는 타인의 재물, 문서 또는 전자기록등 특수매체기록을 손괴 또는 은닉 기타 방법으로 효용을 해한 자는 3년 이하의 징역 또는 700만원 이하의 벌금에 처한다고 하였으며, 제367조(공익건조물파괴)는 공익에 공하는 건조물을 파괴한 자는 10년 이하의 징역 또는 2천만원 이하의 벌금에 처한다고 하였다. 제369조(특수손괴)는 단체 또는 다중의 위력을 보이거나 위험한 물건을 휴대하여 재물손괴의 죄를 범한 때에는 5년 이하의 징역 또는 1천만원 이하의 벌금에 처한다고 하였다.

제7장 민법

제1절 민법총칙
제2절 물권법
제3절 채권법
제4절 친족상속법

제1절 민법총칙

1. 민법서론

 민법이란 개인 간의 생활관계 즉 주로 재산관계와 가족관계를 규율하는 사법의 일반법이고 권리와 의무를 규정하는 실체법이다. 재산관계는 물권과 채권에 관한 것이며, 가족관계는 친족관계와 상속관계에 관한 것이다.
 우리나라에서 형식적 의미의 민법은 1960년부터 시행되고 있는 성문화된 민법전을 의미하며, 실질적 의미의 민법에는 민법전을 중심으로 부동산등기법, 주택임대차보호법 등 민사관련 특별법도 포함된다.
 우리나라는 1948년 대한민국 정부의 수립시까지 일제가 제정한 '조선민사령'에 의해 일본 민법을 적용하였었다. 정부수립 후 법전편찬위원회가 마련한 민법초안이 국회를 통과하여 1958년 공포되어 1960년부터 사용되고 있다.

1) 민법의 기본원리

 봉건제도를 타파하고 성립한 근대국가의 민법은 개인의 자유와 평등을 기초로 세워졌으며, 사유재산권절대의 원칙, 사적자치의 원칙, 과실책임의 원칙을 기본원리로 하고 있다. 이들은 프랑스대혁명을 계기로 신분사회에서 계약사회로 이전해 가면서 만들어진 최초의 근대적 민법전인 프랑스민법이 기본원리로 받아들였던 민법의 기본원리들이다. 우리나라의 민법도 전통적인 민법의 기본원리를 바탕으로 수정된 현대 민법의 원리들을 수용하였다.
 그러나 자본주의의 발달과 함께 빈부의 차이는 커지고, 노동자와 자본가의 대립은 격화되었으며, 극도의 개인주의는 새로운 계층간 갈등의 원인이 되었다. 계약의 자유는 경제적 강자의 횡포를 부추겼고, 소유권절대의 원리는 빈부격차를 확대하는 데 기여하였다. 그 결과 자유방임적 경제체제는 물론 전통적인 민법의 원리에 대한 수정이 이루어지게 되었다.
 사유재산권절대의 원칙, 사적자치의 원칙, 과실책임의 원칙의 본래적 의미와 현대 민법에서 수정된 내용을 살펴본다.

(1) 사유재산권절대의 원칙과 변화
 사유재산권절대의 원칙은 프랑스 인권선언에서 유래하였다. 근대사회에서 개인은 대개 자신이 가지는 재화에 의지하여 경제생활을 영위하였는 바, 개인의 재산은 그의 삶을 위하여 매우 소중하므로 완전히 그의 의사에 의한 지배하에 두어야 하였는 바, 이는 개인의 재산에 대한 국가나 타인의 간섭을 배제하고자 등장한 원칙이다.

사유재산절대의 원칙이란 각 개인의 사유재산권에 대한 절대적 지배를 인정하고 국가나 다른 개인이 이에 간섭하지 못하게 하는 것이다.

하지만, 오늘날 사유재산권은 절대적이고 무제한한 것이 아니며 사회와 국가의 이익을 위하여 제한할 수 있는 권리로 인식되고 있다. 과거에 소유권에 대한 제한은 예외적이었으나 지금은 제한의 목적이 공공복리를 위한 것이라면 그 본질을 훼손하지 아니하는 범위에서 인정되는 방향으로 수정되게 된 것이다. 우리나라 헌법도 "재산권의 행사는 공공복리에 적합하도록 하여야 한다"(제23조2항)고 하였다.

(2) 사적자치의 원리

근대사회는 개인의 자유를 최대한으로 존중하였으며 개인의 의사는 법률관계 형성에 최대한 반영되었다. 그런데 법률관계 중 가장 중요한 것은 계약에 관한 것이므로 이 자유는 '계약자유의 원리'라고 부르기도 한다. 계약자유의 원칙이란 계약의 내용과, 형식, 상대방을 정하는데 있어서 당사자의 자유가 인정된다는 의미이다.

그런데 사적자치 또는 계약의 자유는 당사자들이 대응한 지위에 있을 때 제대로 구현될 수 있다. 자본주의의 발달로 빈부격차가 심화되고 노사간에 협상력에 커다란 차이가 존재하는 상황에서는 불평등한 계약을 피할 수 없다. 이는 오늘날 사회적 또는 경제적 약자를 보호하기 위한 각종 제도들이 등장하게 된 이유이다. 사적자치의 원리를 제한하는 이러한 조치들은 경제적 강자의 횡포를 차단하기 위하여 계약의 자유를 제한하고, 사적자치의 이름으로 진행되어 온 불공정을 공공복리나 신의성실의 원칙 등을 활용하여 시정한다. 주택임대차보호법, 근로기준법, 토지거래허가제 등을 그 예로 들 수 있다.

(3) 과실책임의 원칙

개인은 타인에게 손해를 입힌 경우에도 그 행위가 위법할 뿐만 아니라 고의나 과실이 있는 경우에만 책임을 진다는 것이 과실책임의 원칙이다. 이러한 원칙의 수용으로 개인의 경제활동에 있어서의 자유가 최대한 보장될 수 있었다.

그런데, 행위자에게 귀책사유가 없으면 책임을 면제해 주는 과실책임의 원칙으로 인하여 획기적인 경제성장이 가능하였다는 긍정적인 평가가 있지만, 반대로 타인이 손해를 감수해야 하는 불합리가 있었다. 더구나 발달된 과학기술은 과실과 손해 간의 연관성 입증을 어렵게 하여 개인보다는 기업의 이익에 유리하다는 평가도 있었다. 그리하여 오늘날에는 무과실책임을 보다 넓게 인정해 가는 경향이 있다. 그 과정에서 뤼멜린의 위험책임론과 영미법의 엄격책임(strict liability) 법리가 영향을 미쳤다. 위험한 시설이나 물질을 다루는 자의 작위 또는 부작위의 결과 일정한 손해가 발생하면 행위자는 고의·과실의 유무를 불문하고 행위자의 책임을 인정하는 것이다.

2. 권리의 주체

법률관계 즉 민법상 권리의무의 발생, 변경, 소멸이 발생하려면 기본적으로 다음의 3가지 요소를 갖추어야 한다. 즉 법률관계의 주체(당사자), 법률관계의 객체, 법률사실(법률행위 등)이 구비되어야 하며, 이러한 요소를 갖추지 못한 법률관계는 존재할 수 없다.

민법상 권리와 의무의 주체가 될 수 있는 능력을 권리능력이라고 한다. 자연인과 법인의 능력 특히 권리능력에 대해서 알아본다.

1) 민법상 능력 제도

권리능력이란 권리와 의무의 주체가 될 수 있는 법적인 지위나 자격을 의미한다. 민법은 권리의 주체로서 자연인과 법인을 인정하였다.

의사능력은 자신의 행위의 의미와 결과를 인식할 수 있는 능력인데, 그 유무는 구체적인 법률행위의 효력과 관련하여 판단한다. 의사능력없이 행한 행위는 일반적으로 무효가 된다.

행위능력은 독자적으로 유효하게 법률행위를 할 수 있는 능력이다. 민법은 나이와 정신적 제약 등을 기준으로 제한능력자를 정하였다.

민법은 2011년 3월 7일의 민법개정으로 만 19세 미만인 자를 미성년자(제5조 제2항)로 하고, 금치산자를 피성년후견인(제10조), 한정치산자를 피한정후견인(제13조)으로 바꿔서 이들이 한 법률행위를 취소할 수 있게 하였다.

무능력자는 단독으로 유효한 법률행위를 할 수 없으므로 그를 대신하여 법률행위를 할 수 있는 법정대리인을 둔다. 미성년자의 경우에는 친권자가 1차적 법정대리인이 되며, 친권자가 없으면 후견인이 법정대리인이 되는데, 후견인에는 지정후견인(친권자가 지정)과 선임후견인(법원이 선임)이 있다.

책임능력은 자기 행위가 타인의 법익을 위법하게 침해한 것을 인식하는데 충분한 정신적 능력, 즉 법률상의 책임을 판별할 수 있는 능력이다. 책임무능력자는 불법행위 또는 채무불이행에 대하여 책임을 지지 않으며(제753조, 제754조) 감독자가 책임을 진다(제755조).

2) 자연인의 권리능력

민법상 가장 중요한 권리와 의무의 주체는 사람 곧 자연인이다. 민법 제3조는 "사람은 생존하는 동안 권리와 의무의 주체가 된다."고 하여 이를 선언하였다. 중요한 것은 '생존하는 동안'의 의미인데, 결국 자연인의 시기와 종기가 중요하다.

(1) 시기(출생)
사람은 출생하면서 권리능력을 취득한다. 출생의 시기와 관련해서는 출생시점을 정하는 것이 중요한데, 통설인 전부노출설은 태아가 모체로부터 전부 노출된 시점에 출생한 것으로 본다. 이 때가 권리능력 취득의 시기라고 할 것이다.

가족관계등록법은 출생후 1개월 이내에 출생신고를 하도록 하고 있으나, 권리능력은 출생이라는 사실에 의하여 취득되는 것이며 출생신고로 취득되는 것은 아니다.

(2) 종기(사망)

자연인의 권리능력은 생존기간 인정되므로 사망으로 권리능력은 소멸된다. 사망하는 순간에 가지고 있던 권리와 의무는 상속된다. 사망의 시기에 관하여는 맥박이 정지된 때로 보는 맥박정지설이 타당하다.

▶ 1999년 2월 8일 제정된 장기이식에 관한 법은 뇌사를 사망으로 인정하였다는 (뇌사설) 견해가 있다. 동법 제17조는 "뇌사자가 이 법에 의한 장기 등의 적출로 사망한 때에는 뇌사의 원인이 된 질병 또는 행위로 인하여 사망한 것으로 본다"고 규정하였기 때문이다.

▶ **실종선고** 민법은 부재자가 일정기간 생사불명인 경우 실종선고를 통해 사망한 것으로 간주하도록 하였다. 민법 제27조는 1항에서 "부재자의 생사가 5년간 분명하지 아니한 때에는 법원은 이해관계인이나 검사의 청구에 의하여 실종선고를 하여야 한다."고 하였다(보통실종). 반면에 특별실종으로 전지에 임한 자, 침몰한 선박 중에 있던 자, 추락한 항공기 중에 있던 자 기타 사망의 원인이 될 위난을 당한 자의 생사는 그러한 사유가 있은 후 1년간 분명하지 아니하면 실종선고를 한다고 하였다.

▶ **인정사망** 민법이 아닌 가족관계등록법에 규정되어 있는 제도로, 사망의 확증은 없으나 홍수나 재해로 인하여 사망의 개연성이 높은 경우에 이를 조사한 관공서의 사망보고에 기하여 사망신고를 하여 사망을 추정하게 한다.

▶ **동시사망 추정** 민법은 제30조에서 2인 이상이 동일한 위난으로 사망한 경우에 누가 먼저 사망하였는지 확정하기가 어려우면, 동시에 사망한 것으로 추정한다고 하였다.

(3) 태아의 권리능력

태아란 임신 후 모체에서 출생에 의하여 전부 노출되지 않은 생명체 즉 수태시부터 출생시까지의 생명체를 말한다. 자연인의 권리능력이 인정되는 시기는 출생이므로 태아는 권리능력을 가지지 못하는 것이 원칙이다. 그러나 이 원칙을 엄격하게 적용하면 결과적으로 장차 출생이 거의 확실한 태아의 권리보호에 불합리한 장애가 될 수 있다. 민법은 개별적 보호주의를 택하여 다음의 경우에는 태아의 권리능력을 인정한다.

① 불법행위로 인한 손해배상청구권 : 민법 제762조는 '태아는 손해배상의 청구에 관하여 이미 출생한 것으로 본다'라고 하여, 태아에게도 불법행위로 인한 손해배상청구권의 권리능력이 있음을 인정하였다. 예를 들어 父가 교통사고로 인하여 사망한 경우에 태아도 가해자에게 자신이 입은 재산적 손해와 이로 인한 정신적 손해에 대한 위자료청구권을 행사할 수 있다(제752조).

② 상속·대습상속 : 민법 제1000조 제3항은 '태아는 상속순위에 있어서 이미 출

생한 것으로 본다'라고 규정하여 태아에게도 대습상속권(제1001조), 유류분권(제1118조, 1001조)의 권리능력이 있음을 인정하였다.

③ 유증 : 유언은 유언자가 사망한 때에 그 효력이 생기므로, 유증의 효력이 발생할 때에 태아는 원칙적으로 수증능력이 없다. 그러나 이 경우에도 민법은 유언자가 사망할 때에 태아였던 子도 '유증'을 받을 수 있게 하였다.

④ 인지(認知) : 인지란 혼인외의 자에 대해 생부 또는 생모가 그 자를 자기의 자로써 승인하여 법률상 친자관계가 생기게 하는 행위이나, 부는 포태 중에 있는 자에 대하여도 이를 인지할 수 있다(제858조).

(4) 제한능력자

민법상 제한능력자에는 미성년자, 피성년후견인, 피한정후견인이 있다. 종전에는 행위무능력자라고 부르던 것을 제한능력자라고 바꾸고 피성년후견인과 피한정후견인 제도를 도입하는 등 그 내용도 다소 변경하였다. 제한능력자의 행위는 제한능력자의 보호를 위해 일정한 경우 이를 취소할 수 있게 하였다.

① 미성년자

민법 제4조에 의하면 만19세로 성년이 되므로, 만19세 미만인 자가 미성년자이다. 미성년자가 법률행위를 하려면 법정대리인의 동의가 필요하지만 권리만을 얻거나 의무만을 면하는 행위는 그러하지 아니하다. 이에 위반한 행위는 취소 가능하다(제5조). 미성년자의 법정대리인은 1차적으로는 부모인 친권자가, 부모가 없으면 후견인이 맡는다. 법정대리인이 범위를 정해 처분을 허락한 재산은 미성년자가 처분할 수 있다(제6조). 미성년자가 법정대리인으로부터 허락을 얻은 특정한 영업에 관하여는 성년자와 동일한 행위능력이 있다(제8조)

② 피성년후견인

질병, 장애, 노령, 그 밖의 사유로 인한 정신적 제약으로 사무를 처리할 능력이 지속적으로 결여된 사람으로서 가정법원의 성년후견개시 심판을 받은 자가 피성년후견인이다(제9조 1항). 피성년후견인은 원칙적으로 단독으로는 법률행위를 할 수 없는바, 그의 법률행위는 취소할 수 있다(단, 가정법원은 취소할 수 없는 피성년후견인의 법률행위의 범위를, 정할 수 있음). 그러나 일용품의 구입 등 일상생활에 필요하고 그 대가가 과도하지 아니한 법률행위는 취소할 수 없다(제10조).

피성년후견인의 법정대리인으로는 성년후견인이 있다. 성년후견인은 성년후견 개시의 심판을 할 때 가정법원이 직권으로 선임한다. 가정법원은 필요하다고 인정하면 직권으로 또는 피성년후견인의 친족 등의 청구에 의하여 성년후견감독인을 선임할 수 있다.

③ 피한정후견인

질병, 장애, 노령 및 기타 사유로 인한 정신적 제약으로 사무를 처리할 능력이 부족하여 가정법원에서 한정후견개시 심판을 받은 자가 피한정후견인이다(제12조). 피한정후견인은 원칙적으로 완전한 행위능력을 보유한다. 다만 가정법원이 한정후견인의 동의를 받도록 한 법률행위를 동의없이 한 경우에는 취소할 수 있다. 그러나 일용품의 구입 등 일상생활에 필요하고 그 대가가 과도하지 아니한 법률행위의 경우에는 취소할 수 없다.

　피한정후견인의 법정대리인은 가정법원이 한정후견개시의 심판을 할 때 직권으로 선임한다. 가정법원은 필요하다고 인정하면 직권으로 또는 일정한 자의 청구에 의하여 한정후견감독인을 선임할 수 있다.

　④ 제한능력자의 거래 상대방의 보호

　제한능력자의 법률행위는 취소할 수 있고 그 취소권은 제한능력자 측만 가지므로 거래의 상대방은 불안한 지위에 놓이게 된다. 민법은 이러한 취소할 수 있는 법률행위의 불확정상태를 조속히 매듭짓기 위하여 상대방의 확답촉구권, 철회권(제16조 제1항), 거절권(제16조 제2항), 제한능력자 측의 취소권 배제(제17조) 등의 제도를 두고 있다.

　제한능력자의 상대방은 제한능력자가 능력자가 된 후 1개월 이상의 기간을 정하여 취소할 수 있는 행위를 추인할 것인지 여부의 확답을 촉구할 수 있다. 법정대리인이 그 정하여진 기간 내에 확답을 하지 아니한 경우에는 그 행위를 추인한 것으로 본다(제15조). 민법 제16조는 제한능력자가 맺은 계약은 추인이 있을 때까지 상대방이 그 의사표시를 철회할 수 있다. 제17조는 제한능력자가 속임수로써 자기를 능력자로 믿게 한 경우에는 그 행위를 취소할 수 없다고 하였다.

3) 법인의 권리능력

(1) 의 의

　민법의 주체로서 자연인에 이어서 법인이 있다. 법인은 법에 의하여 권리능력을 인정받아 권리와 의무의 주체로서 활동한다. 자연인은 한정된 능력을 갖고 있어서 실현하기 어려운 일들이 많다. 또한 한 개인의 재력에는 한계가 있어서 실현하기에 어려운 사업들이 있으나, 여러 사람의 재산의 집합체는 개인의 재산으로는 달성하기 어려운 사업도 시도할 수 있다. 자연인으로 구성된 단체에 대하여 법인격을 부여한 것이 사단법인이고, 일정한 목적에 바쳐진 재산의 집합체에 대하여 법인격을 부여한 것이 재단법인이다.

(2) 법인의 종류

　법인은 우선 공법인과 사법인으로 나눌 수 있다. 공법인은 특정의 공공목적을 수행하기 위하여 공법에 의하여 인정된 법인으로 주로 국가나 지방자치단체를 말하고, 사법인은 사적 목적을 위하여 사법에 의하여 설립된 법인이다. 사법의 적용을 받는 사법인은 사람들의 집합체인 사단법인과 재산의 집합체인 재단법인으로 나뉘며, 그 목적이 영리의 추구에 있는지 여부에 따라서 영리법인과 비영리법인으로 나눌 수 있다.

　영리를 추구할 수 있는 법인은 사단법인에 한정되며, 이러한 법인은 상법상의 회사로서 상법의 적용을 받는다. 민법의 적용을 받는 비영리 사단법인은 민법 제32조가 규정한 바 "학술, 종교, 자선, 기예, 사교 기타 영리가 아닌 사업을 목적으로 하는" 사단이다. 반면에 '재단법인'은 재산의 집합체이고 구성원(사원)이 없으므로 영리를 추구하는 법인이 될 수 없다.

(3) 사단법인(비영리)의 설립

민법상 비영리법인이 되려면 사단법인의 경우에는 2인 이상의 설립자가 법인을 결성하기 위해 발기인조합을 결성하고, 그 발기인조합은 정관을 작성하며, 주무관청의 허가를 받아서 설립등기를 하면 법인격을 취득한다. 비영리사단법인의 정관에는 설립의 목적, 명칭, 사무소의 소재지, 자산에 관한 규정, 이사의 임면에 관한 규정, 사원자격의 득실에 관한 규정 등을 기재하고 서명·날인한다(제40조). 사단법인의 정관은 총사원 3분의 2 이상의 동의가 있으면 이를 변경할 수 있는데, 정관의 변경은 주무관청의 허가를 얻지 아니하면 그 효력이 없다(제42조).

(4) 재단법인의 설립

'재단법인'은 재산의 집합체로서 영리를 추구하는 법인이 될 수 없다. 재단법인의 설립에는 반드시 재산의 출연이 있어야 한다. 출연행위는 무상이므로 증여 및 유증과 동일하다. 재단법인의 설립을 위해서는 정관이 작성되어야 한다. 재단법인의 설립자는 일정한 재산을 출연하는 이외에 사단법인의 정관과 마찬가지로 재단설립의 목적, 명칭, 사무소의 소재지, 자산에 관한 규정, 이사의 임면에 관한 규정을 기재한 정관을 작성하여야 한다. 재단법인 정관의 변경은 원칙적으로 불가하다. 그러나 그 방법이 정관에 규정되어 있는 때에는 이를 변경할 수 있다(제45조).

(5) 법인의 능력

①법인의 권리능력

법인의 권리능력은 법률의 규정과 정관으로 정한 목적의 범위내에서 인정된다. 기본적으로 법인은 재산권, 명예권, 성명권 등을 가지나, 자연인에게 신분을 전제로 인정되는 권리는 가질 수 없다.

②법인의 불법행위능력

법인은 자신의 불법행위에 대해 손해배상책임을 부담한다. 민법 제35조 1항은 "법인은 이사 기타 대표자가 그 직무에 관하여 타인에게 가한 손해를 배상할 책임이 있다. 이사 기타 대표자는 이로 인하여 자기의 손해배상책임을 면하지 못한다."고 하였다. 이는 법인의 불법행위 성립에는 2가지 조건이 충족되어야 함을 보여준다. 첫째, 이사, 직무대행, 임시이사, 특별대리인 등 법인의 대표기관의 불법행위가 있어야 한다. 둘째, 대표기관의 직무행위에 관한 것이어야 한다. 직무행위 여부는 외형이론에 따라서 즉 외부에서 객관적으로 보아서 대표기관의 직무행위라고 판단되면 충분하다.

법인의 불법행위가 성립하는 경우 대표기관은 개인으로서 법인과 함께 피해자에게 배상책임을 진다. 민법 제35조 2항은 "법인의 목적범위외의 행위로 인하여 타인에게 손해를 가한 때에는 그 사항의 의결에 찬성하거나 그 의결을 집행한 사원, 이사 및 기타 대표자가 연대하여 배상하여야 한다."고 하였다. 일반적으로 법인이 피해자에게 배상하면 법인은 기관에 대하여 구상권을 행사할 수 있다.

(6) 법인아닌(권리능력없는) 사단과 재단

법인아닌(권리능력없는) 사단이란 대표자와 총회가 존재하고 중요한 사항에 관한 정관이나 규칙을 갖추어 사단의 실체를 갖추고는 있으나 법인등기를 하지 아니한 단체를 말한다. 이러한 사단에서는 구성원 전원이 재산을 총유하고(종중재산) 부채도 총유적으로 귀속한다. 이러한 비법인사단에 대해서는 사단법인에 관한 민법규정 가운데 법인격을 전제로 한 것을 제외하고는 유추적용하며, 그 사단의 이름으로 소송당사자가 되기도 한다.

재단법인의 실체를 갖추고는 있지만 법인등기를 하지 아니한 법인아닌(권리능력없는) 재단(육영회, 유치원, 종교재단 등)의 경우에도 내부 문제에는 재단법인의 규정이 유추적용된다. 이들도 등기능력과 당사자 능력을 가지며 명예권 등의 인격권도 향유한다.

3. 권리의 객체

(1) 의미

권리의 객체란 어떤 법적인 권리의 대상이다. 권리의 객체는 권리의 목적·내용·종류에 따라서 달라진다. 권리의 객체에는 실제로 여러 가지 권리행사의 대상(물건, 권리, 신분관계 등)이 있으나, 민법총칙은 물권의 객체인 물건에 관하여만 규정하였다.

(2) 물건

민법은 물건이란 유체물 및 전기 기타 관리할 수 있는 자연력을 말한다고 하였다(제98조). 이는 유체물은 본질상 모두 관리가 가능한 물건이라고 보며, 무체물 중에는 관리가 가능하여 법률상의 배타적 지배가 가능한 자연력은 물건이 된다는 의미이다. 전기·열·광·음향·향기·에너지 등은 무체물이지만, 관리가 가능한 자연력이므로 물건으로 취급하는 것이다.

(3) 동산과 부동산

민법은 토지와 그의 정착물을 부동산으로 본다(제99조 1항). 토지와 토지의 정착물이 부동산인 것이다. 토지는 거래를 위하여 편의상 토지에 선을 그어 경계를 나누어서 구획하고 지적공부(토지대장, 임야대장)에 등록되어야 한다. 이렇게 등록된 각 구역은 독립성이 인정되어 지번으로 표시되고 개수는 필로 표현된다.

토지의 정착물은 토지에 고정적으로 부착되어 용이하게 이동할 수 없는 물건으로서, 그러한 상태로 사용되는 것이 통상적으로 용인되는 것을 말한다. 이러한 토지의 정착물이 토지와는 별개의 부동산으로 취급될 수 있는지의 구체적인 판단을 위해, 정착물은 3가지 유형으로 나누어진다. 독립정착물(건물)은 토지와는 독립된 부동산으로 다루어지며, 종속정착물(교량, 돌담 등)은 토지의 일부분으로서 토지와 일체로 처분되고, 반독립정착물(입목 등)은 토지의 일부로서 토지와 함께 처분되지만, 일정한 공시를 갖추면 독립된 부동산으로 다루어질 수 있다.

민법은 토지 및 그 정착물은 부동산이라고 하면서, 부동산이 아닌 물건은 동산이라고 하였다. 정착물이 아닌 토지의 부착물건(가식의 수목), 전기 기타 관리할 수 있는 자연력은 동산이다. 한편 선박, 자동차, 항공기 등은 등록의 공부에 의하여 공시되므로 법률상 부동산에 준하여 취급된다.

(4) 주물과 종물

어떤 물건의 소유자가 그 물건의 효용성을 높이기 위하여 자기 소유의 다른 물건을 이에 부속한 때에는 그 물건을 주물이라 하고 부속된 물건을 종물이라고 한다. 배와 노, 자물쇠와 열쇠, 말과 안장, 주택과 창고 등이 주물과 종물의 관계이다.

종물이 되려면, 종물은 본래 주물로부터 독립된 물건이나 동일한 소유자에 속한 것이어야 하고, 종물은 주물의 사용에 이바지하는 것이어야 한다. 이처럼 주물과 종물 모두가 동일한 소유자에게 속하고 양자 간에 주물과 종물의 관계가 성립되면, 종물은 주물의 처분에 따른다(제100조제2항).

(5) 원물과 과실

물건으로부터 생기는 경제적 수익을 '과실'이라고 하고, 과실을 생기게 하는 물건을 '원물'이라고 한다. 과실에는 천연과실과 법정과실이 있다.

천연과실은 물건의 용법에 의하여 수취하는 산출물이다. 천연과실은 원물로부터 분리하기 전에는 원물의 구성부분이며, 분리와 더불어 독립한 물건이 된다. 천연과실(열매, 젖소의 우유 등)은 그 원물로부터 분리하여 독립한 물건이 된 때에 그 천연과실을 수취할 권리자에게 속한다(제101조 1항, 제102조 1항). 반면에 법정과실은 물건의 사용대가로 받는 금전 기타의 물건이다(제101조 2항). 건물의 임대차에서의 차임, 토지사용의 대가인 지료, 금전사용의 대가인 이자 등이 이에 속한다. 민법은 법정과실은 수취할 권리의 존속기간의 일수에 따른 비율로 취득한다고 하였다(제102조 2항).

4. 법률행위

1) 법률관계와 법률요건

법률에 의하여 규율되는 생활관계가 법률관계이다. 이러한 법률관계는 권리와 이에 대응하는 의무로 구성되어 있다. 즉 법률관계에서는 어떤 사람이 다른 사람에 대하여 권리를 가지고 다른 사람은 권리자에 대하여 그에 대응되는 의무를 부담하는 것을 의미한다. 결국 우리의 생활관계의 법적인 측면인 법률관계는 권리와 의무를 중심으로 파악된다. 법률관계에서 중요한 부분은 권리의 변동에 관한 것이며, 이는 권리와 의무의 발생·변경·소멸로 나타난다.

▶법률효과를 발생하게 하는 원인을 '법률요건', 법률요건을 구성하는 사실을 '법률

사실', 그 결과인 권리변동은 '법률효과'라고 한다.

2) 법률행위의 종류

법률행위는 단독행위, 계약, 합동행위로 구분할 수 있다. 단독행위는 한 사람의 의사표시로 이루어지므로 타인에게 의무를 지우는 행위는 성립할 수 없다. 단독행위에는 상대방이 있는 단독행위(취소, 해제, 채무관계, 상계)와 상대방이 없는 단독행위(유언)가 있다. 계약은 매매와 임대차에서 보듯이 일방의 청약의 의사표시와 타방의 승낙의 의사표시 즉 반대방향인 당사자의 의사표시의 합치에 의해 성립하는 법률행위이다. 계약은 민법의 기본원칙인 계약의 자유 또는 사적자치의 원칙이 널리 적용되는 부분이므로 그 형태는 매우 다양하다. 합동행위란 동일한 목적을 가진 두 개 이상의 의사표시로 성립하는 법률행위로 사단법인 설립행위가 그 예이다.

법률행위에는 채권행위와 물권행위가 있다. 채권행위는 채권·채무를 발생시키는 것을 목적으로 하는 법률행위이며, 민법에는 15가지 전형계약이 규정되어 있다. 물권행위는 물권의 변동을 목적으로 하는 법률행위이다. 물권행위는 소유권의 이전과 같이 직접 물권의 변동을 일으키므로 채무이행의 문제를 발생하지 않는다.

3) 법률행위의 효력

어떤 법률행위가 소기의 법률효과를 발생하려면, 먼저 법률행위로서 성립하기 위한 조건들을 갖추어야 한다. 법률행위가 의도된 효력발생에 도달하려면 법률행위의 당사자, 법률행위의 목적과 대상, 당사자의 의사표시에 문제가 없어야 한다. 법률행위의 효력발생문제를 검토하려면 법률행위의 당사자가 권리의 주체로서 권리능력과 행위능력을 갖추고 있는지, 법률행위의 목적과 대상은 실현가능하며 적법하고 사회적 타당성을 갖추고 있는지, 당사자들의 의사와 표시 사이에 불일치가 존재하는 것은 아닌지 살펴보아야 한다.

(1) 의사와 표시의 불일치시 법률행위의 효력

대부분의 법률행위는 당사자가 결심한 대로 표시행위를 하므로 표시된대로 법률행위는 효력을 발생한다. 그러나 당사자의 의사(효과의사)와 표시(표시행위)가 불일치하는 경우에는 법률행위의 효력문제가 발생한다.

① 진의 아닌 의사표시

민법 제107조는 "의사표시는 표의자가 진의가 아님을 알고 한 것이라도 그 효력이 있다. 그러나 상대방이 표의자의 진의 아님을 알았거나 이를 알 수 있었을 경우에는 무효로 한다."고 하였다. 어떤 사람이 특정한 사람에게 아무런 의무도 없이 상당한 금품을 제공하겠다고 가볍게 약속한 경우를 예로 들 수 있다.

② 허위표시

민법 제108조는 "상대방과 통정한 허위의 의사표시는 무효로 한다."고 하면서,

이러한 무효는 선의의 제삼자에게 대항하지 못한다고 하였다. 예를 들면 매도인과 매수인이 합의하여 세금을 적게 내기 위하여 부동산 매매대금을 적게 기입하는 것(다운계약서 작성)은 허위표시이다.

③ 착오로 인한 의사표시

민법 제109조는 "의사표시는 법률행위의 내용의 중요 부분에 착오가 있는 때에는 취소할 수 있다."고 하면서, 다만 "착오가 표의자의 중대한 과실로 인한 때에는 취소하지 못한다."고 하였다. 역시 이러한 의사표시의 취소는 선의의 제삼자에게 대항하지 못한다.

④ 사기·강박에 의한 의사표시

표의자의 자유로운 의사에 기인하지 않고 타인의 부당한 간섭을 받아서 의사표시가 이루어진 경우이다. 민법 제110조는 "사기나 강박에 의한 의사표시는 취소할 수 있다."고 하면서, "상대방있는 의사표시에 관하여 제삼자가 사기나 강박을 행한 경우에는 상대방이 그 사실을 알았거나 알 수 있었을 경우에 한하여 그 의사표시를 취소할 수 있다."고 하였다.

(2) 법률행위 목적의 실현가능성, 적법성, 사회적 타당성과 효력

① 반사회질서의 법률행위(강행규정위반)

민법 제103조는 "선량한 풍속 기타 사회질서에 위반한 사항을 내용으로 하는 법률행위는 무효로 한다."고 하였다. 선량한 풍속 기타 사회질서에 관한 규정은 강행규정이라고 하여 임의규정과 구분하며, 강행규정에 위반되는 법률행위는 당연히 무효이다. 친자 간의 인륜이나 부부간의 인륜에 반하는 법률행위가 그러한 예이다.

② 불공정한 법률행위

민법 제104조는 "당사자의 궁박, 경솔 또는 무경험으로 인하여 현저하게 공정을 잃은 법률행위는 무효로 한다."고 하였다. 이는 급부와 반대급부 사이에 현저한 불균형이 존재하고 그것이 일방당사자의 궁박, 경솔, 무경험으로 인한 폭리를 가능하게 하는 경우에는 당해 법률행위를 무효로 한다는 취지이다.

4) 법률행위의 대리

대리란 타인(대리인)이 본인의 이름으로 법률행위(의사표시)를 하거나 의사표시를 받음으로써 그 법률효과가 직접 본인에게 발생하게 하는 제도이다. 대리제도는 본인의 거래상의 범위를 넓혀주는 사적자치의 확장 기능과 행위무능력자로 하여금 대리인을 통하여 법률행위를 가능하게 하는 사적자치의 보충 기능을 수행한다.

대리권은 본인이 대리인으로 하여금 본인의 이름으로 법률행위를 하여 그 효과를 본인에게 귀속시킬 수 있는 권리이다. 대리권에는 본인의 의사와는 관계없이 직접 법률의 규정에 의하여 발생하는 법정대리권과 본인이 대리인에게 대리권을 수여하는 행위 즉 수권행위에 의하여 발생하는 임의대리권이 있다.

대리행위의 법률효과가 본인에게 발생하게 하려면 대리인은 그 행위가 본인을 위한 것임을 표시하여서 본인의 이름으로 의사표시를 하여야 한다(현명주의). 대리인이 본인을 위한 것임을 표시하지 아니한 경우에는 그 의사표시는 본인이 아닌 대리인 자신을 위한 것이 된다.

대리의 본질적인 효과는 대리인이 행한 법률행위의 효과가 직접 본인에게 발생하는 데 있다. 대리행위에서 발생한 권리와 의무가 일단 대리인에게 속하였다가 본인에게 이전되는 것이 아니라 곧바로 본인에게 귀속되는 것이다.

제2절 물권법

1. 물권법 서론

1) 물 권

물권이란 권리자가 특정의 물건을 직접적·배타적으로 지배할 수 있는 권리이다. 물권은 권리자가 타인의 급부 등 도움을 받지 않고 직접적으로 객체인 물건을 지배할 수 있는 권리이며, 하나의 물건위에 동일한 내용의 다른 물권은 존재할 수 없다는 의미에서 배타적이다. 물권은 배타적인 지배권으로서 모든 사람에게 공통적으로 적용되고 타인에게 미치는 영향이 막대하므로 그 존재를 외부에 알릴 필요가 있다. 따라서 공시되지 아니한 물권변동은 인정되지 않는바, 부동산의 경우에는 등기가 동산의 경우에는 점유가 공시방법이다.

물권은 법률이나 관습법에 의해서만 인정되고 당사자들이 임의로 창설할 수가 없다. 이를 물권법정주의라고 하는데, 민법은 점유권, 소유권, 지상권, 지역권, 전세권, 유치권, 질권, 저당권 등 8가지 물권을 규정하였다. 이 가운데 소유권은 물건을 사용·수익·처분할 수 있으므로 완전물권이라고 하며, 나머지는 제한물권이라고 한다. 제한물권 가운데 지상권, 전세권, 지역권은 물건을 사용·수익할 수 있는 용익물권이고, 유치권·질권·저당권은 물건의 처분권능을 지배하는 담보물권이다.

2) 물권의 효력과 물권변동

(1) 물권의 효력
물권은 물건에 대한 직접적·배타적 지배권이므로 다른 권리에 우선하는 우선적 효력이 인정된다. 물권과 채권이 충돌할 때에는 일반적으로 물권이 우선한다. 물권끼리 충돌할 경우 점유권과 소유권은 나중에 성립한 것이, 용익물권의 경우도 나중에 성립한 것이, 담보물권의 경우에는 먼저 성립한 것이 우선한다. ▶ 채권 중에 주택임대차보호법과 상가건물임대차보호법의 임차권의 경우에는 대항력(전입신고 또는 건물의 명도)을 갖추고 확정일자를 받거나 등기한 경우에는 우선적 효력이 인정된다.

물권은 권리자에게 물권적청구권을 부여한다. 물권적청구권은 물건에 대한 지배가 타인에 의해 방해를 받거나 그럴 우려가 있는 경우 그러한 방해를 제거할 수 있는 권리이다. 구체적으로는 목적물반환청구권, 목적물방해제거청구권 등이 있다.

(2) 물권변동

물권변동이란 물건에 대한 물권의 발생, 변경(이전), 소멸을 말한다. 물권변동은 법률행위에 의한 물권변동과 법률규정에 의한 물권변동이 있다.

법률행위에 의한 물권변동은 권리자와 의무자 사이의 물권변동을 목적으로 하는 합의인 물권적 합의와 등기(부동산) 또는 인도(동산)와 같은 공시방법을 갖춤으로써 발생한다. 민법 제186조가 "부동산에 관한 법률행위로 인한 물권의 득실변경은 등기하여야 그 효력이 생긴다."고 규정한대로, 부동산의 물권변동은 유효한 법률행위와 등기가 있어야 그 효과가 발생한다. 반면에 동산의 물권변동은 물건의 양도가 있어야 효력이 발생한다. 민법 제188조가 "동산에 관한 물권의 양도는 그 동산을 인도하여야 효력이 생긴다."고 한 것이 그러한 취지이다. 양수인이 이미 그 동산을 점유한 때에는 당사자의 의사표시만으로 즉 간이인도로 그 효력이 생긴다.

물권은 법률규정에 의하여 변동이 발생하기도 한다. 민법 제187조는 상속, 공용징수, 판결, 경매 기타 법률의 규정에 의한 부동산에 관한 물권의 취득은 법률의 규정에 의한 것으로 등기를 요하지 아니한다고 하였다. 그러나 등기를 하지 아니하면 이를 처분할 수가 없다. 법률규정에 의한 동산물권의 변동은 취득시효, 선의취득, 선점, 유실물습득, 매장물발견 등에 의해 발생한다.

(3) 공신의 원칙

공신의 원칙이란, 비록 그 공시방법이 진실한 권리관계에 일치하지 않더라도, 공시방법을 신뢰하여 거래한 자를 보호해야 한다는 원칙이다. 공신의 원칙을 인정하면 거래의 안전성은 제고되나 권리의 보호에는 약점이 생길 수 있다. 독일, 스위스 민법은 동산과 부동산 모두에 대해 이 원칙을 채용하고 있지만, 우리나라 민법은 프랑스의 민법과 함께 부동산에 관해서는 이를 거부하고 동산에 대해서만 인정하고 있다. 결국 동산의 경우에는 선의취득을 인정하지만, 부동산에서는 등기에 공신력이 인정되지 않는다.

2. 점유권과 소유권

1) 점유권

점유권이란 물건을 점유하고 있는 사실상의 상태에 일정한 권리를 인정하는 것이다. 사회평화와 법적인 안정성을 유지하려면 물건에 대한 사실상의 지배가 있으면 그에 근거하여 일정한 권리를 인정할 필요가 있는 것이다. 그리하여 우리 민법 제192조 1항은 "물건을 사실상 지배하는 자는 점유권이 있다."고 하면서, "점유자가 물건에 대한 사실상의 지배를 상실한 때에는 점유권이 소멸한다."고 하였다. 결국 물건을 사실상 지배하고 있으면 점유가 성립한다.

점유권의 양도는 현실의 양도로, 양수인이 이미 점유하고 있는 경우에는 간이인도로 효력이 생긴다. 점유권은 상속으로 인하여 상속인에게 이전하며, 지상권, 전세권, 질권, 사용대차, 임대차 등으로 타인으로 하여금 물건을 점유하게 한 자는 간접으로 점유권을 가진다(민법 제193-194조). 점유는 점유물에 대한 사실상의 지배를 잃게 되면 소멸된다. 다만, 타인의 침탈로 점유를 상실한 경우에 1년 이내에 그 물건을 회수하게 되면 점유가 계속된 것으로 본다.

점유권의 효력은 다음과 같다. 점유자가 점유물에 대하여 행사하는 권리는 적법한 것으로 추정되며(제200조), 점유자는 점유물의 과실을 취득하고(제201조), 점유물 반환시 점유물을 보존하기 위하여 지출한 금액 기타 필요비의 상환을 청구할 수 있다(제203조), 또한 점유의 침탈을 당한 때에는 그 물건의 반환 및 손해배상을 청구할 수 있으며(제204조), 점유를 부정히 침탈 또는 방해하는 행위에 대하여는 자력구제가 허용되는바, 점유물이 부동산일 때에는 점유자는 침탈 후 가해자를 배제하여 이를 탈환하고, 동산일 때에는 현장에서 또는 추적하여 가해자로부터 이를 탈환할 수 있다(제209조).

2) 소유권

민법 제211조(소유권의 내용)는 소유자는 법률의 범위 내에서 그 소유물을 사용, 수익, 처분할 권리가 있다고 하였다. 이는 소유권은 그 대상물건을 사용하고 수익하는 권리 즉 사용가치는 물론이고 처분할 수 있는 권리인 교환가치도 가지는 권리임을 규정한 것이다.

토지소유권은 정당한 이익이 있는 범위 내에서 토지의 상하에 미친다(제212조). 따라서 지하수와 지하의 토지 등은 모두 토지의 구성부분으로 소유권의 효력이 미친다. 그러나 지하에 있는 미채굴의 광물은 토지와 별도로 광업권의 객체가 되며, 국가가 광업권을 허가해 준 경우에만 채취할 수 있다. 소유권으로는 구분소유와 공동소유도 인정된다. 민법 제215조(건물의 구분소유)는 수인이 한 채의 건물을 구분하여 각각 그 일부분을 소유한 때에는 건물과 그 부속물 중 공용하는 부분은 그의 공유로 추정한다고 하여 구분소유권을 인정하였다. 구분소유에 의한 공용부분의 보존에 관한 비용 등은 각자의 소유부분의 가액에 비례하여 분담하게 되어 있지만, 아파트와 연립주택 등의 관리에 관해서는 '집합건물 소유 및 관리에 관한 법률'이 상세한 규정을 두고 있다.

소유권자는 법률의 범위 내에서 그 소유물을 사용, 수익, 처분할 권리가 있음은 앞에서 살펴보았다. 아울러, 소유자는 그 소유에 속한 물건을 점유한 자에 대하여 반환을 청구할 수 있으며(제213조), 소유권을 방해하는 자에 대하여 방해의 제거를 청구하고 소유권 방해행위를 하는 자에게 그 예방이나 손해배상의 담보를 청구할 수 있다고 하였다(제214조).

　민법은 부동산 상호 간의 효율성 제고를 위하여 상린관계에 관한 규정을 두고 있다. 토지소유자는 경계나 근방에서 담 또는 건물을 축조·수선하기 위하여 필요한 범위 내에서 이웃 토지의 사용을 청구할 수 있으며(제216조 인지사용청구권), 매연·열기체·액체·음향·진동 등으로 이웃 토지의 사용을 방해하거나 이웃 거주자의 생활에 고통을 주지 아니하도록 적당한 조처를 할 의무가 있고(제217조 매연 등에의한 인지 방해금지), 수도 등의 시설권(제218조), 주위토지통행권(제219조), 공유하천용수권(제231조) 등을 규정하였다.

　민법은 특수한 소유권 취득방법에 대하여 규정하였다. 첫째는 취득시효에 의한 취득이다. 부동산은 20년간 소유의 의사로 평온, 공연하게 점유하는 자는 등기함으로써 그 소유권을 취득하며(제245조), 동산은 10년간 소유의 의사로 평온, 공연하게 점유한 자는 그 소유권을 취득한다(제246조). 둘째는 동산의 경우에 인정되는 선의취득이다. 민법은 평온, 공연하게 동산을 양수한 자가 선의이며 과실없이 그 동산을 점유한 경우에는 양도인이 정당한 소유자가 아닌 경우에도 그 동산의 소유권을 취득한다고 하였다(제249조). 셋째는 무주물 선점이다. 민법은 무주의 동산을 소유의 의사로 점유한 자는 그 소유권을 취득한다고 하였다(단, 제252조는 무주의 부동산은 국유라고 함). 넷째는 유실물의 습득이다. 유실물의 습득자는 유실물법에 따라서 신고하고 소유자의 주소를 알 수 없으면 법률에 따라서 공고한 후 1년 이내에 소유자가 권리를 주장하지 아니하면 습득자가 그 소유권을 취득한다. 다섯째, 매장물의 발견이다. 매장물은 법률에 정한 바대로 공고한 후 1년 이내에 소유자가 권리를 주장하지 아니하면 발견자가 그 소유권을 취득한다. 그러나 타인의 토지 기타 물건으로부터 발견한 매장물은 그 토지 기타 물건의 소유자와 발견자가 절반하여 취득한다(제254조).

3, 용익물권

　용익물권이란 타인의 물건을 일정한 범위에서 독점적·배타적으로 사용·수익할 수 있는 권리이다. 용익물권에는 지상권, 지역권, 전세권이 있다.

1) 지상권

　지상권은 타인의 토지에 위치한 공작물이나 수목을 소유하기 위하여 그 타인의 토지를 사용하는 권리이다. 지상권은 토지소유자와 지상권을 취득하려는 자 간의 지상권 설정 계약과 등기에 의하여 성립하는 것이 원칙이나, 상속·판결·경매 등의 사유에 의하여 성립하기도 한다. 또한 토지와 건물이 동일인 소유이었다가 경매 등의 사유로 분리된 경우에 토지소유자가 새로운 건물소유자에게 건물의 철거를 요구할 수 없게 하여 발생하는 관습법상 법정지상권도 인정한다.

지상권이 소멸한 경우에 지상권자는 건물 기타 공작물이나 수목이 현존한 때에는 계약의 갱신을 청구할 수 있으며, 지상권이 소멸한 경우 건물 기타 공작물이나 수목을 수거하여 토지를 원상회복하여야 한다(제285조).

한편, 분묘기지권은 타인의 토지에 봉분을 쓰고 20년이 경과하거나 토지 양도시 분묘의 철거를 약속하지 아니한 경우에 인정되는 지상권과 유사한 물권이다. 그러나 판례는 분묘기지권이 미치는 범위 내에 새로운 분묘를 설치하거나 다른 곳으로 이장할 권능은 거기에 포함되지 않는다고 하였다(대판 2007. 6. 28. 2007다16885)

2) 지역권

지역권이란 통행 등 자기토지의 편익을 위하여 타인의 토지를 이용하는 권리이다(민법 제291조). 지역권자는 일정한 목적을 위하여 타인의 토지를 자기의 토지의 편익에 이용할 수 있는 권리를 가지는 것이다. 지역권은 법률행위에 의해 발생하는 독립된 제한물권이다. 지역권이 성립되면, 지역권자는 승역지를 요역지의 편익에 이용할 수 있는 것이다. 이는 소유권에서의 상린관계와 유사한 부분이 있으나, 상린관계는 소유권의 속성에서 나오는 것이다.

3) 전세권

민법 제303조는 1항에서 "전세권자는 전세금을 지급하고 타인의 부동산을 점유하여 그 부동산의 용도에 좇아 사용·수익하며, 그 부동산 전부에 대하여 후순위권리자 기타 채권자보다 전세금의 우선변제를 받을 권리가 있다."고 하면서, 2항은 "농경지는 전세권의 목적으로 하지 못한다."고 하였다. 전세권은 전세금을 지급하고 타인의 부동산을 점유하여 그 용도에 좇아 사용·수익하고, 전세권이 소멸하면 전세금을 돌려받으면서 부동산을 반환하는 용익물권이다. 그런데 전세권에서는 전세금을 지급하고 등기를 하는 것이 필수적이다. 우리나라에서 일반적으로 '전세'란 이름으로 활용되는 등기를 하지 아니하는 '전세'는 '채권적 전세'로서 임대차에 속한다고 보아야 한다.

전세는 이처럼 존속기간 동안 사용과 수익을 중시하는 용익물권이지만, 기간 만료시 전세금을 반환받지 못하면 전세목적물을 경매하여 보증금을 우선적으로 변제받을 수 있는 권리라는 점에서 담보물권으로의 기능도 갖는다고 본다. 전세권이 소멸한 때에는 전세권설정자는 전세권자로부터 그 목적물의 인도 및 전세권설정등기의 말소등기에 필요한 서류의 교부를 받는 동시에 전세금을 반환한다(제317조).

4. 담보물권

담보물권이란 채권자가 채권의 회수를 위하여 책임재산 중 특정한 물건을 가지고 채권의 담보에 충당하여 채무자의 채무불이행시 다른 채권자보다 우선적으로 변제를 받기 위하여 설정하는 권리이다. 담보물권에는 유치권, 질권, 저당권이 있다.

1) 유치권

민법 제320조는 타인의 물건 또는 유가증권을 점유한 자 즉 채권자는 그 물건이나 유가증권에 관하여 생긴 채권이 변제기에 있는 경우에 변제를 받을 때까지 그 물건 또는 유가증권을 유치할 권리가 있다고 하였다. 예를 들어서 타인의 시계를 수선한 자가 그 수선비를 받을 때까지 그 물건의 인도를 거절할 수 있다. 그리고 유치권자는 채권전부의 변제를 받을 때까지 유치물 전부에 대하여 유치권을 행사할 수 있다(제321조).

유치권자는 선량한 관리자의 주의로 유치물을 점유하여야 하며, 유치물의 과실을 수취하여 다른 채권보다 먼저 그 채권의 변제에 충당할 수 있다. 유치권자는 채권의 변제를 위하여 유치물을 경매할 수도 있다.

2) 질 권

질권이란 채권자가 채권의 담보로서 채무자 또는 제3자로부터 받은 물건이나 재산권을 점유하고, 채무의 변제가 있을 때까지 유치함으로써 채무의 변제를 간접적으로 강제하고, 채무의 변제가 없을 때에는 그 목적물로 우선변제 받을 수 있는 권리이다. 질권은 채권자와 설정자 사이의 질권설정 계약을 통해서 성립하며, 그 특징은 목적물을 유치하여 우선변제권을 가지는 데 있다.

민법은 제329조에서 동산질권자는 채권의 담보로 채무자 또는 제삼자가 제공한 동산을 점유하고 그 동산에 대하여 다른 채권자보다 자기채권의 우선변제를 받을 권리가 있다고 하였다. 또한 질권 설정은 질권자에게 목적물을 인도함으로써 그 효력이 생긴다고 하였다.

권리질권과 관련하여 제345조는 질권은 재산권을 그 목적으로 할 수 있다고 하였다. 권리질권의 설정은 법률에 다른 규정이 없으면 그 권리의 양도에 관한 방법에 의하며, 채권을 질권의 목적으로 하는 경우에 채권증서가 있으면 질권의 설정은 그 증서를 질권자에게 교부함으로써 그 효력이 생긴다고 하였다(제347조).

3) 저당권

저당권은 채권의 담보로 채무자나 제3자가 제공하는 부동산을 담보로 취득한 후, 변제기에 변제가 이루어지지 아니하는 경우 그 목적물을 경매하여 채권을 우선변제 받을 수 있는 물권이다. 저당권은 질권이나 유치권과는 달리 목적물을 점유하지 않고 교환가치만을 지배하는 방법을 사용하므로, 채무자와 제3자는 종전대로 목적물을 사용·수익할 수 있다. 저당권은 저당권자와 저당권설정자 간의 계약과 등기에 의하여 성립한다. 저당권은 민법이외에 특별법에 의하여 등록된 선박, 자동차, 항공기 등에도 설정할 수 있다.

저당권의 효력은 저당부동산에 부합된 물건과 종물에 미친다(제358조). 저당권은 목적물을 점유하지 않고 설정자의 점유하에 두어 사용·수익하게 하므로 그 효력은 원칙적으로 과실에는 미치지 않는다. 그러나 저당부동산에 대한 압류가 있은 후에 (경매등기시)는 저당권설정자가 그 부동산으로부터 수취한 과실 또는 수취할 수 있는 과실에도 미친다. 그러나 저당권자가 그 부동산에 대한 소유권, 지상권 또는 전세권을 취득한 제삼자에 대하여 압류한 사실을 통지한 후가 아니면 이로써 대항하지 못한다(제359조).

저당권자는 저당권에 기초하여 그의 채권을 우선변제 받을 수 있다. 거기에는 두 가지 방법이 있다. 그 하나는 저당권자가 직접 저당권을 실행(경매)하여 그 대가로부터 우선변제를 받는 방법이다. 다른 하나는 저당부동산에 대하여 일반채권자가 강제집행을 하거나 후순위채권자가 경매신청을 하는 경우에 저당권자로서 배당에 참여하여 우선순위에 따라서 변제를 받는 방법이 있다.

특수한 형태의 저당권으로 근저당이 있다. 근저당은 채권·채무관계가 계속적으로 발생하는 경우에 채권이 발생할 때마다 저당권을 설정하는 불편을 덜고자 등장한 제도로, 하나의 저당권으로 다수의 채권을 담보할 때 사용된다. 민법 제357조가 "저당권은 그 담보할 채무의 최고액만을 정하고 채무의 확정을 장래에 보류하여 이를 설정할 수 있다."고 한 것은 이러한 맥락에서이다.

제3절 채권법

1. 채권법총론

1) 채권과 채권법

채권이란 특정인(채권자)이 타인(채무자)에게 일정한 행위(급부)를 요구할 수 있는 권리이다. 이처럼 채권은 다른 사람의 어떤 행위를 요구하는 권리이므로, 타인의 이행없이 직접 물건을 지배하는 권리인 물권과는 차이가 있다. 또한 물권은 모든 사람에게 권리를 주장할 수 있는 절대적인 권리이지만, 채권은 채무자에 대하여만 그 권리를 주장할 수 있는 상대적 권리이다.

우리나라 민법은 크게 재산법과 가족법으로 분류되고, 재산법은 다시 물권법과 채권법으로 분류된다. 채권법이란 채권에 관한 법률관계 특히 특정인 사이의 채권과 채무가 존재하는 법률관계에 관한 법이다. 물권법에는 물권법정주의가 중요한 원칙이라면, 채권법의 대원칙은 계약자유의 원칙이다.

2) 채권의 발생

채권은 법률행위에 의해서 발생하는 채권과 법률규정에 의하여 발생하는 채권이 있다. 법률행위에 의해서 발생하는 채권은 대부분 계약을 통해 의해 발생하는데, 매매계약에서 매도자와 매수인처럼 두 당사자 간 의사의 합치(청약과 승낙)에 의하여 성립한다. 계약에는 계약의 자유가 적용되지만, 우리 민법은 증여와 매매 등 15가지 전형계약을 규정하였다.

반면에 법률의 규정에 의하여 성립하는 법정채권의 발생원인으로는 사무관리, 부당이득, 불법행위가 있다. 사무관리란 법률상 또는 계약상 의무없이 타인을 위하여 사무를 처리하는 것으로 사무관리자와 본인 간에 법정채권을 발생시킨다. 부당이득이란 법률상 원인 없이 타인의 재산이나 노무로 인하여 재산상의 이득을 얻은 자에게 이득의 반환을 요구한다. 불법행위란 고의 또는 과실로 타인에게 손해를 입힌 위법행위로 인하여 손해배상 책임을 야기한다.

3) 채권의 목적

채권은 채권자가 채무자에게 일정한 행위를 청구하는 권리이므로, 채권의 목적은 채무자의 행위이다. 매매계약에서 채권의 목적은 목적물의 권리를 이전하는 매도인의 행위와 매수인의 대금지급 행위이다. 채권이 법률행위에 의하여 발생하는 경우, 채권의 목적은 확정성, 적법성, 실현가능성, 사회적타당성을 갖추어야 한다.

채권을 목적에 따라서 구체적으로 분류하면, 특정물채권(A아파트 000호 인도), 종류채권(콜라 1상자 인도), 금전채권, 이자채권, 선택채권(갑 소유의 말 중 1마리)으로 나눌 수 있다.

4) 채권의 효력

민법 채권편의 '채권의 효력'에는 3가지가 나와 있다. 첫째, 채무자가 채무를 제대로 이행하지 않은 채무불이행이다. 둘째, 채권자가 수령하지 않은 데 따른 수령지체이다. 셋째, 채무자가 재산관리를 소홀히 하거나 적극적으로 하여 일반재산의 감소가 초래된 경우, 채권자가 채무자의 권리를 대신 행사하는 등 채무자의 책임재산을 보전하는 것이다.

(1) 채무불이행
① 이행지체
이행지체란 채무의 이행기가 도래하였으나 채무자의 귀책사유로 인하여 이행하지 아니한 것을 말한다. 민법 제373조는 "채무이행의 확정한 기한이 있는 경우에는 채무자는 기한이 도래한 때로부터 지체책임이 있다."고 하였다. 이행지체가 발생하면 채권자는 이행의 지체로 인한 손해배상을 추구할 수 있는 데 여기에서의 손해배상은 원칙적으로 이행의 지체로 인하여 발생한 손해의 배상(지연배상)이다. 그러나 채권자가 상당한 기간을 정하여 이행을 최고하여도 이행이 이루어지지 아니하는 경우에는 이행에 갈음하는 손해배상을 청구할 수도 있다.

② 이행불능
쌍무계약의 일방의 채무의 전부 또는 일부가 채무자에게 책임이 없는 사유로 이행불능이 된 경우도 있다. 이행불능은 이처럼 채권의 성립이후 이행이 불가능해진 것이다. 이러한 경우에도 채권자는 손해배상을 청구할 수 있을 것이나, 채무의 일부가 이행불능이 된 경우에 나머지 부분의 이행으로는 계약의 목적을 달성할 수 없다면 채무의 전부가 이행불능이라고 보아야 한다.

우리 민법은 채무자 위험부담주의를 원칙으로 하고 있다. 민법 제537조는 "쌍무계약의 당사자 일방의 채무가 당사자 쌍방의 책임없는 사유로 이행할 수 없게 된 때에는 채무자는 상대방의 이행을 청구하지 못한다."고 하였다. 이것은 결국 위험부담의 문제인데, 소유권의 이전시기를 동산은 인도, 부동산은 등기시로 본다면 그 시점을 기준으로 이행불능에 따른 책임문제도 결정되어야 한다. 이행불능의 요건이 갖추어지면 채권자는 이행에 갈음하는 손해배상을 청구할 수 있다.

③ 강제집행과 손해배상
민법 제389조는 강제이행과 관련하여, 채무자가 임의로 채무를 이행하지 아니한 때에는 강제이행을 법원에 청구할 수 있다고 하였다. 오늘날 채권자의 자력구제는 허용되지 아니하므로, 채권자는 국가기관의 힘을 빌려서 채무를 강제적으로 이행하게 할 수 있는 것이다. 강제이행으로는 직접강제(채권이 물건의 인도에 관한 것이면 법원의 집행관이 채무자에게서 가져다 채권자에게 전달), 대체집행, 간접강제가 있다.

강제이행이 불가능하거나 가능하더라도 손해가 발생하면 손해배상의 청구가 가능하다. 제390조에서는 "채무자가 채무의 내용에 좇은 이행을 하지 아니한 때에는 채권자는 손해배상을 청구할 수 있다."고 하였다. 채무불이행으로 인한 손해배상은 통상의 손해를 그 한도로 하며, 다른 의사표시가 없으면 손해는 금전으로 배상한다(제

394조). 제395조는 "채무자가 채무의 이행을 지체한 경우에 채권자가 상당한 기간을 정하여 이행을 최고하여도 그 기간 내에 이행하지 아니하거나 지체후의 이행이 채권자에게 이익이 없는 때에는 채권자는 수령을 거절하고 이행에 가름한 손해배상을 청구할 수 있다."고 하였다.

(2) 채권자지체

채권자가 이행을 받을 수 없거나 받지 아니한 때에는 이행의 제공이 있는 때로부터 채권자에게 지체책임이 있다(제400조). 채권자 지체도 채무불이행의 한 가지 유형이다. 채권자지체 중에는 채무자는 고의 또는 중대한 과실이 없으면 불이행으로 인한 책임을 부담하지 않으며(제401조), 채권자지체 중에는 이자있는 채권이라도 채무자는 이자를 지급할 의무가 없다. 또한 채권자지체로 인하여 그 목적물의 보관 또는 변제의 비용이 증가된 때에는 그 증가액은 채권자가 부담한다(제403조).

(3) 채권자대위권과 채권자취소권

채무자가 채무의 변제를 면하기 위하여 재산을 은닉하는 등 자신의 재산을 무자력상태로 만드는 경우에 대비하여, 채권확보를 위하여 채무자의 책임재산 보전이 필요한 때가 있다. 거기에는 채권자대위권과 채권자취소권 등 두 가지 방법이 있다.

채권자대위권은 채무자가 제3채무자에 대해 권리를 가지고 있지만 이를 행사하지 않아서 무자력 상태인 경우에, 채권자가 채무자를 대위하여 직접 제3채무자에게 이행을 청구하는 권리이다. 민법 제404조는 "채권자는 자기의 채권을 보전하기 위하여 채무자의 권리를 행사할 수 있다."고 하였다.

채권자취소권이란 채무자가 채권자에 대한 채무이행을 회피하기 위하여 자신의 재산을 처분하여 무자력상태를 만든 경우, 채권자가 채무자와 수익자 또는 전득자 간의 법률관계를 취소시켜서 채무자의 재산상태를 환원시켜 채권행사를 가능하게 하는 것이다. 민법 제406조는 "채무자가 채권자를 해함을 알고 재산권을 목적으로 한 법률행위를 한 때에는 채권자는 그 취소 및 원상회복을 법원에 청구할 수 있다."고 하였다. 그러나 동조 2항은 그 행위로 인한 수익자나 전득자가 그 행위 또는 전득 당시에 채권자를 해함을 알지 못한 경우에는 그러하지 아니하다고 하였다.

5) 다수당사자의 채권관계

(1) 분할채권관계와 불가분채권관계

민법 제408조(분할채권관계)는 채권자나 채무자가 수인인 경우에 특별한 의사표시가 없으면 각 채권자 또는 각 채무자는 균등한 비율로 권리가 있고 의무를 부담한다고 하였다. 동 제409조(불가분채권)는 채권의 목적이 그 성질 또는 당사자의 의사표시에 의하여 불가분인 경우에, 채권자가 수인인 때에는 각 채권자는 모든 채권자를 위하여 이행을 청구할 수 있고 채무자는 모든 채권자를 위하여 각 채권자에게 이행할 수 있다고 하였다.

(2) 연대채무

연대채무란 수인의 채무자가 채무전부를 각자 이행할 의무가 있고 채무자 1인의 이행으로 다른 채무자도 그 의무를 면하게 되는 채무이다(제413조). 채권자는 어느 연대채무자에 대하여 또는 동시나 순차로 모든 연대채무자에 대하여 채무의 전부나 일부의 이행을 청구할 수 있다. 채무자 상호간에는 부담부분이 있어서 자기의 출재(출연)로 공동의 면책을 한 경우 채무자와 다른 채무자 간에는 구상관계가 발생한다.

(3) 보증채무

보증채무란 주채무자가 이행하지 아니하는 채무를 이행해야 하는 보증인의 채무로 채권을 담보하는 역할을 한다. 보증채무는 채권자와 보증인 간의 보증계약에 의하여 성립한다. 채권자는 주채무자와 보증인에게 각각 또는 동시에 이행기의 채무의 이행을 청구할 수 있다. '보증인보호법' 제5조는 채권자의 보증인에 대한 통지의무를 규정하고 있는바, 채권자는 주채무자가 원본과 이자 등을 3개월 이상 이행하지 않으면 지체없이 보증인에게 통지하도록 하였다. 보증인은 주채무자가 가지는 동시이행의 항변권 등으로 채권자에게 대항할 수 있으며, 채권의 이행청구시 채권자에게 먼저 청구할 것을 요구할 수 있다. 보증인이 자기의 출재로 채무를 이행한 때에는 주채무자에게 구상권을 가진다.

6) 채권의 소멸

채권이 존재하지 않게 되는 것을 말하며, 그 원인에는 여러 가지가 있다. 민법은 채권의 소멸원인으로 변제, 대물변제, 공탁, 상계 등을 규정하고 있다. 그 외에도 채권은 목적의 소멸, 채권의 존속기간 만료, 소멸시효 완성, 채무자에게 책임없는 이행불능 등으로도 소멸한다.

변제란 채무내용에 좇은 급부를 실현하는 것이다. 채권자가 미리 변제받기를 거절하거나 채무의 이행에 채권자의 행위를 요하는 경우에는 변제준비의 완료를 통지하고 수령할 것을 최고하면 된다(제460조). 변제의 제공이 있게 되면 그때로부터 채무불이행의 책임을 면하게 한다. 특정물의 인도가 채권의 목적인 때에는 채무자는 그 물건을 인도하여야 하며, 채무자가 채권자의 승낙을 얻어 본래의 채무이행에 가름하여 다른 급여를 한 때에는 변제를 행한 것과 같은 효력이 있다(제466조 대물변제). 그리고 변제의 장소는 채무의 성질 또는 당사자의 의사표시로 변제장소를 정하지 아니한 때에는 특정물의 인도는 채권성립 당시에 그 물건이 있던 장소에서 하여야 한다. 당사자의 특별한 의사표시가 없으면 변제기전이라도 채무자는 변제할 수 있다.

공탁이란 채권자가 변제를 받지 아니하거나 받을 수 없을 때 채권자를 위하여 변제의 목적물을 공탁하는 것으로 이를 통하여 그 채무를 면할 수 있다(제487조). 공탁은 채무이행지의 공탁소에 하며, 공탁자는 지체없이 채권자에게 공탁통지를 한다.

상계란 쌍방이 서로 같은 종류를 목적으로 한 채무를 부담한 경우에 그 쌍방의 채무의 이행기가 도래한 때에 각 채무자가 대등액에서 채무를 소멸하는 것이다. 상계가 유효하려면 채무의 성질이 상계를 허용하는 것이어야 하고, 두 채권이 모두 변제기에 있어야 한다.

2. 계약총론

1) 계 약

계약이란 사법상 일정한 법률효과의 발생을 목적으로 하는 2인 이상의 당사자의 상호 대립하는 의사의 합치 즉 합의에 의하여 성립하는 법률행위이다. 좁은 의미의 계약 즉 채권계약은 채권의 발생을 목적으로 하는 계약이다.

법률행위는 그 요소가 되는 의사표시의 모습에 따라서 계약, 단독행위, 합동행위로 나누어진다. 이 가운데에서 채권의 발생원인으로 절대적으로 중요한 것은 계약이고, 다음은 단독행위이며, 합동행위는 무시해도 좋다. 계약이란 대부분 대립적인 이해관계를 가진 계약당사자가 의사의 합의에 도달하여 성립하는 법률행위로 이를 통해서 쌍방의 권리와 의무에 많은 변동이 초래되므로 오늘날 계약법은 매우 중요하다.

민법 중에서 계약법은 국제적이고 보편적인 성격을 갖는다. 국제화시대에 맞추어 국제거래가 보편화되면서 관련 국제법의 통일이 추진되고 있다. 1980년 오스트리아 비엔나에서는 '유엔통일매매법'이 채택되어 1988년부터 효력발생에 들어갔으며, 사법통일국제기구(UNIDROIT)에서는 '상사계약의 원칙'을 발표하기도 하였다. 국제상사중재는 사적 주체간의 국제적인 분쟁해결제도로 자림매김해 가고 있다.

2) 계약의 자유

근대 이전의 사회에서는 사람의 생활관계는 출생할 때의 계급적인 신분에 의하여 결정되는 경우가 많았다. 그러나 근대 시민사회에서는 그러한 봉건적 신분제에서 벗어나 사적인 생활관계도 개인의 자유로운 의사에 따라서 선택하여 규율되게 되었다. 이를 메인은 "신분에서 계약으로"라고 표현하였는데, 이러한 경향은 18세기말 개인주의 사상과 결합되어 계약자유의 원칙으로 발전하게 되었다. 계약의 자유는 사적자치의 원칙과 함께 자본주의 경제의 발달에 크게 기여하였으나, 경제주체 간의 경제적 불평등의 심화로 경제적 약자의 자유가 유명무실화 되었다. 그 결과 계약의 자유는 여러 가지 제한을 받게 되었다.

그렇지만 계약에는 여전히 계약의 자유가 넓게 인정된다. 따라서 계약당사자들은 계약체결 자체의 자유, 상대방 선택의 자유, 계약 내용 결정의 자유, 방식의 자유 등을 누리는바, 계약의 체결과 관련하여 광범위한 재량을 가진다. 우리나라 민법전에는 14가지 전형계약이 규정되어 있는데 이는 대표적인 계약의 형태를 보여주는 것이며, 계약자유의 원칙에 따라 체결되는 다양한 형태의 비전형계약도 존재한다.

3) 계약의 종류

(1) 전형계약과 비전형계약 전형계약이란 민법전 제3편 2장에 규정된 14종의 계약을 말하며, 비전형계약이란 그러한 특별한 명칭이 부여되지 아니한 계약이다. 비전형계약은 전형계약의 규정들을 유추하여 적용하는 경향이 있다.
(2) 쌍무계약과 편무계약 쌍무계약은 계약당사자 쌍방이 서로 대가적 의미가 있는 채무를 부담하는 것으로, 매매, 교환, 임대차, 고용, 소비대차 등 대부분의 계약이 그러한 예에 속한다. 편무계약은 일방만 채무를 부담하거나 대가적 의미가 약한 채무를 부담하는 계약으로 증여와 무상의 사용대차에서 발견된다.
(3) 유상계약과 무상계약 유상계약은 계약당사자 서로 대가적 의미의 재산상 출연 또는 급부를 제공하며, 무상계약은 일방만이 제공하거나 미약한 대가를 제공하는 계약이다.
(4) 낙성계약과 요물계약 낙성계약은 당사자의 합의만으로 성립하는 계약으로 대부분의 전형계약이 여기에 속한다. 요물계약은 합의 이외에 물건의 인도 또는 기타 급부를 요구하는데, 전형계약 중 현상광고가 여기에 속한다.
(5) 예약과 본계약 예약은 장래 일정한 계약을 체결할 것을 미리 약정하는 것이고, 본계약은 예약에 기초하여 체결된 계약을 말한다. 예약은 본계약의 주요한 부분을 정하고 세목을 확정할 수 있는 표준을 정한다. 예약권리자의 본계약 청약에 대하여 예약의무자는 승낙해야 하는 의무를 부담하며 의무위반 시에는 채무불이행으로 인한 손해배상청구 또는 예약해제를 청구할 수 있다.

4) 계약(약정채권)의 성립

계약이 성립하려면 당사자 의사표시의 합치가 필요하다. 이는 청약과 승낙이라는 서로 대립되는 이해관계를 가진 당사자의 의사표시를 통한 합의로 나타난다. 그 외에 계약의 성립을 위해서는 법률행위 능력이 있는 당사자 간의 진정한 의사의 합치가 중요하며, 그러한 합의는 실현가능하고 사회질서에 부합해야 하지만, 여기에서는 상세하게 다루지 않는다.

계약이란 합의는 당사자 간의 청약과 승낙으로 성립한다. 여기에서 청약이란 계약의 성립을 위해 상대방의 수령을 요하는 일방적인 의사표시이다. 그러나 청약은 상대방의 승낙만 있으면 곧 계약이 성립하는 의사표시이므로 청약의 주요한 내용이 구체적이고 확정적이어야 하는바, 청약의 의사표시는 그것이 상대방에게 도달한 이후에는 임의로 철회할 수 없다. 예를 들어서 부동산 매매의 경우라면 목적물(특정아파트 동호수), 가격, 대금 지급방법 등이 명시되어야 하는 것이다. 청약은 보통 어떤 특정인으로부터 다른 특정인에게 행하여지지만, 상대방이 특정되어 있지 아니할 수도 있다(예, 자동판매기매매). 참고로, 청약의 효력발생시기는 도달주의 원칙에 따라서 정해지며, 불특정다수인에 대한 청약은 불특정인이 알 수 있는 상태가 되었을 때 도달된 것으로 본다. ▶청약의 유인 : 청약의 유인은 타인으로하여금 자기에게 청약을 하도록 유도하는 행위로서 청약과는 다른 개념이다. 예를 들어 구인광고, 상품목록의 배부와 상품의 진열, 아파트 분양 광고는 오히려 고객이나 응모자로 하여금 자기에게 청약하게 하려는 것으로 청약의 유인에 해당한다. 청약의 유인에 따라서 고객이 청약을 하고 청약을 유인한 자가 다시 승낙을 하여야 비로소 계약이 성립한다.

승낙이란 계약의 청약에 대응하여 계약의 성립을 목적으로 청약자에게 행하여지는 수령자의 의사표시이다. 청약의 상대방은 청약을 거절할 자유가 있으며, 청약에 대하여 회답할 의무도 없다. 따라서 일반적으로 청약에 대한 침묵은 물론 회답하지 아니한 경우도 불승낙으로 해석된다. 계약이 성립하려면 청약과 승낙의 내용이 일치해야 한다. 승낙자가 청약에 대해 조건을 붙이거나 청약 내용을 변경하여 승낙하면 그것은 새로운 청약으로 간주된다. 승낙기간이 정해진 경우에는 승낙의 통지가 그 기간 내에 도달하지 아니하면 계약은 불성립이며, 승낙기간이 정해지지 않은 경우에는 상당기간 내 승낙통지가 없으면 청약의 효력이 상실된 것으로 본다.

5) 계약의 효력

계약이 당사자의 합의에 의하여 성립하면 당사자의 의사대로 효력을 발생하는 것이 원칙이다. 그렇지만, 계약이 당사자 간의 합의대로 효과를 발생하지 아니하는 경우가 있다. 민법은 당사자 간의 공평을 도모하는 차원에서 세 가지 제도를 규정하였다. 그것은 동시이행의 항변권, 위험부담, 제3자를 위한 계약에 관한 규정이다. 유효하게 성립된 계약에서 발생하는 구체적 법률효과와 그 조건들은 14개 전형계약에서 보다 심도가 있게 검토될 것이다.

(1) 동시이행의 항변권

쌍무계약에서 발생한 당사자 쌍방의 채무는 서로 의존관계에 있으므로 이행상 서로 연결되어 있다. 따라서 각 당사자가 부담하는 채무가 서로 대가적인 의미를 가질 때에는 공평의 관념과 신의칙에 입각하여 당사자 일방의 채무의 이행만을 요구할 수 없다. 그리하여 우리 민법 제536조도 "쌍무계약의 당사자 일방은 상대방이 그 채무이행을 제공할 때까지 자기의 채무이행을 거절할 수 있다."고 한 것이다.

동시이행의 항변권은 한 개의 쌍무계약에 의하여 당사자 쌍방이 서로 대가적 의미의 채무를 부담하고 있고 쌍방의 채무가 이행기에 있을 때 원용이 가능하다. 그리고 그 효과는 상대방의 채무이행시까지 자신의 채무이행을 거절하는 권리(이행거절권)와 항변권을 행사하는 동안 자신의 금전채무가 이자를 발생시키지 않는(이자의 불발생) 것이다.

▶ [대판 2006. 2. 23, 2005다531871] 부동산매매계약에서 발생하는 매도인의 소유권이전등기 의무와 매수인의 매매잔금지급 의무는 동시이행의 관계에 있고, 동시이행의 항변권은 상대방의 채무이행까지 자신의 채무이행을 거절할 수 있는 권리이다.

(2) 위험부담

쌍무계약의 당사자 일방의 채무가 채무자의 책임없는 사유로 후발적으로 이행불능이 된 경우에 그에 대응하는 상대방의 채무는 어떻게 처리할 것인가 하는 문제가 제기된다. 이에 대해 우리 민법은 채무자 위험부담주의 원칙의 입장을 취하고 있는바, 채무를 이행할 수 없게 된 채무자는 채무자의 이행만을 청구할 수가 없다. 민법 제537조가 쌍무계약에서 당사자 일방의 채무가 쌍방의 책임이 없는 사유로 이행할 수 없게 된 때에는 채무자는 상대방의 이행을 청구하지 못한다고 한 것은 그러한 취지이다. 그러나 쌍무계약의 당사자 일방의 채무가 채권자의 책임있는 사유로 이행할 수 없게 된 때에는 채무자는 상대방의 이행을 청구할 수 있다(제538조).

(3) 제3자를 위한 계약

갑이 을에게 토지를 1억원에 매도하였다면, 갑은 을에게 토지를 인도하고 을은 갑에게 토지대금을 지급해야 한다. 그런데 만일 갑이 병에게 1억원의 금전채무가 있다면 을로 하여금 병에게 직접 1억원을 지급하는 것이 편리할 것이다. 민법이 제3자를 위한 계약에 관한 규정을 둔 것은 바로 이러한 편리성에 근거한 것이다.

민법 제539조(제삼자를 위한 계약)는 계약에 의하여 당사자 일방이 제삼자에게 이행할 것을 약정한 때에는 그 제삼자는 채무자에게 직접 그 이행을 청구할 수 있다고 한 것이 그러한 취지이다. 그리고 이러한 경우에 채무자는 상당한 기간을 정하여 계약의 이익의 향수여부의 확답을 제삼자에게 최고할 수 있으며, 채무자가 그 기간내에 확답을 받지 못한때에는 제삼자가 계약의 이익을 받을 것을 거절한 것으로 본다고 하였다(제540조).

6) 계약의 해제, 해지

계약의 해제란 유효하게 성립한 계약의 효력을 당사자 일방의 의사표시로 처음부터 없었던 것으로 하여 계약의 구속으로부터 벗어나게 하는 제도이다. 계약의 해지와 해제는 그러한 권리가 인정된 경우에만 행하여질수 있고, 해제권은 당사자간의 계약(약정해제권)이나 법률의 규정(법정해제권)에 의하여 발생한다.

문제가 되는 것은 법률이 해제할 수 있다고 인정하는 법정해제의 경우인데, 민법에는 세가지 사유가 나타나 있다. 첫째는 이행지체의 경우인데, 민법 제544조(이행지체와 해제)는 당사자 일방이 채무를 이행하지 아니하면 상대방은 상당한 기간을 정하여 이행을 최고하고 그 기간 내에 이행하지 아니한 때에는 계약을 해제할 수 있다고 하였다. 둘째는 정기행위의 경우인데, 제545조(정기행위와 해제)는 계약의 성질 또는 당사자의 의사표시에 의하여 일정한 시일 또는 기간내에 이행하지 아니하면 계약의 목적을 달성할 수 없을 경우에 당사자 일방이 그 시기에 이행하지 아니하면 상대방은 계약을 해제할 수 있다고 하였다. 셋째는 이행불능인 경우인데, 제546조(이행불능과 해제)는 채무자의 책임있는 사유로 이행이 불능하게 된 때에는 채권자는 계약을 해제할 수 있다고 하였다.

계약이 해제되면 처음부터 계약이 존재하지 않았던 것처럼 되므로, 아직 이행하지 아니한 의무는 이행할 필요가 없고, 이행한 것에 대해서는 원상회복을 하여야 한다. 동시이행의 항변은 원상회복의 경우에도 적용된다. 해지의 효과는 장래에 대하여 그 효력을 상실한다. 원상회복을 하더라도 전보되지 못하는 손해가 남게 되면 손해배상의 청구가 가능하다.

3. 계약각론

1) 전형계약

(1) 증 여

당사자 일방이 무상으로 재산을 상대방에 수여하는 의사를 표시하고, 상대방이 이를 승낙하기로 하여 성립하는 계약이다(제554조). 하지만 증여의 의사가 서면으로 표시되지 아니한 경우에는 각 당사자는 이를 해제할 수 있다(제555조). 증여자는 증여의 목적인 물건 또는 권리에 하자나 흠결이 있어도 담보책임을 지지 않지만, 증여자가 그 흠결을 수증자에게 고지하지 아니한 경우에는 예외적으로 책임을 질 수 있다. 한편, 수증자가 증여자 또는 그 배우자나 직계혈족에 대해 범죄행위를 하였거나, 증여자에 대한 부양의무를 이행하지 아니하는 때에는 증여자는 증여를 해제할 수 있다(제556조).

(2) 매 매

당사자 일방(매도인)이 재산권을 상대방에게 이전할 것을 약정하고, 상대방(매수인)이 그 대금을 지급할 것을 약정함으로써 성립하는 계약이다(제563조). 매매의 당사자 일방이 계약당시에 금전 기타 물건을 계약금, 보증금 등의 명목으로 상대방에게 교부한 때에는, 당사자 간에 다른 약정이 없는 한 당사자의 일방이 이행에 착수할 때까지 교부자는 이를 포기하고 수령자는 그 배액을 상환하여 매매계약을 해제할 수 있다(제565조).

매매계약에서 매도인은 매수인에 대하여 매매의 목적이 된 권리를 이전하며, 매수인은 매도인에게 그 대금을 지급하여야 한다(제568조). 매매의 목적이 된 권리가 타인에게 속한 경우에는 매도인은 그 권리를 취득하여 매수인에게 이전하여야 하며, 매도인이 그 권리를 취득하여 매수인에게 이전할 수 없는 때에는 매수인은 계약을 해제할 수 있다. 그러나 매수인이 계약 당시 그 권리가 매도인에게 속하지 아니함을 안 때에는 손해배상을 청구하지 못한다.

매매의 목적인 재산권 또는 재산권의 객체인 물건에 하자가 있는 경우에 매도인이 매수인에게 부담하는 책임을 매도인의 하자담보책임이라고 한다. 그 내용은 개별적인 경우에 따라 다르고 매수인은 일정한 요건하에 계약해제권, 대금감액청구권, 손해배상청구권, 완전물급부청구권을 행사할 수 있다.

매수인은 대금지급의무를 부담한다. 대금지급의 시기나 장소 등은 대개 당사자간의 특약에 의하여 정하여지고 특약이 없는 경우에는 민법의 규정에 따른다. 매매의 당사자 일방에 대한 의무이행의 기한이 있는 때에는 상대방의 의무이행에 대하여도 동일한 기한이 있는 것으로 추정한다(제585조). 매매의 목적물의 인도와 동시에 대금을 지급할 경우에는 물건의 인도장소에서 대금도 지급한다.

(3) 교 환

교환은 당사자 쌍방이 금전 이외의 재산권을 상호 이전할 것을 약정하여 성립하는 계약이다. 양쪽 물건의 가격이 차이가 있을 때 지급하는 금액을 보충금이라고 하는데, 교환시 당사자 일방이 재산권 이전과 보충금 지급을 약정한 때에는 그 금전에 대하여는 매매대금에 관한 규정을 준용한다(제596, 597조).

(4) 소비대차

소비대차란 당사자 일방이 금전 기타 대체물의 소유권을 상대방에게 이전할 것을 약정하고, 상대방은 그와 같은 종류, 품질 및 수량으로 반환할 것을 약정하여 성립하는 계약이다(제598조). 소비대차는 빌린 물건을 소비한 후 나중에 다른 물건으로 반환하면 되는 것이다. 반면에 사용대차와 임대차는 반드시 빌린 그 물건으로 반환해야 한다. 소비대차는 상호부조로 발달해 왔으나 현재는 주로 금전소비대차 형태로 많이 사용된다. 금전소비대차에는 무이자인 경우와 이자가 있는 경우가 있는데, 고리대의 폐해가 심각하여 이자제한법이 제정되어 최고이율을 제한하고 있다.

(5) 사용대차

사용대차란 당사자 일방이 상대방에게 무상으로 사용, 수익하게 하기 위하여 목적물을 인도할 것을 약정하고 상대방은 이를 사용, 수익한 후 그 물건을 반환할 것을 약정하는 계약이다(제609조).

사용대차에서 차주는 계약 또는 그 목적물의 성질에 의하여 정하여진 용법으로 이를 사용, 수익하여야 하며, 차주는 대주의 승낙이 없으면 제삼자에게 차용물을 사용, 수익하게 하지 못한다(제610조). 차주는 차용물의 통상의 필요비를 부담한다. 차주는 약정시기에 차용물을 반환하여야 하며, 시기의 약정이 없는 경우에는 차주는 계약 또는 목적물의 성질에 의한 사용, 수익이 종료한 때에 반환하여야 한다. 차주가 차용물을 반환하는 때에는 이를 원상회복하여야 한다.

(6) 임대차

임대차는 당사자 일방이 상대방에게 목적물을 사용, 수익하게 할 것을 약정하고 상대방이 차임을 지급할 것을 약정함으로써 그 효력이 생기는 계약이다(제618조). 임대차는 유상계약이란 점에서 사용대차와 다르며, 임대차의 목적은 동산과 부동산이며 경우에 따라서는 권리 등도 그 대상이 될 수 있다. 다른 나라는 대개 차임을 지급할 뿐이나, 우리나라는 차임과 손해배상을 담보하는 보증금을 목돈으로 받는다는 것이 특이한 점이다. 임대차 기간은 당사자가 임의로 정할 수 있다. 그러나 임대차기간의 약정이 없는 때에는 당사자는 언제든지 계약해지의 통고를 할 수 있다(제635조).

 부동산의 경우 임차인은 당사자 간에 반대약정이 없으면 임대인에게 그 임대차등기절차에 협력할 것을 청구할 수 있으며, 부동산임대차를 등기한 때에는 그때부터 제삼자에 대하여 대항력이 있다(제621조). 건물의 소유를 목적으로 한 토지임대차는 이를 등기하지 아니한 경우에도 임차인이 그 지상건물을 등기하면 제삼자에 대하여 임대차의 효력이 생긴다(제622조).

 임대인은 임차인이 사용·수익하기에 적합하도록 목적물을 인도하고 필요한 상태를 유지할 의무(수선의무)를 부담하며, 임차인이 임차물에 필요비나 유익비 등을 지출한 경우에는 이를 상환하여야 한다.

 임차인은 임차목적물을 사용·수익할 수 있는 권리를 가지며, 임차물의 보존에 관한 필요비를 지출한 때에는 임대인에게 상환을 청구할 수 있다. 임차인이 유익비를 지출한 경우에는 임대인은 임대차종료시에 그 가액의 증가가 현존한 때에 한하여 임차인의 지출한 금액이나 그 증가액을 상환하여야 한다. 또한 임차물의 일부가 임차인의 과실없이 멸실 기타 사유로 인하여 사용, 수익할 수 없는 때에는 임차인은 그 부분의 비율에 의한 차임의 감액을 청구할 수 있다. 특이한 점은 기타 공작물의 소유 또는 식목, 채염, 목축을 목적으로 한 토지임대차의 기간이 만료한 경우에 건물, 수목 기타 지상시설이 현존한 때에는 임대차 계약의 갱신청구권을 갖는다(제643조).

 임차인은 임대인의 동의없이 그 권리를 양도하거나 임차물을 전대하지 못하며, 임차인이 이에 위반한 때에는 임대인은 계약을 해지할 수 있다(제629조). 임차인이 임대인의 동의를 얻어 임차물을 전대한 때에는 전차인은 직접 임대인에 대하여 의무를 부담한다(제630조).

<주택임대차보호법>

 임차권은 물권인 전세권과는 달리 채권으로서 원칙적으로 제3자에게 대항할 수 없다. 어떤 건물의 소유자와 임대차 계약을 체결한 후 건물이 매도되면, 임차인은 전 소유자와 계약을 체결한 것이므로 새로운 소유자가 퇴거를 요구하면 응할 수밖에 없어서 임차보증금 회수와 관련하여 어려움을 겪곤 했다. 이에 임차인을 보호하기 위하여 주택임대차보호법과 상가건물임대차보호법이 제정되었다. 주택임대차보호법은 임차인이 주민등록을 옮기고 주택을 인도받으면 대항력을 인정하여 건물의 소유자가 바뀌면 그를 임대인의 계승인으로 보아서, 임차인은 계속 그 주택에 거주할 것을 주장할 수 있고, 임대차관계가 종료되면 승계임대인에게 임대보증금의 반환을 청구할 수 있게 하였다. 이렇게 대항력을 갖춘 상

> 태에서 임대차계약서에 확정일자(당해 문서가 작성된 날짜를 공적으로 증명하는 날짜)를 받으면 그 다음날부터 우선변제권을 인정하여 마치 저당권을 설정한 것처럼 그 주택이 경매된 경우에도 우선적으로 변제를 받을 수 있는 권리를 확보하게 된다. 이처럼 임대차보호법은 임대차 등기가 되어있지 않아도 목적물의 인도와 주민등록으로 제3자에 대해 대항력(주택 소유자가 바뀌면 새로운 소유자에게 임차권을 주장할 수 있는 효력)을 인정하였으며, 임대차계약서에 확정일자를 받으면 보증금의 우선변제를 확보할 수 있게 한 것이다.

(7) 고 용

고용은 당사자 일방이 상대방에 대하여 노무를 제공하기로 약정하고 상대방이 이에 대하여 보수를 지급할 것을 약정함으로써 그 효력이 생긴다(제655조). 이처럼 민법은 고용계약에 관한 규정들을 두고 있으나, 고용문제는 대부분 특별법인 근로기준법에 의하여 해결된다.

(8) 도 급

도급은 당사자 일방이 어느 일을 완성할 것을 약정하고 상대방이 그 일의 결과에 대하여 보수를 지급할 것을 약정함으로써 그 효력이 생긴다(제664조). 도급도 타인의 노동력을 이용한다는 점에서는 고용과 같으나, 도급에서는 일의 완성이 중요하므로 일을 완성하지 못하면 보수를 청구할 수 없다는 점에 큰 차이가 있다. 건설공사나 상품의 주문생산에 자주 활용된다. 보수는 그 완성된 목적물의 인도와 동시에 지급하여야 하며, 완성된 목적물 또는 완성전의 성취된 부분에 하자가 있는 때에는 도급인은 수급인에 대하여 상당한 기간을 정하여 그 하자의 보수를 청구할 수 있다(제665, 667조).

(9) 현상광고

현상광고는 광고자가 어느 행위를 한 자에게 일정한 보수를 지급할 의사를 표시하고 이에 응한 자가 그 광고에 정한 행위를 완료함으로써 그 효력이 생기는 계약이다(제675조). 광고에 정한 행위를 완료한 자가 수인인 경우에는 먼저 그 행위를 완료한 자가 보수를 받을 권리가 있으며, 수인이 동시에 완료한 경우에는 각각 균등한 비율로 보수를 받는다.

(10) 위 임

위임은 당사자 일방(위임인)이 상대방(수임인)에 대하여 사무의 처리를 위탁하고 상대방이 이를 승낙함으로써 그 효력이 생기는 계약이다(제680조). 위임 역시 타인의 노무를 이용하는 계약이란 점에서 고용과 유사하지만, 그 목적이 전문적인 사무의 처리인 경우가 많다는 점에서 다르다. 의사에 대한 진료의뢰, 변호사에 대한 소송의뢰, 법무사에 대한 등기신청 의뢰가 이에 해당한다. 수임인은 선량한 관리자의 주의로써 위임사무를 처리하여야 하며(제681조), 위임인의 청구가 있는 때에는 위임사무의 처리상황을 보고하고 위임이 종료한 때에는 지체없이 그 전말을 보고하여야 한다(제683조). 위임은 무상위임을 원칙으로 하지만, 당사자 특약에 의하여 유상으로 할 수도 있다.
(11) 임 치
임치는 당사자 일방(임치인)이 상대방(수치인)에 대하여 금전이나 유가증권 기타 물건의 보관을 위탁하고 상대방이 이를 승낙함으로써 효력이 생긴다(제693조). 수치인은 임치인의 동의없이 임치물을 사용하지 못한다.

(12) 조 합
조합은 2인 이상이 상호출자하여 공동사업을 경영할 것을 약정함으로써 그 효력이 생기는 계약이다(제703조). 여기에서 말하는 조합은 특별법에 의해 만들어진 농업협동조합이나 노동조합과는 다르며, 2인 이상이 상호출자하여 공동사업을 경영할 것을 목적으로 결합된 조직이다. 따라서 조합원 상호간의 일정한 공동목적을 위해서 결합한 것이기는 하지만 사단보다는 단체성이 약하여 개개의 조합원에게 권리와 의무가 귀속된다. 따라서 민법은 조합원의 출자 기타 조합재산은 조합원의 합유로 한다고 하였다(제704조). 조합원은 지분을 처분하지 못하며 합유물의 분할을 요구하지도 못한다.

(13) 종신정기금
종신정기금계약은 당사자 일방이 자기, 상대방 또는 제삼자의 종신까지 정기로 금전 기타의 물건을 상대방 또는 제삼자에게 지급할 것을 약정하는 계약이다(제725조). 현재는 각종 연금제도의 도입으로 거의 이용되지 않고 있다.

(14) 화 해
화해는 당사자가 상호양보하여 당사자 간의 분쟁을 종지할 것을 약정함으로써 성립하는 계약이다(제731조).

2) 법정채권

당사자의 의사와는 관계없이 법률이 일정한 요건을 갖춘 경우에 자동적으로 채권관계가 성립하게 하는 것을 법정채권관계(계약은 약정채권관계)라고 한다. 사무관리, 부당이득, 불법행위가 대표적인 제도이다.

(1) 사무관리
사무관리란 법적인 권한이나 의무없이 타인의 사무를 관리하는 것을 말한다. 사무관리는 길에 쓰러져 있는 사람을 병원까지 운반하는 것처럼 상호부조와 사회연대의 정신에서 장려되어야 할 행위이다. 사무관리자는 그 사무의 성질에 좇아 가장 본인에게 이익되는 방법으로 이를 관리하여야 하며, 관리자가 본인의 의사를 알거나 알 수 있는 때에는 그 의사에 적합하게 관리하여야 한다(제734조). 관리자가 타인의 생명, 신체, 명예 또는 재산에 대한 급박한 위해를 면하게 하기 위하여 그 사무를 관리한 때에는 고의나 중대한 과실이 없으면 이로 인한 손해를 배상할 책임이 없다. 본인은 관리자에게 보수를 지급할 의무는 없으나 관리자가 지출한 필요비나 유익비는 상환해야 한다.

(2) 부당이득

부당이득이란 법률상 원인없이 타인의 재산 또는 노무로 인하여 이익을 얻고 이로 인하여 타인에게 손해를 가한 것이며, 그러한 부당이익은 반환하여야 한다(제741조). 가장 흔한 사례는 매매계약이 취소된 경우인데, 매매의 경우에는 이미 받은 매매대금이나 매매 목적물을 반환해야 한다.

부당이득의 반환에 있어서 원칙은 원물반환이나, 수익자가 그 받은 목적물을 반환(현물반환)할 수 없는 때에는 그 가액을 반환(금전반환) 한다(제747조). 부당이득자가 반환해야 하는 이익의 범위는, 선의의 수익자는 그 받은 이익이 현존한 한도에서 반환해야 하며, 악의의 수익자는 그 받은 이익에 이자를 붙여 반환하고 손해가 있으면 이를 배상하여야 한다(제748조). 한편, 마역거래 등 불법의 원인으로 인하여 재산을 급여하거나 노무를 제공한 때에는 그 이익의 반환을 청구하지 못한다(제746조).

(3) 불법행위

민법 제750조는 고의 또는 과실로 인한 위법행위로 타인에게 손해를 가한 자는 그 손해를 배상할 책임이 있다고 하여 불법행위책임에 대하여 규정하였다. 구체적으로 불법행위로 인한 책임은 행위자에게 책임능력이 있어야 하고, 고의 또는 과실이 있어야 하며, 타인의 권리나 이익을 침해하는 위법행위를 하였고, 그 결과 타인에게 손해를 입혔으며, 행위와 결과 사이에 인과관계가 인정되는 경우에 성립한다.

불법행위의 법적인 효과는 가해자로 하여금 피해자에게 손해배상을 하게 하는 것이다. 이 경우 타인의 신체, 자유 또는 명예를 해하거나 기타 정신상 고통을 가한 자는 재산 이외의 손해에 대하여도 배상할 책임이 있다(제751조). 불법행위로 인한 손해배상은 일반적으로 금전배상을 원칙으로 하며, 정신적 고통에 대해서는 위자료를 지급한다.

구체적으로 민법은, 타인의 생명을 해한 자는 그 직계존비속 및 배우자에 대하여 재산상의 손해가 없는 경우에도 손해배상의 책임이 있다고 하였으며, 타인을 사용하여 사무에 종사하게 한 자는 피용자가 사무집행에 관하여 제삼자에게 가한 손해를 배상할 책임이 있고(제756조), 공작물의 설치 또는 보존의 하자로 인하여 타인에게 손해를 가한 때에는 그 점유자가 손해를 배상할 책임이 있으며(제758조), 동물의 점유자는 동물이 타인에게 가한 손해를 배상할 책임이 있다고 하였다(제759조).

불법행위의 피해자가 가해자의 책임을 물으려면 가해자의 고의 또는 과실을 입증해야 하는데, 과학기술의 발달로 인한 인과관계 규명의 어려움과 환경권 등 새로운 권리의 등장으로 인하여, 최근에는 과실을 입증할 수 없어도 위험한 행위의 존재만으로 책임을 인정하는 엄격책임 또는 무과실책임이 널리 인정되어 가는 등 불법행위법에 변화가 일어나고 있다.

제4절 친족상속법

 친족상속법이란 가족과 친족 간의 공동생활을 규율하는 법으로 가족법이라 부르기도 한다. 친족상속법은 친족법(민법 제4편)과 상속법(민법 제5편)으로 구성되어 있다. 친족법은 혼인관계, 친자관계, 혼인과 혈연으로 맺어진 협의의 친족관계를 규율대상으로 하며, 상속법은 피상속인의 사망으로 인한 권리와 의무의 상속에 관한 문제를 주로 다룬다.

1. 친족법

1) 친 족

 친족이라 함은 혼인과 혈연에 의해 맺어진 신분관계에 있는 사람을 말한다. 친족에는 혼인으로 맺어진 배우자, 출생으로 맺어진 자연혈족, 입양으로 맺어진 법정혈족, 혼인으로 맺어진 인척이 포함되는 것이다(제767조). 그리고 자기의 직계존속과 직계비속을 직계혈족이라 하고 자기의 형제자매와 형제자매의 직계비속, 직계존속의 형제자매 및 그 형제자매의 직계비속을 방계혈족이라 하며(제768조), 혈족의 배우자, 배우자의 혈족, 배우자의 혈족의 배우자를 인척이라고 한다.
 친족의 범위를 무한정 확대하는 것은 불합리하므로, 우리 민법은 이를 적절한 수준에서 제한하였다. 따라서 제777조(친족의 범위)는 친족관계로 인한 법률상 효력은 ① 8촌 이내의 혈족, ② 4촌 이내의 인척, ③ 배우자에게만 미치는 것으로 한정하였다. 하지만 개별적 친족관계에서는 그 제한의 범위를 각각 개별적으로 정하고 그러한 규정이 우선적으로 적용됨을 유의하여야 한다.

2) 약 혼

 약혼이란 장래에 혼인할 것을 약정하는 신분상의 계약으로, 사실혼이나 정혼 동거와는 구분된다. 성년에 달한 자는 자유로 약혼할 수 있으며, 18세가 된 사람은 부모나 미성년후견인의 동의를 받아 약혼할 수 있다. 피성년후견인은 부모나 성년후견인의 동의를 받아 약혼할 수 있다(제800-802조).
 약혼은 장래에 혼인하겠다는 일종의 계약이나 이행을 강제할 수는 없다. 그리하여 민법 제803조는 "약혼은 강제이행을 청구하지 못한다."고 하였다. 민법은 약혼의 정당한 해제사유로 약혼 후 자격정지 이상의 형을 선고받은 경우, 약혼 후 성년후견개시나 한정후견개시의 심판을 받은 경우, 성병과 정신병 등 불치의 질병이 있는 경우, 약혼 후 다른 사람과 약혼·혼인·간음한 경우, 약혼 후 1년 이상 생사가 불명한 경우, 정당한 이유 없이 혼인을 거절하거나 그 시기를 늦추는 경우, 기타 중대한 사유가 있는 경우를 들었다(제804조).

약혼이 부당하게 해제된 경우에는 당사자 일방은 과실있는 상대방에 대하여 이로 인한 손해의 배상을 청구할 수 있으며, 재산상 손해 외에 정신상 고통에 대하여도 손해배상의 책임이 있다(제806조). 판례 역시 약혼을 부당하게 파기한 경우 상대방의 정신적 고통에 대해서도 손해배상 책임이 있다고 하면서, 약혼의 파기에 영향을 미친 상대방의 부모 등도 공동으로 손해배상 책임을 진다고 하였다.

3) 혼 인

(1) 혼인의 성립

혼인은 남녀가 자유로운 의사의 합치에 의해 부부로서의 공동체를 꾸리기로 하는 신분상의 계약이다. 그러나 우리 민법은 법률혼 제도를 취하므로 법률상 혼인이 성립하려면 실질적 요건과 함께 법률이 정한 형식적 요건을 충족해야 한다.

① 실질적 요건

혼인이 성립하려면 당사자 간 혼인의사의 합치가 있어야 한다. 혼인합의는 혼인신고할 당시 뿐만 아니라 수리시에도 존재해야 한다. 혼인을 위해서는 의사의 합치가 있어야 하는바, 사람은 만 18세가 되면 혼인할 수 있다(제807조). 미성년자가 혼인을 하려면 부모의 동의 또는 후견인의 동의를 받아야 하고, 피성년후견인은 부모나 성년후견인의 동의를 받아 혼인할 수 있다(제808조).

종래에는 동성동본인 혈족 간의 혼인이 금지되어 있었으나, 이러한 제도가 위헌판결을 받음으로서 금혼의 친족범위가 축소되었다. 민법은 8촌 이내의 혈족(친양자 입양 전의 혈족 포함), 6촌 이내의 혈족의 배우자(6촌 형수), 배우자의 6촌 이내의 혈족(6촌 처제), 배우자의 4촌 이내의 혈족의 배우자(4촌 처남댁)인 인척이거나, 6촌 이내의 양부모계의 혈족이었던 자(6촌 누나)와 4촌 이내의 양부모계의 인척이었던 자(4촌 처제) 이었던 자와는 혼인하지 못한다고 하였다(제809조). 배우자가 있는 자와의 중혼 역시 금지된다.

② 절차적 요건

우리나라는 법률혼주의를 취하고 있으므로 혼인신고가 필요하다. 그러나 결혼식이 필요한 것은 아니다. 혼인은 「가족관계의 등록 등에 관한 법률」에 정한 바에 의하여 신고함으로써 그 효력이 발생하며, 혼인신고는 당사자 쌍방과 성년자인 증인 2인이 연서한 서면으로 한다(제812조). 외국에 있는 우리 국민사이의 혼인은 그 외국에 주재하는 대사, 공사 또는 영사에게 신고할 수 있다(제814조).

(2) 혼인의 효력

① 일반적 효력

혼인을 하게 되면 당사자는 배우자인 신분관계가 되며, 상대방의 4촌 이내의 혈족과 혈족의 배우자 사이에는 인척관계가 생기게 된다. 민법은 부부는 동거하며 서로 부양하고 협조하여야 한다(제826조)고 하여 부부의 동거·부양·협조의 의무를 규정하였다. 또한 제826조의2(성년의제)는 미성년자가 혼인을 하면 성년자로 본다고 하여 민법상의 행위능력을 인정하였다.

부부는 공동생활을 영위하는 데 있어서 각종의 사안들을 함께 처리하는바, 부부 간에는 가사대리권이 인정되어 부부는 일상의 가사에 관하여 서로 대리권을 가진다(제827조).

② 재산적효력

부부는 혼인성립 전에 혼인후 재산관계에 관하여 미리 약정을 할 수 있다. 이를 부부재산계약이라고 하는데, 부부재산계약은 혼인 중 이를 변경하지 못한다(제829조 2항). 부부재산계약은 등기하여야 한다.

부부재산계약이 존재하지 아니하는 경우 부부간의 재산관계는 부부별산제를 원칙으로 한다. 민법은 부부의 일방이 혼인 전부터 가지고 있던 고유재산과 혼인 중 증가된 재산 가운데 자기 명의로 취득한 재산은 각자 관리·사용·수익하는 특유재산으로 한다고 하면서, 부부의 누구에게 속한 것인지 분명하지 아니한 재산은 부부의 공유로 한다고 하였다(제830조). 부부가 혼인 중 공동으로 형성한 재산은 이혼시 재산분할의 대상이 된다.

부부의 공동생활에 필요한 비용은 당사자 간에 특별한 약정이 없으면 부부가 공동으로 부담한다. 또한 부부에게는 일상가사대리권이 인정되는바, 부부의 일방이 일상의 가사에 관하여 제삼자와 법률행위를 한 때에는 다른 일방은 이로 인한 채무에 대하여 연대책임을 진다(제832조).

(3) 사실혼

사실혼이란 당사자 사이에 혼인의 의사가 있고 사회관념상 부부공동생활을 인정할 만한 혼인생활의 실체는 있으나 혼인신고를 하지 않아서 법률혼이 되지 못한 혼인을 말한다. 사실혼은 몇 번의 정교나 부정기적인 만남 등으로 성립하는 것이 아님을 알 수 있다. 그러나 사실혼은 혼인신고를 요하지 아니하므로 당사자 일방의 의사에 의하여 해소될 수 있다.

사실혼의 경우에도 법률혼의 부부의 동거·부양·협조·정조의 의무는 인정되지만, 친족관계의 발생, 중혼금지, 성년의제, 상속 등 혼인신고를 전제로 한 효력은 인정되지 않는다. 따라서 사실혼 관계에서 출생한 자는 혼인외의 출생자이고, 부의 인지가 없는한 원칙적으로 모(母)가 친권을 행사한다. 하지만, 판례는 사실혼과 관련하여 재산분할청구권을 인정하였고 사실혼 파탄의 경우 유책배우자에 대한 위자료청구권도 인정하였다.

4) 이 혼

(1) 의 의

이혼이란 법률상 부부관계를 해소하는 것이다. 이혼에는 당사자간 협의를 통해 이혼하기로 하는 협의이혼과 협의가 이루어지지 아니하여 법원에 청구하여 이혼을 하는 재판상 이혼이 있다.

(2) 협의이혼

민법에 의하면 부부는 협의에 의하여 이혼할 수 있다(제834조). 혼인과 마찬가지로 이혼에 있어서도 가장 중요한 조건은 당사자의 이혼의사의 합치인데, 가정법원에서의 이혼의사 확인절차는 확인 당시에 당사자들이 여전히 이혼의사를 가지고 있는지 확인하는 수준이다.

협의상 이혼은 가정법원의 확인을 받아 「가족관계의 등록 등에 관한 법률」의 정한 바에 의하여 신고함으로써 그 효력이 생긴다(제836조). 하지만 협의상 이혼을 하려면 가정법원에서 이혼에 관한 안내를 받으며, 가정법원은 필요한 경우 전문상담인의 상담을 받도록 권고한다. 그리고 이혼의사 확인을 신청하면 법원의 안내를 받은 날로부터 양육하여야 할 자가 있는 경우에는 3개월, 그렇지 아니한 경우에는 1개월의 숙려기간을 거쳐 이혼의사의 확인을 받는다.

협의이혼 하려면 자(子)가 있는 경우에는 자의 양육에 관한 사항을 협의에 의하여 정하여야 한다. 즉 양육자의 결정, 양육비용의 부담, 면접교섭권의 행사 여부 및 그 방법에 대하여 협의하여야 한다(제837조). 협의상 이혼한 자의 일방은 다른 일방에 대하여 재산분할을 청구할 수 있으며, 재산분할에 관하여 협의가 되지 아니하면, 가정법원은 당사자의 청구에 의하여 당사자 쌍방의 협력으로 이룩한 재산의 액수 기타 사정을 참작하여 분할의 액수와 방법을 정한다(제839조의2).

이혼신고서가 수리되었으나 당사자 사이에 이혼의 합의가 없었다면 그 협의이혼은 무효가 된다. 유효하게 이혼신고서를 작성하였으나 수리전에 상대방에게 이혼의사를 철회한 경우에도 마찬가지이다. 한편, 형법은 사기 또는 강박으로 인하여 이혼의 의사표시를 한 자는 그 취소를 가정법원에 청구할 수 있다고 하였다(제838조).

(3) 재판상 이혼

① 이혼사유

재판상 이혼에 관한 입법태도와 관련하여 유책주의와 파탄주의가 있다. 유책주의는 몇 가지 구체적인 이혼사유를 인정하여 청구인의 무책성과 피청구인의 유책성을 요구한다. 반면에 파탄주의는 그 원인에 관계없이 혼인의 파탄이라는 객관적 사실의 존부에 의하여 이혼의 가부를 결정하자는 입장이다.

민법은 제840조에 재판상 이혼원인에 대한 규정을 두었다. 이 규정에 대해서는 파탄주의를 규정한 것이라는 해석도 있지만, 다수설과 판례는 유책주의 입장을 취한 것으로 해석한다. 제840조(재판상 이혼원인)는 부부의 일방은 다음의 사유가 있는 경우에는 가정법원에 이혼을 청구할 수 있다고 하면서, ① 배우자의 부정한 행위가 있었을 때, ② 배우자가 악의로 다른 일방을 유기한 때, ③ 배우자 또는 그 직계존속으로부터 심히 부당한 대우를 받았을 때, ④ 자기의 직계존속이 배우자로부터 심히 부당한 대우를 받았을 때, ⑤ 배우자의 생사가 3년 이상 불분명한 때, ⑥

기타 혼인을 계속하기 어려운 중대한 사유가 있을 때를 들었다.

①에서 말하는 배우자의 부정한 행위는 혼인이후의 것만이 해당되며, 간통에 이르지는 않더라도 부부의 정조의무에 충실하지 아니한 것으로 인정되는 일체의 부정행위를 포함하는 넓은의미의 부정행위이다. 과음으로 무의식상태를 유발하여 부정행위에 이른 경우도 부정행위에 포함된다. 그런데 배우자의 부정행위의 경우에도 다른 일방이 사전동의나 사후 용서를 한 때에는 이를 안 날로부터 6월, 그 사유가 있은 날로부터 2년을 경과하면 이혼을 청구하지 못한다(제841조). 배우자의 부정이 아닌 다른 원인으로 인한 이혼청구권은 다른 일방이 이를 안 날로부터 6월, 그 사유있은 날로부터 2년을 경과하면 소멸한다고 하였다(제842조).

유책배우자에게도 이혼을 청구할 수 있는 자격을 인정할 것인가 하는데 대하여도 여러 가지 학설이 있다. 그러나 판례는 혼인제도가 요구하는 도덕성과 축출이혼의 가능성을 고려하여 유책배우자의 이혼청구를 원칙적으로 허용하지 않고 있다.

② 조정절차/ 재판절차

재판상 이혼은 가사소송사건으로 조정전치주의의 적용을 받으므로, 이혼하려는 자는 우선 조정을 신청해야 하며, 조정을 거치지 않고 소를 제기하면 가정법원에서는 그 사건을 조정에 회부한다. 조정은 당사자 사이에 합의된 사항을 조서에 기재함으로써 성립하며 재판상 화해와 동일한 효력을 가진다(가사조정법 제50조). 조정이 성립하면 그로서 이혼은 성립하고, 조정을 신청한 자는 그날로부터 1월 이내에 이혼신고를 한다.

이혼사건에 대하여 조정을 하지 않기로 결정되거나 조정이 성립하지 아니하면, 재판절차가 시작되는데, 조정신청을 한 때에 소가 제기된 것으로 본다. 이혼심판은 선고로 그 효력이 생기며, 가정법원의 판결에 대하여 불복이 있으면 항소할 수 있다.

(4) 이혼의 효과

① 친자관계

이혼으로 혼인이 해소되면 혼인의 존속을 전제로 하는 일체의 권리와 의무는 소멸한다. 인척관계도 당연히 소멸되며, 당사자들은 재혼이 가능해진다.

친권자는 이혼하는 부부가 협의해 정하되 협의가 이루어지지 아니하면 법원이 직권으로 또는 당사자의 청구로 지정한다. 친권자로 지정되지 못한 부모의 일방은 법정대리인이 되지는 못하지만 부모로서의 지위는 유지한다.

협의이혼 시 당사자들은 친권자의 결정과는 별도로 미성년의 자의 양육에 관해서도 협의해야 하며, 협의가 이루어지지 아니하면 법원이 자녀의 연령과 의사, 부모와의 유대관계, 부모의 재산상황 등을 감안하여 양육에 관한 사항을 정한다.

협의이혼과 재판상 이혼의 경우 모두 부모 중 자를 양육하지 아니하는 사람과 자의 상호 면접, 서신교환, 접촉할 수 있는 권리인 면접교섭권에 관한 사항을 결정해야 한다.

② 재산분할

재산분할청구권은 이혼한 부부의 일방이 타방 배우자에게 혼인 중 취득한 재산(소유명의에 관계없이 혼인 중 형성된 실질적인 공동재산)의 분할을 청구하는 권리로 1990년 민법개정시 신설되었다. 재산분할과 그 청구권은 제839조의2에 의하여 협의이혼에 적용되었고 제843조에 의하여 재판상 이혼에 준용된다.

재산분할시 고유재산과 그로부터 증가된 재산, 혼인 중 부부의 일방이 상속·증여·유증을 받은 재산은 특유재산으로 재산분할 대상에서 제외된다. 그러나 판례는 이를 취득하고 유지하는데 상대방의 가사노동이나 가사비용 조달이 직간접으로 기여하였다면 그 범위에서 재산분할의 대상이 될 수 있다고 하였다.

부부별산제에 따라서 부부 각자의 채무는 그것이 일상가사에 관한 것이 아니라면 각자가 부담하는 것이 원칙이다. 그러나 공동재산의 형성과 유지에 수반하여 발생한 채무는 청산의 대상이 된다. 임대차보증금 반환채무가 대표적인 예이며, 부부의 공동생활관계에서 발생한 채무도 마찬가지이다.

③ 손해배상청구권(위자료)

부부가 이혼하는 경우에 이혼사유를 유책적으로 야기한 자는 피해당사자에게 손해배상의무를 진다. 형법상 간통죄는 폐지되었지만, 민사상 손해배상 책임도 사라진 것이 아님을 유의해야 한다.

민법은 재판상 이혼의 경우에만 본 권리를 규정하였지만, 학설과 판례는 협의이혼의 경우에도 배우자의 위법행위로 재산적·정신적 손해가 발생하였다면 손해배상청구권이 발생한다고 본다. 유책배우자의 위자료는 유책행위에 이른 경로와 정도, 혼인관계 파탄의 원인과 책임, 배우자의 연령과 재산상태 등을 참작하여 결정한다.

2. 상속법

1) 상 속

상속이란 피상속인이 사망한 경우 그의 재산에 대한 권리와 의무가 포괄적으로 상속인에게 승계되는 것이다. 상속제도는 사유재산제도의 사후적 효과인 동시에 유산에 대한 유족들의 생활보장이라는 사회적 보장제도로서의 의미도 갖는다. 상속이란 자연인의 사망에 의해서만 발생하며, 피상속인의 주소지에서 개시된다.

2) 상속재산의 범위

민법 제1005조는 상속인은 상속이 개시된 때로부터 피상속인의 재산에 관한 포괄적 권리와 의무를 승계하되, 피상속인의 일신에 전속한 것은 그러하지 아니하다고 하였다. 상속재산은 피상속인의 적극재산은 물론 부채 등 소극재산도 포함한다. 물권은 원칙적으로 전부 상속재산에 포함되며, 채권도 대부분 포함되지만 채권자의 변경으로 이행의 내용이 변경되는 채권은 상속재산에 포함되지 않는다.

상속재산에서 기여분에 해당되는 재산은 상속재산과는 별도로 취급된다. 즉 공동상속인 중에 상당한 기간 동거·간호 및 기타 방법으로 피상속인을 특별히 부양하거나 피상속인의 재산의 유지 또는 증가에 기여한 자는 상속개시 당시의 피상속인의 재산가액에서 공동상속인의 협의로 정한 기여분을 공제한 것을 상속재산으로 보고 산정한 상속분에 기여분을 가산하도록 하였다(제1008조의2).

3) 상속인과 순위

민법 제1000조(상속의 순위)는 1항에서 상속에 있어서는 ① 피상속인의 직계비속, ② 피상속인의 직계존속, ③ 피상속인의 형제자매, ④ 피상속인의 4촌 이내의 방계혈족 순위로 상속인이 된다고 하였다. 동조 3항은 태아는 상속순위에 관하여는 이미 출생한 것으로 본다고 하였다. 한편. 배우자의 상속순위는 유동적인데, 피상속인의 배우자는 피상속인의 직계비속이 있으면 그들과 공동상속인이 되고, 직계비속이 없고 직계존속 만이 있으면 그들과 공동상속인이 된다. 또한 피상속인의 직계비속과 직계존속이 모두 없으면 단독상속인이 된다(제1003조).

상속인과 순위를 정리하면 다음과 같다.
1순위 : 피상속인의 직계비속 및 배우자
2순위 : 피상속인의 직계존속 및 배우자. 직계존속은 부계와 모계 모두 포함.
　　　＊ 직계비속과 존속 모두 없으면 배우자 단독상속
3순위 : 피상속인의 형제자매
4순위 : 3촌 및 4촌인 방계혈족

4) 대습상속

대습상속이란 상속인의 지위에 있던 자가 사망하거나 결격이 된 경우에 그의 직계비속이 상속인이 되는 것을 말한다. 민법 제1001조(대습상속)는 상속인이 될 직계비속 또는 형제자매가 상속개시 전에 사망하거나 결격자가 된 경우에는 그 직계비속이 사망하거나 결격된 자의 순위에 가름하여 상속인이 된다고 하였다. 또한 상속인이 될 자로서 상속개시전에 사망 또는 결격된 자의 배우자도 상속인과 동순위로 공동상속인이 되고 그 상속인이 없는 때에는 단독상속인이 된다고 하였다.

피상속인 갑에게 아들 둘이 있고, 큰 아들은 두 명의 자녀를, 작은 아들은 한 명의 자녀를 둔 경우에, 큰 아들의 두 자녀가 1을 작은 아들의 한 자녀도 1을 상속받게 되는바, 결국 큰 아들의 자녀들은 상속재산의 4분의 1을 작은 아들의 자녀는 상속재산의 2분의 1을 받는다.

5) 법정상속분과 유류분

상속분이란 공동상속인들이 일정한 비율에 따라 상속을 받게 되는 몫을 말한다. 우리나라는 유언을 통한 유증을 제외하고는 지정상속분 제도를 취하지 않는다. 법정상속분에 의해 모든 상속인의 상속분은 균등하게 1이며, 배우자의 상속분은 1.5가 된다(제1009조 참조). 예를 들어 상속인으로 배우자와 3명의 자녀가 있으면, 배우자는 1.5/4.5를 자녀들은 각각 1/4.5를 상속받는다.

피상속인은 자신의 재산을 죽기 전에 유언을 통해 유증할 수 있다. 우리 민법은 피상속인은 유언으로 상속재산의 분할방법을 정하거나 이를 정할 것을 제삼자에게 위탁할 수 있다고 한 것이다(제1012조). 그러나 우리 민법은 법률상 상속인에게 상속재산의 일정비율 즉 유류분을 취득할 수 있는 권리를 보장하고 있다. 민법 제1112조에 의하면 상속인의 유류분은 ① 피상속인의 직계비속은 법정상속분의 2분의 1, ② 피상속인의 배우자는 그 법정상속분의 2분의 1, ③ 피상속인의 직계존속은 그 법정상속분의 3분의 1, ④ 피상속인의 형제자매는 그 법정상속분의 3분의 1이라고 하였다. 그리고 피상속인의 증여 및 유증으로 인하여 유류분 권리자의 유류분에 부족이 생기면 그 재산의 반환을 청구할 수 있다고 하여 유류분반환청구를 가능하게 하였다. 이때 증여 및 유증을 받은 자가 수인인 때에는 각자가 얻은 유증가액의 비례로 반환하여야 한다(제1115조). 유류분반환 청구권은 유류분권리자가 상속의 개시와 증여 또는 유증 사실을 안 때로부터 1년 내에 하지 아니하면 시효에 의하여 소멸하며 상속 개시후 10년이 경과한 때에도 마찬가지이다.

6) 상속의 승인과 포기

상속은 원래 포괄승계이므로 상속인은 피상속인의 권리와 의무를 포괄적으로 승계한다. 그렇지만 상속인이 상속을 원하지 않을 수도 있고 피상속인의 권리보다 의무가 많아서 채무를 상속받아야 하는 경우도 있는바, 민법은 상속인을 보호하기 위하여 상속의 승인과 포기에 관한 제도를 두었다.

상속에는 단순승인과 한정승인이 있다. 단순승인은 상속인이 승인을 하면 제한없이 피상속인의 권리의무를 승계하게 되는데, 거기에는 의사표시에 의한 승인과 법정단순승인이 있다. 전자는 상속인이 피상속인의 모든 권리와 의무를 승계하겠다는 의사표시에 의해 이루어지는 상속이며, 법정단순승인은 피상속인 사망후 3개월 이내에 상속인의 아무런 의사표시가 없는 경우에 단순승인한 것으로 보는 것이다(제1026조).

한정승인이란 상속인이 상속으로 인하여 취득할 재산의 한도에서 피상속인의 채무와 유증을 변제할 것을 조건으로 상속을 승인하는 것이다(제1028조). 상속인이 한정승인을 하려면 일정한 기간 내에 상속재산의 목록을 첨부하여 법원에 한정승인의 신고를 하여야 한다(제1030조).

상속의 포기란 상속인이 피상속인의 권리와 의무를 승계할 것을 거부하는 의사표시이다. 상속인이 상속을 포기할 때에는 상속개시 3개월 이내에 가정법원에 포기의 신고를 하여야 하며, 상속의 포기는 상속개시 된 때에 소급하여 그 효력이 있으므로 처음부터 상속인이 아니었던 것이 된다(제1042조). 상속인이 수인인데 어느 한 상속인이 상속을 포기하면 그 상속분은 상속분의 비율로 다른 상속인에게 귀속된다.

국제화시대 법학개론

2020년 9월 20일 인쇄
2020년 9월 25일 발행
편 저 / 이석용
발행인 / 이지오
펴낸곳 / 사마출판
주 소 / 서울시 중구 퇴계로45길19 402호
등 록 / 제301-2011-049호
전 화 / 02)3789-0909

※ 파본 및 잘못된 책은 교환해 드립니다.

ISBN 978-89-98375-80-5 93360

[정가 18,000원]